allitera verlag

AF003658

Beiträge zur Geschichtswissenschaft
Reihe Lebenszeugnisse

Herausgegeben von Ernst Piper

Fjodor Ivanovič Čumakov

Krieg und Gefangenschaft
(1941–1946)

Herausgegeben
und mit einem Vorwort versehen
von Florian Mildenberger

Weitere Informationen über den Verlag und sein Programm unter:
www.allitera.de

Bibliografische Information der Deutschen Bibliothek:
Die Deutsche Bibliothek verzeichnet diese Publikation
in der Deutschen Nationalbibliografie;
detaillierte bibliografische Daten sind im Internet
über <http: // dnb.ddb.de> abrufbar.

Juni 2009
Allitera Verlag
Ein Verlag der Buch&media GmbH, München
Satz und Layout: Buch&media GmbH, München
Umschlaggestaltung: Kay Fretwurst, Spreeau
Herstellung: Books on Demand GmbH, Norderstedt
Printed in Germany
ISBN 978-3-86906-055-2

Inhalt

Einleitung 7

I. Der Krieg

Die ersten Tage 15
Im Bataillon 250 der Flugplatzmannschaft 22
Im Regiment an der Front 41
Die Fortbildung 59
Stalingrad 64

II. Die Gefangenschaft

Die erste Zeit 81
Charkov – Poltava 102
Smela 112
Der Weg nach Deutschland 124
Das letzte Lager 131

III. Die Heimkehr

Nach der Befreiung 163
Die Repatriierung 178

Nachwort 189
Lebenslauf 191
Abbildungsnachweis 192
Literaturhinweise 194

Einleitung

Im Herbst 2002 war es genau 50 Jahre her, dass deutsche Panzerdivisionen zum Angriff auf Stalingrad ansetzten, Anfang Februar 2003 gedachten viele Deutsche und Russen dem Jahrestag der Kapitulation der deutschen Streitkräfte im Kessel von Stalingrad. Fernsehreportagen, Ausstellungen und Buchpräsentationen wechselten einander ab, sowohl in Deutschland als auch in Russland erinnerten sich Menschen des Krieges und der Opfer. Hierzulande spielte die Erinnerung an die eigenen Gefangenen eine wichtige Rolle, während diese Opfergruppe im kollektiven Bewusstsein der russischen Gesellschaft eher eine untergeordnete Rolle einnimmt. Noch immer ist das stalinistische Dogma, wonach ein ehrenhafter Sowjetsoldat bis zur vorletzten Kugel hätte kämpfen müssen, um sich dann mit der letzten selbst zu entleiben, gültig. Gefangene Soldaten waren potenzielle Verräter im Geschichtsbild der Sowjetunion. Auf deutscher, aber auch amerikanischer oder britischer Seite fehlt ein solches Denkschema. Gefangenschaft war zwar ein Unglück oder eine Schmach, aber sicherlich nicht automatisch Ausdruck von Feigheit oder Vaterlandsverrat. Etwa 90 000 deutsche und verbündete Soldaten, welche die Belagerung überlebt hatten, gerieten in sowjetische Kriegsgefangenschaft, nur etwa 6 000 von ihnen kehrten zurück.

Bis die deutschen Truppen Stalingrad überhaupt erreicht hatten, war es ihnen in mehreren Schlachten gelungen, Hunderttausende sowjetische Soldaten zu töten, zu verwunden oder gefangen zu nehmen. Um diese Menschen, deren Behandlung der Historiker Christian Streit mit dem Begriff »Keine Kameraden« umschrieben hatte, kümmerte sich die deutsche Armee herzlich wenig. Es gab weder vorbereitete Kriegsgefangenenlager noch genügend Verpflegung für die erschöpften Rotarmisten, obwohl der deutschen Armeeführung bereits aufgrund der Erfahrungen vom Sommer 1941 hätte klar sein müssen, welche Aufgabe die Versorgung von unzähligen Kriegsgefangenen darstellte. Doch das deutsche Oberkommando hatte bereits während der Planung des Angriffskrieges gegen die Sowjetunion das Ziel des Krieges als »Vernichtungsfeldzug« umrissen. Das eroberte Land sollte die Eroberer ernähren, Kriegsgefangene spielten in dieser modernen Barbarei keine Rolle. Der sowjetische Soldat wurde per se als Mitglied einer niederen Rasse und Sendbote des »Weltjudentums« bezeichnet, in der Logik des Nationalsozialismus war seine »Ausmerzung«

daher nicht nur legal, sondern geradezu notwendig. Im Ersten Weltkrieg waren etwa 1,5 Millionen russischer Soldaten in deutsche oder österreichische Gefangenschaft geraten, 6% kehrten nicht zurück. 1941–45 hingegen starben mehr als zwei Drittel der fünf Millionen gefangen genommenen Soldaten.

Kollektives Schweigen nach 1945 begrub deren Geschichte sowohl im Westen als auch im Osten. Wer den Krieg und die Rückkehr – nicht selten mit entehrenden Strafen verbunden – überlebt hatte, fügte sich rasch wieder in das stalinistische System ein. Die Soldaten und Offiziere von Wehrmacht, verbündeten Truppen oder SS konnten – wie so viele Deutsche – auf die Anerkennung des »Befehlsnotstandes« pochen, sofern sich überhaupt jemand für mögliche Verbrechen interessierte. Denn schon kurz nach Gründung der deutschen Staaten erklärten führende Repräsentanten aus beiden politischen Systemen den größten Teil der potentiellen Täter für Opfer. So betonte Bundeskanzler Konrad Adenauer 1951, dass zwar die Kriegsverbrecher bestraft werden müssten, die Soldaten der Wehrmacht aber *ganz zu Unrecht in ihrer Gesamtheit für den verlorenen Krieg verantwortlich gemacht wurden, obgleich sie zumeist nur ihre Pflicht erfüllt haben*[1].

Die Geschichtsschreibung in der Sowjetunion umging aus ideologischen Gründen das Thema jahrzehntelang weiträumig, die DDR verhielt sich kaum anders. Zwar wurde an Gedenkstätten des »Antifaschismus« in der Nazizeit gedacht, aber die Hintergründe von Gefangenschaft und Tod nicht weiter berührt. In der Bundesrepublik brachten die Prozesse der 1960er Jahre das Grauen der Kriegsgefangenenlager bisweilen an die Oberfläche, doch war die Öffentlichkeit zu sehr mit der Trauer um die eigenen Gefallenen beschäftigt, als dass man sich noch der Toten anderer Völker – und auch weiterhin als Gegner angesehener Staaten – hätte zuwenden können oder wollen. Erst allmählich setzte sich unter Historikern die Einsicht der Verbrechen von deutscher Hand an Kriegsgefangenen durch. Ins öffentliche Bewusstsein katapultiert wurden diese Untaten durch die Ausstellung »Verbrechen der Wehrmacht« des Hamburger Instituts für Sozialforschung und die erste gemeinsame russisch-deutsche Rückbetrachtung der Vergangenheit, die vom Haus der Geschichte in Bonn 1995 organisiert wurde. Während erstere das Morden der Wehrmacht in den Vordergrund rückte, bezog sich die Bonner Ausstellung ganz explizit auf das Leiden hinter Stacheldraht. In der Folgezeit kam es zu einer raschen Weiterentwicklung der Forschung mit Dokumentationen, Büchern, Aufsätzen – und Quelleneditionen. Auch dieses Buch wäre ohne die Diskussionen und Fragestellungen im Rah-

---

[1] Konrad Adenauer am 05. April 1951 im deutschen Bundestag. Abgedruckt in: Hamburger Institut für Sozialforschung (Hg.): Vernichtungskrieg. Verbrechen der Wehrmacht 1941bis 1944, Hamburg 1996, S. 176.

men der Rückschau »Sowjetische Kriegsgefangene in Deutschland – Deutsche Kriegsgefangene in der Sowjetunion« nie entstanden. Denn das vorliegende Manuskript war von seinem Verfasser infolge eines Aufrufes zur Bereitstellung von Quellen bzw. persönlichen Aufzeichnungen während der Ausstellungsvorbereitungen in Russland zur Verfügung gestellt worden.

Das große Sterben der sowjetischen Soldaten fand 1941/42 statt. Das direkte Morden an der Zivilbevölkerung sollte zwar der SS überlassen werden, wie bereits in Polen 1939. Doch dieses Mal beteiligte sich die Wehrmacht direkt oder indirekt an den Verbrechen hinter der Front – und schürte damit den befürchteten Partisanenkrieg selbst. Das Schicksal der gefangenen sowjetischen Soldaten berührte die Fronttruppe selbst zunächst nicht direkt, da die Gefangenen rasch in das rückwärtige Frontgebiet verlagert wurden. Die hier mit der Bewachung – oder sollte man besser von Überwachung des Sterbens sprechen? – befassten Soldaten sahen keine Möglichkeiten, sich für die sowjetischen »Kameraden« einzusetzen. Und aufgrund des Trommelfeuers an ideologischer Untermauerung des Krieges, worin betont wurde, dass die gefangen genommenen deutschen Soldaten unmenschlichen Folterungen ausgesetzt und die sowjetischen Soldaten angehalten seien, sich nicht an gängige Verhaltensmuster im Krieg zu halten, sahen viele deutsche Soldaten in der Behandlung der gefangen genommenen Russen kein Problem, sondern eine gerechte Strafe. Ähnlich verhielt es sich mit den Wachmannschaften in den Kriegsgefangenenlagern, wo die bereits entkräfteten und vielfach kranken sowjetischen Soldaten in Erdlöchern oder primitivsten Hütten hausen mussten. Ob die an dem untersten Ende der Befehlskette eingesetzten deutschen Soldaten nun die Vorgaben ihres Oberbefehlshabers billigten oder nicht, konnte das Schicksal hunderttausender von Gefangenen nicht beeinflussen, wohl aber das Überleben einzelner. Doch nur wenige wagten in Furcht vor den bekannten drakonischen Strafen sich entsprechend zu engagieren. Die deutsche Zivilbevölkerung wiederum war nicht weniger der Indoktrination ausgesetzt als die Soldaten. Zudem wurde in der Presse durchaus ausführlich über die Folgen von »gemeinschaftsgefährdendem Verhalten«, z.B. bei Hilfe für sowjetische Kriegsgefangene berichtet.

Eine Änderung – nicht Umkehrung – des Verhaltens von Soldaten wie Zivilisten ergab sich, als der Kriegsverlauf die Unmöglichkeit eines »Blitzsiegs« über die Sowjetunion offenbarte und das Dritte Reich in die Defensive geriet. Die Kriegsgefangenen wurden nun zwar nicht mehr dem Hungertod direkt preisgegeben, jedoch als Zwangsarbeiter ausgebeutet. In den rückwärtigen Frontgebieten tobte derweil der von beiden Seiten erbittert geführte Partisanenkrieg. Auf deutscher Seite kam es hierbei zu einer Aufweichung der rassischen Grundprinzipien, mit denen der Vernichtungskrieg 1941 begonnen worden war. So wurden immer mehr »Hiwi«-Verbände aufgestellt, zumeist aus gefangen genommenen sowjetischen Soldaten, die so dem Hungertod zu entkommen suchten. Bisweilen jedoch sahen sich die »Hiwis« selbst auf einem Rachefeldzug gegen den Stalinismus. Dass sie sich den Invasoren ihrer Heimat angedient hatten, stellte für sie lediglich ein notwendiges Übel dar.

In den Kriegsgefangenenlagern oblagen die sowjetischen Soldaten aber weiterhin einer erheblich schlechteren Behandlung als beispielsweise französische oder englische Kriegsgefangene. Eine völlige Neudefinition der sowjetischen Gefangenen als künftige Bundesgenossen der Deutschen erfolgte in Ansätzen 1944 mit der Aufstellung einer russischen Befreiungsarmee (ROA). Dies hatte jedoch keine oder kaum Auswirkungen auf das Verhalten der Zivilbevölkerung gegenüber den Gefangenen. Durch Paragraphen, Geheimerlässe, Verordnungen und gesetzliche Bestimmungen wurde seitens der Behörden des Dritten Reiches das Verhalten gegenüber den Kriegsgefangenen definiert. Doch wie diese Anordnungen mit Leben und Tod gefüllt wurden, war nicht überall identisch.

Je klarer im Rückblick die Fronten des Krieges zu werden schienen, desto mehr stellten sich die Fragen nach dem subjektiven Erleben von Tätern und Opfern. Hier spielen heute Fernsehreportagen eine große Rolle, in systematisch aufbereiteten Häppchen werden dem interessierten Zuschauer partielle Einblicke in eine bisweilen schon verdrängte Epoche gewährt. Ein umfassender Rückblick aus subjektiver Perspektive blieb jedoch aus. Es gibt zwar eine Reihe von Darstellungen aus den 1950er und 1960er Jahren zurückgekehrter Kriegsgefangener, doch atmen diese Ausführungen einerseits den Geruch der Parteilichkeit und der Rechtfertigung durch Vertuschung und andererseits sind sie allein aus deutscher Blickrichtung geschrieben. Einen wichtigen Schritt in die Richtung auf das Verständnis der Gegenseite stellten die Arbeiten der wenigen, in der Bundesrepublik teilweise seit den 1950er Jahren aktiven örtlichen Friedensvereine dar. Geradezu vorbildlich wirkten hier die Mitarbeiter des »AK Stukenbrock«, die sich mit der Geschichte des Kriegsgefangenenlagers »Stammlager 326« befassten. In Ergänzung – nicht Konkurrenz – zur etablierten Historikerzunft entstanden aus »toten Buchstaben« der Paragraphenwelt, Erinnerungsphotos und Schilderungen Überlebender beider Seiten lebendige Bilder der Vergangenheit.

Noch deutlicher offenbart sich die Geschichte der Kriegsgefangenen anhand der Erinnerungen eines ehemaligen Soldaten, der in beiden Kulturen verankert war und trotz seiner russischen Herkunft die deutsche Sprache fließend beherrschte. Aufgrund seiner Ausnahmestellung als Arzt gelang es ihm, aus der Perspektive des objektiven, etwas abseits des Grauens stehenden Beobachters die Geschehnisse der Jahre 1941–45 zu betrachten, bisweilen zu analysieren. Das Schicksal eines Einzelnen steht so stellvertretend für das Leiden vieler, vielleicht einer ganzen Generation. So ist es im Fall des russischen Arztes F.I.

Čumakov, der aus der Sicht des sowjetischen Soldaten und Kriegsgefangenen über »die Deutschen«, wie er sie erlebte, schreibt. Ohne Hass, aber auch ohne Mitleid. Der Autobiographie kommt als solche kein Quellenstatus zu, doch ermöglicht sie, tatsächlich abgelaufene Vorgänge neu zu beleuchten, jeweils aus einer subjektiven Perspektive heraus.

Čumakov war 1941 am Mittelabschnitt der sowjetischen Westfront eingesetzt und Zeuge des Rückzugs der »Roten Armee« bis kurz vor Moskau. Schonungslos legt er aus seinem Erleben heraus die Schwächen der sowjetischen Armeeführung offen, schildert den scheinbar unaufhaltsamen deutschen Vormarsch. Nach einer Fortbildung im Winter 1941/42 wird er an den Ort versetzt, mit dem heute in Russland und Deutschland gleichermaßen die Wende im Zweiten Weltkrieg assoziiert wird: Stalingrad. Noch vor Beginn der eigentlichen Schlacht um die Wolgametropole wird er gefangen genommen und in ein Lager verbracht. Seine Stellung als Mediziner sichert ihm das Überleben und zugleich die Aufgabe eines »Zeugen der Vernichtung«. Während um ihn herum – und unter den gleichgültigen Blicken der deutschen Soldaten – seine Kameraden sterben, sucht er Kranke zu pflegen, wohl wissend, dass er dadurch deren Leiden und Sterben nur verlängert. Čumakov überlebt gerade noch das kritische erste Jahr der Gefangenschaft, durchwandert die Gefangenenlager und landet schließlich 1944 in Deutschland. Die sich ändernde Haltung gegenüber den Gefangenen, das diffuse Unwissen über das weitere Geschehen sowohl bei Gefangenen wie auch Bewachern/Zivilbevölkerung wird anschaulich geschildert. Schließlich erlebt der Protagonist die Befreiung und sogleich die Herabwürdigung seiner Leiden durch die sowjetischen Behörden. Die gesamte Gefangenschaft über war Čumakov in der Betreuung kranker Soldaten beschäftigt, doch erst nach der Befreiung muss er unter Umständen arbeiten, die seiner Infektion mit Tuberkulose den Weg bereiten. Schwer krank erreicht er die Sowjetunion und erlangt nur langsam seine Gesundheit wieder. Das Leiden und Sterben aber ist noch nicht vorbei, bald nach seiner Entlassung stirbt seine von ihm geliebte Ehefrau an den Spätfolgen einer im Krieg erlittenen Verletzung. Erst Jahrzehnte später findet Čumakov überhaupt die Kraft, seine Erinnerung in Worte zu fassen. Und hierzu wählt er die Sprache des Landes, für dessen Kultur er sich vor 1941 so begeistert interessiert hatte und die er dann jahrzehntelang nicht mehr sprach, deutsch. Die Geschichte erhält so ein fassbares Gesicht.

Übersetzungen aus fremden Sprachen ins Deutsche beinhalten zahlreiche Tücken, insbesondere dann, wenn der Autor die deutsche Sprache jahrzehntelang nicht mehr gebrauchte. Zahlreiche Ausdrücke klingen heute fremd, haben eventuell die Bedeutung gewechselt. Der Satzbau erscheint unharmonisch, Sprünge im Tempus innerhalb eines Satzes stellen keine Seltenheit dar. Der Herausgeber steht also vor einer schwierigen Aufgabe: Greift er zu sehr in den

Text ein, könnte er diesem seinen ursprünglichen Sinn rauben. Wird gar nichts verändert, zweifelt der Leser am Sachverstand des Herausgebers.

Aus diesem Grunde habe ich mich entschlossen, die grammatikalischen Fehler zu beseitigen, einige Ausdrücke zu »modernisieren«, sonst aber den Text nicht zu verändern. Um dem Leser einen Eindruck auf die ursprüngliche Form der Autobiographie zu gewähren, habe ich jedoch das Vorwort des Autors nicht verändert:

> »Drei Jahre sind vergangen seitdem ich meine Memoiren ›Krieg und Gefangenschaft‹ geendet habe. Jetzt ist es die Zeit gekommen sie ins Deutsche zu übersetzen. Für mich ist es eine schwierige Arbeit – ich kenne diese Sprache nicht gut genug. Ich werde in kurzen Sätzen schreiben müssen und mich nur mit einfachen Redewendungen begnügen. Auch stilystisch wird sicher der Text unperfekt sein. Aber das schadet nicht. Es ist ja, wie ich meine, ein geschichtliches Werk. Ich bin sicher, das alles Folgende grosse Interesse für sämtliche Leser haben wird, besonders für Ärzte. Ich teile einige historische Tatsachen mit, die noch bisjetzt nicht bekannt sind. Ich erzähle nur das, was in Wirklichkeit geschehen ist. In russischer Literatur der kommunistischen Periode war ja nur der sogenannte ›sozialistische Realismus‹ erlaubt – das hässliche Erzeugnis's des Bolschewismus.
>
> Die Übersetzung verwirklichte ich in der Hoffnung der Möglichkeit, das eines Tages es in Deutschland gedruckt wird. Und wenn es nicht gelingt, dann werden doch einige Deutsche die Handschrift lesen können. Im Vergleich zum russischen Original habe ich den Text etwas gekürzt und selbst das Maschinenschreiben bewältigt.«

Zusätzlich wurde der Text durch Photographien aufgelockert, um den Anschaulichkeitsfaktor von Geschichte zu erhöhen. Authentische Bilder sagen manchmal mehr als Worte, gepaart mit der subjektiven Geschichte des Arztes Čumakov ergibt sich das Panorama einer längst vergangenen Epoche, die nicht vergessen werden darf. Die Geschichte des Arztes Čumakovs macht die Jahre 1941–45 wieder lebendig, anschaulich – und unleugbar. Sie vermag vielleicht Forschungsimpulse zu geben oder andere Zeugen der Geschichte ermuntern, sich zu äußern. Noch ist es nicht ganz zu spät, die Geschichte im Diskurs mit den Gestaltern zu diskutieren. Aber auch diejenigen können aus den Schilderungen Čumakovs Schlussfolgerungen ziehen, die in Schwarz-Weiß-Mustern denken und denen ein objektiver Zugang auf die Zeit des Nationalsozialismus bislang wenig am Herzen lag. Es gab weder den typischen »bösen Deutschen« noch den stets gleichen »gefangenen Antifaschisten«. Geschichte hat viele Gesichter, und nur wer sich von liebgewordenen Denkschablonen löst, kann in Anspruch nehmen, aus dem Geschehen etwas gelernt zu haben.

Florian Mildenberger

I. Der Krieg

Die ersten Tage

Für mich persönlich begann der Krieg ebenso überraschend wie für das ganze Land. Er kam unerwartet, obwohl man ihn schon seit Jahren prophezeite und sich auf ihn vorbereitete. Meiner Generation wurde die bekannte Marxistisch-Leninistische These eingebleut, dass wir in der »Zeit der Weltkriege und proletarischen Revolutionen« lebten. Von der Schulzeit an wussten wir, dass der letzte Kampf mit dem Weltimperialismus nahe war. Das Ergebnis dieser grandiosen Schlacht konnte nur der Triumph des Kommunismus in der ganzen Welt sein.

Der sonnige heitere Sonntagmorgen am 22. Juni des Jahres 1941 versprach einen heißen Tag. An jenen Morgen erinnert sich bis jetzt noch jeder, der damals erwachsen war. Der Tag erschien völlig normal und im Zentrum des Landes ahnte noch niemand, dass die deutsche Invasion in die Sowjetunion schon begonnen hatte. In den Hochschulen des Landes näherten sich in diesen Tagen die Semesterprüfungen ihrem Ende. Die Absolventen legten die Staatsexamen ab. Damals unterbrachen die Lesehallen ihre Arbeit auch an den Sonntagen nicht. Ich und meine Frau Dunja (Diminutiv von Evdokija) saßen von 9 Uhr an zusammen in einer Moskauer Lesehalle unweit ihrer Wohnung. Wir beide sollten im Jahre 1941 die medizinische Hochschule absolvieren. Sie bereitete sich auf eines der Staatsexamen vor, und ich sollte die Prüfung des 5. Studienjahres in Augenheilkunde ablegen. An der Militärfakultät, an der ich inskribiert war, herrschten andere Studienbedingungen: Die Staatsprüfungen waren für den Herbst bestimmt. Vor diesen Prüfungen mussten wir schon im Sommer zwei Monate Praxis in den Lazaretten der Moskauer Militärbezirke nachweisen können.

Es war etwa 11 Uhr, als wir über den Rundfunk von der Invasion der deutschen Armee in unser Land erfuhren. Im Lesesaal gab es natürlich kein Radio, aber das Bibliothekspersonal hörte es im Nachbarzimmer und nach einigen Minuten war die Nachricht allen Anwesenden bekannt. In der bisher stillen Lesehalle fingen plötzlich alle an laut zu diskutieren. Die Besucher standen von ihren Stühlen auf, innerhalb von zehn Minuten war der große Raum fast leer. Nur ich und Dunja blieben. Der Krieg …

Aber die Prüfungen waren noch nicht ausgesetzt worden. Die Grenze schien weit entfernt zu sein, und es bestand bei uns kein Zweifel darüber, dass der Feind zurückgeschlagen würde. Und wirklich, Dunja setzte ihr Studium fort und bekam nach zwei Wochen das ärztliche Diplom. Für mich aber war es mit dem Studieren und den Prüfungen vorbei.

In der Bibliothek blieben wir an diesem denkwürdigen Tag dann doch nicht mehr lange und verließen sie gegen Mittag – für das Studium konnten wir nicht mehr genügend Konzentration erübrigen. Dunja begab sich zu Fuß nach Hause, ich fuhr zu meiner Mutter in einen Vorort von Moskau. Dort war bereits alles bekannt, und die letzten Meldungen wurden lebhaft diskutiert. Da es Sonntag war, waren alle zu Hause. Die Leute standen in Gruppen neben den Außentreppen ihrer Häuser. Die Nachricht vom Beginn des Krieges führte in der Bevölkerung zu unterschiedlichen Reaktionen. Dies hing vom Alter der Leute ab, man konnte sie alle in zwei Gruppen einteilen. Die Älteren erinnerten sich an alle Ereignisse des Ersten Weltkrieges und des Bürgerkrieges. Das Leben der Jüngeren jedoch hatte erst danach begonnen, zu dieser Gruppe zählte meine Generation. Außerdem glaubte die Mehrheit der jungen Leute (und ich war damals erst 22 Jahre alt) der kommunistischen Propaganda, wonach die Arbeiter und Bauern der kapitalistischen Länder nicht gegen die Rote Armee kämpfen würden. In der ganzen Welt herrschte ja scheinbar die Klassensolidarität! Außerdem galt es als unbestritten, dass die Sowjetarmee nur außerhalb der eigenen Grenzen handeln und nur geringe Verluste erleiden würde.

Aus diesen Gründen entstand unter den Jugendlichen, die meisten waren Mitglieder des »Komsomol«, eine allgemeine Hochstimmung und sogar – wie mir schien – ein gewisser Jubel über den Ausbruch des Krieges. Sehr deutlich empfand man diese Stimmung an meiner Militärfakultät. Aber ältere Leute nahmen die Nachricht vom Ausbruch des Krieges ganz anders auf. Für sie war es ein persönliches und allgemeines Unglück, ja eine Tragödie. Sie wussten aus eigener Erfahrung, was ein großer Krieg in Wirklichkeit war! Aber auch unter ihnen gab es genügend Fanatiker, die treuherzig an die »Unerschütterliche Macht der Roten Armee« glaubten, welche den Feind durch die »heiligen Grenzen unseres Vaterlandes« nicht durchbrechen lassen würde. »Unsere Grenzen sind geschlossen« war damals ein gängiger Satz.

Meine Mutter, die schon etwa 60 Jahre alt war, hat natürlich alles richtig verstanden. Aber sie hoffte auf die Gnade Gottes und tröstete sich mit dem Gedanken, dass ich als Arzt nicht direkt an der Front kämpfen müsste. Wie konnte sie wissen, dass dieser Krieg sich ganz anders als frühere entwickeln würde.

Am nächsten Morgen versammelten sich alle Hörer der Militärfakultät im Hauptgebäude der Universität. Dort wurde mitgeteilt, dass die Studierenden des vierten Studienjahres gemäß der Studienordnung die Prüfungen weiter ablegen würden. Aber unser fünftes Studienjahr sei von allen Jahresprüfungen befreit.

Die Staatsexamen sollten, wie es auch zuvor geplant war, im Herbst nach dem Sommerpraktikum abgelegt werden. Schon um 14 Uhr wurden wir wieder entlassen. Täglich mussten wir nun um 9 Uhr zum Fakultätsgebäude kommen, weil der Ort und die Zeit unseres Praktikums noch unklar war. So vergingen zwei oder drei Tage. Während dieser Zeit legte Dunja ihre Prüfungen ab.

Ich besuchte meine Moskauer Verwandten und auch meine Schwiegermutter. In ihrer Familie herrschte große Unruhe. Meine Schwiegermutter ahnte die kommende Katastrophe voraus, der Tag der Einberufung ihrer drei Söhne war nahe. Sie waren einfache Arbeiter und würden mit größter Sicherheit sofort an die Front kommen.

Der Sommer war heiß, und ich badete täglich entweder in der Moskva oder im Teiche von Zarizyno (dort wohnte meine Kusine). Bald wurde bekannt, dass die medizinische Militär-Hauptverwaltung beschlossen hatte, alle Hörer meines Studienjahres für die Dauer von zwei Monaten in die Stadt Minsk zu schicken. Dort sollte unser Praktikum in den Frontspitälern stattfinden. Die Abreise wurde für den nächsten Tag, den 27. Juni 1941 festgelegt. Als ich dies erfuhr, begab ich mich sofort in die nächste Frisierstube und ließ mir den Kopf kahl scheren. Denn in meinem chirurgischen Lehrbuch stand, dass bei Kopfverletzungen die Haare in die Wunde zu gelangen drohten, was für die Wundversorgung kontraproduktiv sei.

Wieder zu Hause gab ich meiner Mutter Anordnungen für den Fall meines Todes, so z.B., dass mein Neffe Andreas aus Zarizyno meine doppelläufige Jagdflinte bekommen sollte; zudem übertrug ich ihm die Aufgabe, die Urne meines gerade verstorbenen Vaters zu beerdigen. Einige wertvolle Kleinigkeiten verpackte ich in eine wasserdichte Hülle und vergrub sie im Beisein meiner Mutter einen Meter tief in einer Ecke unseres Hühnerstalls. Dann zog ich den Trauring meines Vaters, den dieser während seines Einsatzes an der Front im Ersten Weltkrieg getragen hatte, über meinen linken Ringfinger. Ich tat dies nicht nur zum Andenken, sondern auch aus Aberglaube in der Überzeugung, dass der Ring mich vor jeder Gefahr beschützen werde. Bis zu diesem Zeitpunkt hatte ich niemals einen Ring getragen, auch keinen Trauring, da dieser westliche Brauch damals in der Sowjetunion nicht geschätzt wurde.

Am Abend packte ich meinen Rucksack und nahm zudem einen relativ großen Reisekoffer mit. Darin verstaute ich fast ausschließlich Bücher, mit deren Hilfe ich mich auf mein Staatsexamen vorzubereiten gedachte. Weitere Bücher verwahrte ich in einem Holzkasten im Hause meiner Mutter. Zudem packte ich in den Koffer ein Paar neuer Chromlederstiefel. Insgesamt wog mein Gepäck an die 30 Kilogramm und entsprach so dem normalen Marschgepäckgewicht eines Soldaten. Meine eigene Gasmaske jedoch nahm ich nicht mit. Damals wurden in Moskau Militärgasmasken des vorletzten Modells an die Zivilbevölkerung verkauft, weil – oder obwohl – man sie schon als veraltet betrachtete.

Der Abschied von der kranken Mutter fand am nächsten Morgen statt. Sie hatte kranke Füße, konnte sich daher nur langsam bewegen und wollte mich deswegen nicht zum Bahnhof begleiten. Als die Zeit gekommen war, sagte ich nur »jetzt gehe ich« und verließ das Haus. Alles lief still und ruhig ab, Gefühle zeigte man in unserer Familie niemals. Dunja sollte mich an diesem Tage am Bahnhof verabschieden.

Alle Hörer der Fakultät kamen rechtzeitig, es verstrichen einige Stunden, allein der Zug kam nicht. Die Abreise wurde daraufhin auf den nächsten Tag verschoben. Das Gepäck wurde am Bahnhof deponiert und alle konnten wieder nach Hause gehen. Für einige war dies eine freudige Nachricht, aber ich hätte es vorgezogen sogleich abzureisen, um den Abschied von der Familie nicht in die Länge zu ziehen. Doch meine Mutter freute sich, als ich zurückkam, am Abend kam auch Dunja mit ihrer Mutter und übernachtete bei uns.

Am nächsten Morgen kamen wir um zehn Uhr morgens zum Bahnhof. Der nochmalige Abschied von meiner Mutter verlief ebenso ruhig wie am Tag zuvor. Beide hofften wir auf die Gnade Gottes, akzeptierten aber zugleich die Unausweichlichkeit des Schicksals. Auf dem Weg zum Bahnhof begegneten wir dem alten Arzt unserer Siedlung, den ich seit meiner Kindheit kannte. Auch von ihm verabschiedete ich mich. Ich sollte ihn nicht wiedersehen.

Der Zug verspätete sich um eine Stunde. Es kam ein gewöhnlicher Personenzug mit bequemen Schlafwagenabteilen. Ich glaube, es waren übliche Kurswagen für die Route Moskau–Minsk. Unser Lehrgang, bestehend aus 150 Hörern, besetzte drei oder vier Wagen. Der übrige Zug wurde ebenfalls von Militärangehörigen belegt. Dunja stand bis zur Abfahrt auf dem Bahnhof. Zum Abschied tauschten wir nur gefasst einen Händedruck aus, doch bei der Abfahrt des Zuges bemerkte ich, dass sie weinte.

Unser Zug fuhr langsam, weil es viele unvorhergesehene Aufenthalte gab. Je weiter wir nach Westen kamen, desto öfter hielt der Zug. Im Ganzen verbrachten wir mehr als zwei Tage und Nächte auf der Strecke. Während dieser Zeit bekamen wir keinerlei Informationen über die Lage an der Front, das Zugradio funktionierte nicht und an den Stationen gab es keine Zeitungen. Aber die Stimmung blieb gut, und alle sehnten sich bereits nach der Tätigkeit in Minsk.

Begleitet und beaufsichtigt wurden wir vom Fakultätskommissar/Regimentskommissar Rosenberg. So vergingen die ersten 24 Stunden. An Stationen konnte man die entgegenkommenden Züge sehen. Sie waren voller Flüchtlinge und verschiedenstem Hab und Gut. Allerdings begegneten wir keinen Sanitätszügen.

Am nächsten Tag fuhren wir an der Stadt Orša vorüber. Der Zug hielt mitten im Grünen. Und da sahen wir plötzlich ein deutsches Flugzeug, wahrscheinlich einen Aufklärer. Er flog langsam in beträchtlicher Höhe und wurde von zwei Scheinwerferstrahlen verfolgt. Ringsum war es völlig still. Als das Flugzeug schließlich abdrehte, fuhr der Zug weiter. Unweit von Borissov stoppten wir erneut. Ein deutsches Flugzeug markierte mittels Leuchtspurmunition Zielvorgaben über der Stadt. Die Maschine selbst machten die Scheinwerfer gut aus, auch das seltene Knallen der Flugabwehrgeschütze war deutlich zu hören. Die Explosionen der Flakgeschosse waren aber deutlich unter der Flughöhe der deutschen Maschine. All das sah phantastisch und unwirklich zugleich aus. Den Passagieren des Zuges wurde befohlen die Waggons zu verlassen und in der Nähe Deckung zu suchen, da ein Bombenangriff befürchtet wurde. Aber es geschah nichts.

Die Stadt Borissov durchfuhren wir in der Nacht ohne Halt zu machen. Aber weiter ging die Reise mit »Schneckengeschwindigkeit«. Nach Tagesanbruch konnte man rechts die Rollbahn Moskau–Minsk erkennen. Sie war mit einer Unmenge Kraftwagen überfüllt, die sich mit großer Geschwindigkeit nach Osten bewegten. Dazwischen sah man auch sämtliche Arten von Fuhrwerken, die von Pferden gezogen wurden. Die Chaussee war etwa einen Kilometer von der Bahnstrecke entfernt.

Zu dieser Zeit begann das Morgengrauen sehr früh, zwischen drei und vier Uhr. Während der nächsten 2 ½ Stunden blieb alles ruhig, dann erschienen die ersten deutschen Flugzeuge – »leichte Bombenträger« – am Himmel. Sie kreisten in geringer Höhe über der Rollbahn, eröffneten das Feuer aus Maschinengewehren und warfen gelegentlich Bomben ab. Einige davon sausten mit unerträglichen Geräuschen direkt über unseren Zug hinweg in die Kehrkurven der Chaussee. Der Zug setzte trotz alledem seine Fahrt fort. Gegen zehn Uhr jedoch blieb er zwischen den Stationen Smoleviči und Oserišce endgültig stehen, da die Strecke weiter westlich durch Güterzüge versperrt war. Über dem westlichen Horizont hing eine gewaltige Rauchwolke, die Stadt Minsk stand in Flammen. Mehrmals verließen wir unsere Wagen um uns zu zerstreuen, da ein Tieffliegerangriff möglich erschien. Aber die deutsche Luftwaffe warf keine einzige Bombe auf diesen Streckenabschnitt, da der Gegner alle Schienen und die Züge unbeschadet erbeuten und selbst nutzen wollte. Einige der knapp über unsere Köpfe hinwegrasenden Flugzeuge jedoch gaben kurze MG-Salven ab. Die Maschinen hatten deutlich unterschiedliche Kreuze auf den Tragflächen. Einige Geschosse trafen auch unseren Wagen, es wurde aber niemand verletzt. In dieser Situation wurden zwei Studenten von Panik ergriffen. Einer von ihnen war Kommandeur der zweiten Gruppe unseres Zuges, Belaševskij. Er war allein deshalb zum Gruppenkommandeur ernannt worden, weil er bereits in seiner Jugendzeit dem Militär angehört hatte. Er war 30 Jahre alt, von robustem

Körperbau, ein Spaßvogel, fideler Marschsänger. Früher war er Landarbeiter gewesen. Ich sage es darum, weil man von solch einem Kerl dieses Verhalten gar nicht hätte erwarten können. Ich erlebte es zum erstenmal. Er wurde käsebleich, sein Körper war von kaltem Schweiß bedeckt, er klammerte sich an die Hände von Kameraden und stammelte unaufhörlich: »Brüderchen, verlasst mich nicht, verlasst mich doch nicht!« Man könnte es verstehen, wenn ein Verwundeter oder schwacher bzw. feiger Simulant sich so verhielt, aber das war doch ein ganz gesunder Kerl.

Der zweite ähnlich gelagerte Fall betraf einen Studenten, der einem anderen Zug angehörte. Ich kannte ihn nur vom Sehen, Pustylnik hieß der Bursche. Er war kleinwüchsig, mit einer krummen Haltung und schien älter, als er in Wirklichkeit war. Ein Jahr zuvor, als er Wache hielt, wurde er vom Ablösenden einmal schlafend vorgefunden. Pustylnik fiel plötzlich in Stuporzustand: Er reagierte auf nichts mehr, gab keine Antwort auf Fragen und versuchte immer vom Zug wegzulaufen. Zweimal wurde er eingeholt und mit Gewalt zurückgeschleppt. All das wirkte sich negativ auf die Stimmung der Leute aus. Mir aber schien die Situation sogar lächerlich zu sein, da das Gefühl der Gefahr völlig fehlte. Sehr gut benahmen sich alle unsere Frauen, insgesamt fuhren zehn von ihnen mit zur Front.

Unterdessen ertönten aus dem nahe gelegenen Wald einzelne Gewehrschüsse und manchmal auch Feuerstöße aus Maschinenpistolen. Aber es war nichts und niemand zu sehen. Jemand sagte, dass die Deutschen einen Vorstoß unternommen hätten und ein Scharmützel mit unseren Truppen stattfinden würde. Ich erinnere mich nicht mehr an das genaue Datum, wahrscheinlich war es der 28. Juni – der Tag der Einkesselung von zehn sowjetischen Divisionen westlich von Minsk. Die Hauptanstrengungen der deutschen Armee waren auf die direkte Vernichtung des Gegners gerichtet. Dieser Umstand erwies sich für unseren Eisenbahnzug als rettend – der Gegner war abgelenkt und sein Vorstoß von Minsk aus nach Osten kam zeitweilig zum Stillstand.

Der Regimentskommissar Rosenberg, der für uns alle verantwortlich war, befand sich in einer schwierigen Situation: Man musste ja irgendeinen Entschluss fassen. Wir befanden uns in Frontnähe, waren aber gänzlich unbewaffnet. Nur der Kommissar besaß eine kleine Browningpistole zur Selbstverteidigung. Den früheren Befehl, sich in Minsk den dortigen Befehlshabern zur Verfügung zu stellen, konnte er nicht ausführen, da wir in diesem Fall den Deutschen geradewegs in die Arme zu laufen drohten. Und wie sollten wir marschieren? In militärischer Ordnung vielleicht um ein vorzügliches Ziel für feindliche Flugzeuge abzugeben? Der Kommissar fasste jedoch, wie mir schien, den richtigen Entschluss. Er befahl den Zug zu verlassen, sich zu zerstreuen und einzeln zu versuchen, sich in die Stadt Mogilev durchzuschlagen. Dort sollte sich der Frontstab befinden. So endete unser »Betriebspraktikum«.

Es war etwa Mittag eines langen heißen Sommertages. Das ganze vorhandene Gepäck einschließlich des warmen Militärmantels mitzuschleppen, erschien mir unmöglich. Den Reisekoffer samt Inhalt ließ ich im Zug auf einer Bank liegen. Ich packte nur die Stiefel, das Lehrbuch »Kriegschirurgie« und ein Lehrbuch über die gesamte Chirurgie in den Rucksack ein und marschierte zur Chaussee. Die Straße entlang fuhren die Lastwagen, feindliche Flugzeuge waren nicht am Himmel – die Piloten hatten offenbar Mittagspause.

Ich stellte mich an den Rand der Straße und hob den Arm als Zeichen, dass ich mitgenommen werden wollte. Ein Kraftwagen hielt an, besetzt mit Zivilpersonen. Sie fuhren in Richtung Mogilev. Ich bot ihnen meine Stiefel als Lohn für die Reise an. Sie willigten ein und ich gab ihnen meine alten Stiefel. Aus dem Rucksack zog ich meine neuen, wodurch sich sogleich mein Gepäckgewicht verminderte. Während der Fahrt sahen wir häufig feindliche Flugzeuge, doch suchten diese lohnendere Ziele und ließen uns in Frieden. Spät abends erreichten wir Mogilev und stiegen in einem Vorort ab. Ich fand irgendeine Scheune und schlief dort bis zum nächsten Morgen. Ich erwachte gegen acht Uhr und begab mich nach kurzer Zeit zu dem sich in der Nähe befindenden Frontstab. Rundherum standen verschiedene Militärs, die ihre Truppenteile suchten. Die ganze Stadt glich einem gigantischen Jahrmarkt, vorherrschend waren Männer in Militäruniformen. Deutsche Flugzeuge erschienen nicht, zudem war die Stadt durch zahlreiche Flakbatterien gesichert.

Die Mehrzahl meiner Kameraden war schon eingetroffen und während des Tages kamen noch weitere an. Es wurde beschlossen, noch einen Tag abzuwarten. Am nächsten Morgen wurden die Fehlenden mittels einer Liste ermittelt. Zwei Tage später erhielten wir Nachricht von unserer Beförderung zu Militärärzten dritten Ranges. Dies entsprach dem Hauptmannsrang. Jeder bekam entsprechende Abzeichen – rote Rechtecke auf die Litzen – und gleichzeitig eine Verordnung zum weiteren Dienstablauf. Entsprechend unserem Fakultätsprofil mussten sich alle bei den Luftstreitkräften melden.

Im Bataillon 250 der Flugplatzmannschaft

Ich bekam die Stellung eines Oberarztes des Bataillons 250 der Flugplatzmannschaft (BFB). Überhaupt sollten wir direkt in den Truppenteilen der Luftwaffe dienen. Aber – wie heute allgemein bekannt ist – der größte Teil der sowjetischen Flugzeuge wurde in den ersten Kriegstagen vernichtet. Zur weiteren Kriegsführung benötigte man ein Netz von Feldflugplätzen entlang der Frontlinie. Die improvisierten Startbahnen und Flugfelder richtete man in Entfernung von weniger als hundert bzw. bis zu 150 Kilometer hinter der Frontlinie ein. Jeder Flugplatz wurde von einem BFB geführt.

Jedes BFB setzte sich aus vier Kompanien und einer flugtechnischen Abteilung von etwa 30 Personen zusammen. Das Kommando hatten erfahrene Ingenieure inne. Zur Leitung gehörte ferner ein umfangreicher Stab.

Das BFB besaß eine Sanitätsabteilung, die drei Ärzte, zwei Feldscher, sechs Krankenschwestern und vier Sanitäter umfasste. Außerdem gab es ein eigenes Lastauto und einen Fahrer dazu. Jede Kompanie hatte zudem einen eigenen Feldscher, der sowohl dem Kommandeur der Kompanie als auch dem Chefarzt des Bataillons unterstand. Die Schwestern konnten zudem, sofern es nötig war, in den Kompanien als Arzthelferinnen tätig sein. Alle BFBs besaßen den Status besonderer Truppenteile und umfassten bei voller Besetzung jeweils 800 Mann. Das BFB, in das ich versetzt wurde, war kein geschlossener Verband, sondern gerade erst in aller Eile aufgestellt worden. Der Standort des BFB 250 befand sich unweit der Stadt Roslavl, wohin ich aus Mogilev selbständig gelangen musste. Dies fiel mir nicht schwer, es gab eine direkte Straßenverbindung. Doch die Strecke war gefährlich, da die deutsche Luftwaffe unaufhörlich die Straße angriff. Nur nachts war es möglich gefahrlos zu reisen, aber wir fuhren ausgerechnet am Tag. Die niedrig fliegenden deutschen Maschinen griffen sogar einzelne Lastautos an, sowjetische Flugzeuge bemerkte ich zu keiner Zeit. Diese schienen nur nachts zu operieren. Während dieser Fahrt fürchtete ich zum erstenmal um mein Leben, als ich das grelle Pfeifen der MG-Geschosse wahrnahm, die genau auf unser Fahrzeug zielten. Sobald sich ein niedrig fliegendes Schlachtflugzeug näherte, machte unser Chauffeur eine Vollbremsung und wir versteckten uns unter Bäumen oder unter dem Fahrgestell. Einmal wurden wir neben einer Schlucht mit steilen Abhängen Opfer eines Tieffliegerangriffs. Die Leute krochen rasch in die Schlucht hinein, was dem Piloten jedoch nicht verborgen blieb. Er begann über der Schlucht zu kreisen und wir mussten mehrfach die Deckung wechseln. Der Pilot bemerkte die Sinnlosigkeit weiteren Zuwartens und drehte ab. Die wenigen Minuten, die dieses Ereignis dauerte, erschienen mir wie eine Ewigkeit. Es war nur gut, dass kein Bombenabwurf erfolgt war. Wenn nur eine Bombe in die Schlucht eingeschlagen hätte, wären wir alle zerfetzt worden.

Abb. 1: Sowjetische Kolonne nach einem deutschen Tieffliegerangriff, Juli 1941

Während der weiteren Fahrt bemerkten wir plötzlich zwei Flugzeuge, die im Felde nur etwa 500 Meter von der Straße entfernt standen. Aufgrund des dazwischenliegenden Roggenfeldes waren sie nicht klar zu erkennen. Es konnte sich ebenso gut um deutsche wie sowjetische Maschinen handeln. Im ersteren Fall hatten sie die Möglichkeit uns mit ihren Bordwaffen zu vernichten. Aber es handelte sich um unsere Bomber, die auf die einbrechende Dämmerung warteten, um ihre Angriffe starten zu können. Nach oben waren sie mit Roggenähren getarnt.

Das BFB 250 befand sich in einem kleinen Mischwald, der am Rand eines großen Feldes lag. Dort konnten die Flugzeuge ungehindert starten und landen. Die Verbandsstelle – ein einfaches Militärzelt für vier Personen – stand unter einer alten Eiche unweit des Stabes, der in einer Erdhütte einquartiert war. An der entgegengesetzten Seite befand sich eine Feldküche und drei kleine Schuppen mit dem Versorgungsmaterial. Vor meiner Ankunft wurde der Sanitätsdienst von Feldscher Kossko geleitet – einem erfahrenen Berufsmilitär der Luftwaffe. Das konnte man an seinen blauen Litzen erkennen. Meine Litzen waren grün, wie es sich für einen Mediziner gehörte. Das ganze medizinische Material bestand allein aus dem Inhalt einer Standardfeldschertasche. Außer diesem einen Feldscher gab es noch eine Krankenschwester – eine Frau mittleren Alters, die gerade aus der Reserve einberufen worden war.

Der Kommandeur des Bataillons war ein Berufsmilitär, Kriegsingenieur dritten Ranges Jevsejev. Er trug ebenso wie ich ein rotes Rechteck an jeder Litze. Wir verstanden uns sofort. Als ich beim Bataillon eintraf, existierte nur ein kleiner Stab, zudem gab es zwei bis drei Techniker (für die Flugzeuge) und einen Zug Soldaten. Während der nächsten Wochen wurde das Bataillon allmählich auf Sollstärke angefüllt und mit Material versehen.

Am Abend des ersten Tages meiner Ankunft stellte sich ein unerwarteter Umstand heraus: Das Sanitätszelt diente gleichzeitig als Wohnzelt für zwei Personen, die Krankenschwester und eine Radartechnikerin, die zugleich mit ihrem Stabsvorgesetzten liiert war. Zudem war sie mindestens im dritten Monat schwanger. Ansonsten befand sich im Sanitätszelt nur eine einzige Tragbahre.

Der Stabsvorgesetzte war ein Leutnant und Berufsflieger, der kurz zuvor am Krieg gegen Japan in der Mongolei teilgenommen hatte. Dabei verlor er seinen rechten Arm. Ungeachtet dieser Verletzung erhielt er die Erlaubnis, weiterhin dem Militär anzugehören. Aber fliegen konnte er selbstverständlich nicht mehr. Seine Stabspflicht erfüllte er vortrefflich. Nach einiger Zeit wandten sich der Stabsvorgesetzte und die Radartechnikerin an mich mit der Bitte nach einer Abtreibung. Aber was konnte ich tun? Niemals zuvor hatte ich einer solchen Operation auch nur beigewohnt. Zudem war der günstigste Zeitpunkt schon verstrichen, eine Abtreibung außerdem gesetzlich verboten. Gerade aus diesem Grund konnten sich beide auch nicht an ein Zivilkrankenhaus wenden.

Jeden Abend legten sich die Frauen zum Schlafen in das Zelt, während ich draußen unter der Eiche im Gras schlief. Das war mir ganz recht, und ich schlief auch weiter den ganzen Sommer draußen, da es selten regnete. Ich deckte mich mit meinem Uniformmantel und dem Regenponcho zu; als Kissen benutzte ich einen flachen Napf (Feldkesselchen). Aus solchen Näpfen aßen alle die von den Feldküchen gelieferte Verpflegung.

Die nächsten Tage bekamen wir Ersatz. Als Erste kamen ein Feldscher und eine Schwester. Letztere war erst vor einigen Tagen einberufen worden. Sie war schwanger gewesen, hatte dies aber zum Zeitpunkt der Mobilmachung verschwiegen. Sie gedachte die Schwangerschaft als Rettungsanker vor einer Versetzung an die Front zu nutzen und prompt wurde sie nach einiger Zeit demobilisiert. Der neue Feldscher Muraško war Weißrusse und in seiner Rede tauchten regelmäßig weißrussische Wörter auf. Bald wurden wir Freunde. Er war etwa 30 Jahre alt. In Wirklichkeit war er gar kein ausgebildeter Feldscher, sondern regulärer Oberleutnant. Aus gewissen Gründen wurde er jedoch einige Zeit vorher demobilisiert und zum Studium an die medizinische Hochschule geschickt. Im Juni 1941 studierte er bereits vier Jahre Medizin. Die Medizinstudenten aber hatten sogar schon nach dem dritten Studienjahr das Recht, als Feldscher tätig zu sein. Nach zwei weiteren Tagen kam eine Gruppe von fünf unerfahrenen Krankenschwestern, die gerade erst ihre (theoretische) Ausbildung beendet hatten. So komplettierte sich die Zahl meiner ersten Untergebenen, noch immer kann ich mich an alle vorzüglich erinnern: Gesichter, Aussehen, Namen …

Ich bekam ferner noch fünf Soldaten, die als Sanitäter geführt wurden. Sie waren alle schon älter und Reservisten. Eigentlich wurden mir zu Anfang nur vier Sanitäter zugeteilt. Aber eines Tages, während eines Truppenübungstages, bekam ein Weißrusse namens Ljach einen Hitzschlag und wurde sofort eingeliefert. Nach seiner Genesung wurde beschlossen, dass man so einen schwachen Kerl in der Kompanie nicht brauchen konnte und überließ ihn dem Lazarett als Sanitäter.

Ungefähr um den 12. Juli 1941 herum kamen noch vier junge Feldscher aus Minsk, die im selben Jahr ihre Ausbildung beendet hatten. Sie alle wurden sofort den Kompanien des BFB 250 zugeteilt, so dass wir sie nur noch selten zu Gesicht bekamen. Mit ihnen zusammen war eine etwa 40-jährige Pharmazeutin aus Minsk zur Truppe gekommen. Cäcilia war Jüdin und nur unter schwierigsten Umständen aus Minsk entkommen. Sie war mager, kleinwüchsig und trug Stiefel, die ihr drei Nummern zu groß waren. In Militäruniform sah sie sehr komisch aus. Alle jungen Feldscher und Krankenschwestern waren im Übrigen Komsomolmitglieder, Parteimitglied war nur der Sanitäter Golobokov, den ich hier nicht zufällig erwähne.

Außer allen obengenannten Personen bekam ich noch den Lastwagenfahrer V.F. Moissejev als Untergebenen zugeteilt. Dieser 45-jährige Mann kam aus meiner Gegend, er stammte aus Butovo, einer kleinen Bahnstation zehn Kilometer von Zarizyno entfernt. Er kannte alle Stationen der Eisenbahnstrecke und besuchte mehrmals die kleine Ansiedlung (zwischen Zarizyno und Moskau), wo ich vor dem Krieg gelebt hatte. In den seltenen kurzen freien Zeitabschnitten saßen wir manchmal nebeneinander und tauschten Erinnerungen aus.

Den ersten Monat meines Aufenthalts im BFB 250 gab es dort keine anderen Ärzte und dieser Umstand stimmte mich nachdenklich. Wir bekamen große medizinische Zelte, in welchen 20 Krankenbetten auf Tragbahren aufgebaut werden konnten. Als ich an die Möglichkeit der Einlieferung von Verwundeten dachte, packte mich das blanke Entsetzen. Ich wusste nämlich sehr wohl um meine Unfähigkeit qualifizierte Hilfe leisten zu können. Aber glücklicherweise gab es keine Verwundeten und auch keine Flugzeuge, die unser BFB bedienen sollte. Vorgreifend kann ich sagen, dass während des 4 ½-monatigen Einsatzes dieses Truppenteils nur einmal verwundete Flieger eingeliefert wurden. Aber vorher hatten sie bereits chirurgische Erstversorgung erhalten, trugen gut angelegte Verbände und wurden nach wenigen Stunden weiter evakuiert.

Meine alltägliche Pflicht bestand in Überprüfung des ausreichenden Sanitätszustandes, Trinkwasser-, Lebensmittel- und Nahrungszubereitungskontrolle, auch die Untersuchung von Kranken. Außerdem musste ich noch den Personalbestand ausbilden und zwar in zweierlei Hinsicht: der militärischen und medizinischen. Meine wichtigste Aufgabe bestand darin, eine durchgehende Arbeitsordnung zu entwerfen, um alle Untergebenen bis zum Abend beschäftigt zu halten. Untätigkeit ist ja ein sicherer Weg zum Verfall der Disziplin!

Man musste auch das Marschieren üben, die Felddienstordnungen erlernen und alle Fächer der Feldmedizin beherrschen. Ich war mit der Arbeit überlastet und konnte kaum mehr richtig ausschlafen. Das Eintreffen des Feldschers, Oberleutnant Muraško, erleichterte wesentlich mein Leben. Nur die Marschierübungen reservierte ich für mich. Sie dauerten täglich ein bis zwei Stunden und dienten als nützliches Aufwärmtraining.

Sogleich nach Dienstantritt musste ich feststellen, dass die Anwesenheit einer Vielzahl von jungen Frauen den Tagesablauf empfindlich störte. Wir wurden von Offizieren aus dem Bataillonsstab oft und gerne besucht, wodurch der Ablauf des eigentlichen Dienstes unterbrochen wurde. Zudem fiel es mir schwer, gerade unter den weiblichen Untergebenen die militärische Disziplin voll durchzusetzen. Es muss hierbei berücksichtigt werden, dass alle Frauen eine zu große, für Männer gedachte Uniform erhalten hatten. Die groben unpassenden Kunstlederstiefel verursachten Fußschäden. Schon das Aussehen meines weiblichen Personals konnte einen Besucher zum Lachen bringen. Die Mitglieder des Bataillonsstabes meinten, dass die Frauen beim Marschieren Kühen ähnelten. Doch die täglichen Truppenübungen zeigten schließlich Erfolg.

Große Schwierigkeiten bereitete mir die tägliche Untersuchung der Kranken. Die Vorbereitung dazu war ungenügend, ich verfügte über keinerlei praktische Erfahrung, denn die Prüfungen im Fach innere Krankheiten/Chirurgie hatte ich noch gar nicht abgelegt. Es war auch unmöglich, eine Blut- oder Harnuntersuchung bzw. eine Röntgenkontrolle durchzuführen. Bei den Untersuchungen war ich mir in 80% der Fälle bei der Diagnose unsicher. Aber ich war auch nicht imstande, die echten Kranken von den Simulanten zu unterscheiden. Besondere Schwierigkeiten hatte ich mit der Verständigung bei Kaukasiern und Mittelasiaten. Auf die Frage »Was fehlt Dir?« konnte ich vernehmen »Alles, ich habe überall Schmerzen.« Einer der mich oft besuchte, meldete gewöhnlich in gebrochenem Russisch »ich bin 7x krank«. Und keine andere Auskunft vermochte ich ihm zu entlocken. Zur Lösung dieser Fragen musste ich den an den Umgang mit einfachen Soldaten gewöhnten Feldscher Kossko beiziehen, dem diese Aufgabenübertragung schmeichelte. Endlich, ungefähr nach einem Monat, kamen noch einmal zwei Ärzte. Ich atmete auf, beide wiesen langjährige Berufserfahrung auf. Der Mann – Gulidov – war früher in einem Landrevier tätig gewesen, während Frau Orlova Gynäkologin und Hebamme in einem Bezirkskrankenhaus gewesen war. Aber militärische Ausbildung fehlte beiden völlig. Das führte zu manchen komischen Situationen, nachdem Gulidov die Stelle des Chefarztes übernommen hatte. Den Berufsmilitär Muraško bestürzte diese neuartige Situation. Für mich aber war Gulidovs Ernennung ein freudiges Ereignis: Ich war endlich der Verantwortung für die Gesamtleitung entbunden worden. Nach dieser Dienstumstellung änderte sich aber das Wesen meiner Tätigkeit wenig, weiterhin gab ich ärztlichen Unterricht, kontrollierte die Qualität der Lebensmittel und die Nahrungszubereitung. Ich blieb bis zur Auflösung des BFB 250 bei diesem Bataillon, d.h. bis November 1941. Während dieser Zeit musste das Bataillon mehrfach dislozieren. Von Suchiniči über Koselsk, Kaluga, Kursk, Tim, Grajvoron nach Voroneš. Diese Städte wurden von unseren Truppen rasch geräumt, das BFB bezog immer wieder in Gehölzen, Wäldern oder Schluchten Quartier. Ab Oktober nahmen wir in kleinen Ansiedlungen Quartier. Mehrmals wurden wir auf dem Rückzug von deutschen Jagd- und Schlachtflugzeugen attackiert, aber es gab keine Verluste dabei. Einmal mussten wir infolge eines deutschen Panzerdurchbruchs überstürzt flüchten. Gerade in diesen Tagen aber hatten sich viele Kranke im Revier angesammelt. Schnell brachten wir sie mittels zweier Autos in das nächste Zivilkrankenhaus. Dort aber wurde ihre Aufnahme verweigert. Da befahl ich allen Kranken, sich ins Gras im Hof des Krankenhauses niederzulassen. Die Übergabeurkunde übergab ich einem Sanitäter. Danach fuhren wir sofort zurück. Später wurde bekannt, dass die deutschen Truppen dieses Städtchen erst nach einigen Tagen besetzten; das Lazarett hatte also genügend Zeit gehabt die Verwundeten zu evakuieren. In dieser Zeit wurde jeder Truppenteil von zwei Kommandeuren mit gleichen Rechten geleitet – dem leitenden Truppenoffizier und dem Kommissar. Letzterer erschien ungefähr zehn Tage nach meiner Ankunft. Er besaß den Rang eines Oberpolitleiters und hatte – wie auch ich – ein rotes Rechteck auf den Litzen. Vor der Einberufung aus der Reserve war er Parteifunktionär in einer Landgegend gewesen, wahrscheinlich noch von den Zeiten der Kollektivierung her. Er war etwa 40 Jahre alt, rothaarig und hatte einen stets unzufriedenen Gesichtsausdruck. Wir fanden keinerlei Gefallen aneinander. Deshalb wandte ich mich weiterhin nur an den Stabschef oder den Bataillonskommandeur, der in einem ähnlich schlechten Verhältnis zum Kommissar stand wie ich.

Eines Tages, als ich noch Chefarzt war, wurde bekannt gegeben, dass eine Truppenparade bevorstehe. Diese Ankündigung war für mich aufgrund der mangelnden Disziplin der mir unterstellten Frauen durchaus problematisch. Ganz ordnungsunfähig erwies sich die Pharmazeutin Cäcilia, sie konnte bei dem Kommando »stillgestanden« nicht einmal richtig stehen bleiben, von marschieren ganz zu schweigen. Zu meinem Erstaunen belegte der 30-jährige Reservist Bobkov Rang zwei in der Rangliste der militärischen Befehlen unzugänglichen Personen. Er war Kollektivbauer aus dem Gebiet Voroneš und brachte mich stets zur Verzweiflung. Aber ihn beschimpfen oder bestrafen nutzte rein gar nichts, er konnte einfach nichts für sein Betragen. Er bemühte sich »aus allen Kräften«, wurde rot vor Anstrengung, schwitzte fürchterlich, konnte aber trotzdem nicht richtig marschieren und das Kommando »kehrt« erfüllen. Er war nicht imstande zu begreifen, dass man nach dem Kommando »mit der rechten Schulter vorwärts marsch« eine Bewegung nach links ausführen sollte. Bobkov war nicht von großem Wuchs, gut genährt und besaß einen etwas vorspringenden Bauch, um den sich stets unsymmetrisch ein Gürtel spannte. Dem Aussehen nach glich er etwas dem »braven Soldaten Schwejk«. Aber beim Schwejk stand es mit der Haltung und der Kenntnis der Felddienstvorschriften großartig. Bei Bobkov saß die Fliegermütze immer schief, die Bluse ragte hässlich aus dem Gürtel hervor. Und die Beine! Ich weiß nicht einmal, wie man sie bezeichnen konnte. Bobkov war auch nicht imstande, den Dienstgrad der Offiziere an ihren Litzen zu erkennen. Aber ebenso wie Schwejk zeichnete sich Bobkov als Persönlichkeit »durch eine ungewöhnliche Mentalität« aus und besaß einen gesunden Menschenverstand. Über alles hatte er eine eigene Meinung. Bobkov wurde gerade der Soldat, mit dem ich mich am besten befreundete. Wenn ich irgendwohin gehen oder fahren sollte und er dienstfrei hatte, so nahm ich ihn mit. Während dieser Unternehmungen erzählte er von der Kolchose, wo seine Eltern, Frau und drei Kinder geblieben waren.

Im Vergleich zu den kämpfenden Truppen hatte das BFB 250 ein geradezu paradiesisches Leben. Die Entfernung von der Front betrug stets mindestens 50 Kilometer. Richtige Schlachten sahen und hörten wir nicht. Trotzdem musste man immer auf der Hut vor Panzerdurchbrüchen oder feindlichen Luftlandungen sein. Die größte Bedeutung wurde der Tarnung zuerkannt. Deshalb blieben unsere Stellungen auch für feindliche Flieger unsichtbar. Ein Stellungswechsel war nur nachts ungehindert möglich. Aber nächtliche Märsche wurden nicht geprobt. Man sagte, dass die Diversanten das Wasser in den Brunnen vergiften könnten. Ich musste also sämtliche Wasserquellen vor der Entnahme von Trinkwasser kontrollieren. Aber ich konnte nur Färbung, Geruch und den

Geschmack des Wassers prüfen. Selbstverständlich wäre ich im Falle einer Massenvergiftung von Soldaten der Hauptschuldige gewesen. Deshalb musste ich als Erster zu den Quellen gelangen und marschierte daher mit den Sicherungstruppen zusammen. Ich probierte das Wasser und trank es dann in großen Mengen. Nur danach wurde das Trinken den anderen erlaubt. Die Offiziere aber achteten nicht auf dieses Verbot und labten sich mit mir zusammen an dem Quellwasser.

Die Nahrung war in den ersten Monaten vortrefflich. Wir zogen uns ja stets zurück und sollten keine Nahrungsmittel dem Gegner überlassen. Ich erinnere mich an einen besonderen Vorfall. Man rief mich eilig in eine der Kompanien, weil dort bei einem Soldaten ein unbändiges Erbrechen vorlag. Der Feldscher nahm eine bedrohliche Vergiftung an. Ich erschrak und begab mich im Laufschritt zur Kompanie. Es erwies sich aber, dass eine akut psychosomatische Störung vorlag. Dieser Soldat, ein kaukasischer Moslem, beiläufig gesagt ein sehr hübscher Bursche, hatte gerade das Mittagessen beendet. Erst später begriff er, dass seine Suppe Schweinefleisch enthalten hatte. Sofort begannen die Bauchkrämpfe und das Erbrechen.

Beim Stellungswechsel gingen die Soldaten der Kompanien zu Fuß. Es entstanden bald Verletzungen aufgrund des unzureichenden Schuhwerks; manche Soldaten konnten nicht weiter marschieren. Jeden von ihnen musste ich individuell untersuchen um seine Marschunfähigkeit festzustellen. Täglich befanden sich in den Lastautos zu viele Leute. Einmal sah der Bataillonskommandeur, wie von unseren Transportfahrzeugen, die früher zum Rastplatz ankamen als die marschierenden Truppenteile, die »Kranken« rasch absprangen und um die Wette zur Feldküche rannten. Er beschimpfte mich daraufhin wegen der Förderung des Simulantentums und befahl die Leute nicht mehr in die Lastautos zu lassen. Was mich betraf, so ging ich meist zu Fuß, neben einem der Kompanie- oder Zugkommandeure.

Der zum BFB kommende Ersatz an Soldaten war waffenlos. Unsere Sanitätsabteilung besaß nur ein einziges Gewehr aus dem Jahre 1895, das für den Wachposten bestimmt war. Allmählich kam der Nachschub an Waffen in Gang, wenn auch in unzureichender Quantität. Der Bataillonskommandeur bekam eine neue Pistole und übergab mir seine alte, die in gutem Zustand war. Es war eine TT-Pistole. Mit diesen Waffen hatte man bis kurz vor Kriegsausbruch alle Offiziere ausgestattet. Ich nahm die Pistole täglich auseinander, bis ich diesen Vorgang schnell genug, fast automatisch, beherrschte. Dazu erhielt ich zwei Ladestreifen. Aber zusätzliche Munition gab es nicht und daher unterließ ich jede Schießübung. Für Offiziere wurden zweimal mit Gewehr und Pistole Schießübungen veranstaltet. Mit diesen ihnen unbekannten Waffen waren keine herausragenden Resultate zu erzielen. Gulidov bekam nach seiner Ernennung zum Chefarzt eine alte kleine Mauserpistole. Die übrigen Mitglieder der Sanitätsabteilung blieben weiterhin waffenlos.

Die jeweiligen Lagerstellungen des BFB wurden stets mit einer Schildwache und Postenketten gesichert. Unsere Sanitäter dienten hauptsächlich als Wachposten. Nach seiner Genesung schloss sich ihnen auch Ljach an. In einer Nacht schlief er auf seinem Posten ein. Ich hatte es zufällig bemerkt. Ohne ihn zu wecken versteckte ich zunächst sein Gewehr in der – vergeblichen – Hoffnung ihn so zu bestürzen, dass er den Ernst seiner Lage einsah. Denn auf Schlafen bei Wachedienst und/oder Gewehrverlust standen Standgericht und anschließend Strafbataillon. Aber es war umsonst. Plötzlich fiel mir der richtige Gedanke ein.

»Genosse Ljach, gehen Sie zurück in Ihre Kompanie, so einen Sanitäter wie Sie kann ich hier nicht brauchen.«

Nur diese Drohung jagte ihm Angst ein, zur Kompanie wollte er auf gar keinen Fall zurück.

Im BFB wurde allen Soldaten ein Sold gezahlt. Ich sollte monatlich 1000 Rubel bekommen. Sogleich regelte ich eine Überweisung an meine Mutter. Demnach wurden für sie 800 Rubel bestimmt, während ich 200 behielt.

Einmal befand sich unsere Stellung an einem Waldrand, etwa 500 Meter von einem Flüsschen entfernt, wo in der Nähe eine Eisenbahnbrücke stand. Die Züge benutzten diese Strecke bereits nicht mehr. Im Fluss konnten wir baden. Einmal wollte ich den Anwesenden zeigen, wie man aus großer Höhe einen Kopfsprung ins Wasser macht. Aber ich stieß mit dem Kopf voran in den steinigen Untergrund und zerkratzte mir das Gesicht. Es war ein Glück, dass ich mit einigen Hautabschürfungen davonkam. Mehrmals kamen die feindlichen Flugzeuge um die Brücke zu bombardieren. Sie war nicht getarnt und die Voraussetzungen für die Vernichtung des Ziels vortrefflich. Es wunderte mich sehr, dass keine einzige Bombe die Brücke traf. Ich hatte bis dahin geglaubt, dass die deutschen Piloten eine bessere Treffsicherheit besaßen. Während des Bombenabwurfs waren wir stets voller Angst. Die Flugzeuge entfalteten ihre Angriffe direkt über unseren Köpfen. Man konnte glauben, dass sie uns durch das Waldlaub bemerkt hätten, jede Minute erwarteten wir einen Bombenangriff auf unsere Stellungen. In solchen Situationen, die sich wiederholten, fürchteten sich zweifellos alle. Aber der bereits erwähnte Sanitäter, Parteigenosse Golobkov konnte es gar nicht aushalten. Er sprang auf und stürzte fort. Alle anderen lagen in natürlichen Bodenvertiefungen in Deckung. Unserer Meinung nach war ein sinnloses Herumlaufen bedeutend gefährlicher als ein stilles In-Deckung-Liegen. Der Sanitäter verstand dies durchaus auch, vermochte aber seine Panik offenbar nicht zu bewältigen. Diese Szenen erinnerten mich fatal an meine Fakultätskollegen, den Ukrainer Belaševskij und den jungen Pustylnik, von denen ich bereits berichtet habe. Sie wurden von Panik ergriffen, nur aufgrund des unbestimmten Gefühls einer nahenden Gefahr. Und was würden sie erst während eines richtigen Gefechts unternehmen? Es soll viele solche Männer geben. Mit diesen ist aber kein Krieg zu führen. Später fiel mir ein, dass ich nicht der Erste war, der solche Gedankenspiele unternahm. Bereits Friedrich der Große hatte hierüber philosophiert. Er meinte, dass der Soldat seinen eigenen Korporal mehr fürchten müsse als den Gegner. In der Roten Armee wurde die Rolle des friderizianischen Korporals bald von den sogenannten Sperrtruppen wahrgenommen. Sie sollten alle Deserteure erwischen und an Ort und Stelle hinrichten.

Drei bis vier Wochen nach ihrer Ankunft avancierte die Ärztin Orlova zur Liebhaberin unseres Bataillonskommandeurs (Randbemerkung: beide waren verheiratet). Der Kommissar empörte sich, konnte aber nichts unternehmen. Im Weiteren stellte ich fest, dass die Frauen bei der Auswahl ihrer Geliebten stets höher gestellte Militärs bevorzugten, einfache Soldaten beachteten sie gar nicht. Unsere Krankenschwestern hielten sich trotz des dauernden Ansturms der Werber gut. Doch fanden sie an dem Treiben der Männer Gefallen, mich hingegen beachteten sie gar nicht (des Traurings wegen). Ich wurde mehrmals gefragt, warum dieser Ring – das verspottete und abgelehnte Attribut vorrevolutionärer Zeiten – noch da sei.

Stets wurde einem von allen Seiten eingeflößt, dass man von Spionen und Diversanten umgeben sei. Dafür gab es auch durchaus Beweise. Nachts, ungeachtet der Verdunkelungsanordnungen, flogen unerwartet hier und da Raketen empor. Deswegen wurde eines Tages befohlen, den umgebenden Wald zu durchkämmen. Alle Mitglieder des BFB, die eine Waffe trugen, wurden hierzu eingesetzt. Das Unternehmen fand in der Abenddämmerung statt und ich fürchtete in einen Hinterhalt zu geraten.

Von Anfang an schlief ich auf der Erde ohne mich auszukleiden. Ungefähr nach drei Wochen fühlte ich nachts Insektenstiche und glaubte, auf Ameisen gestoßen zu sein. Der Wechsel der Schlafstellen nutzte aber rein gar nichts. Der erfahrene Feldscher Muraško vermutete eine andere Möglichkeit und behielt Recht: Es handelte sich um Läuse. Diese Insekten hatte ich vorher nie gesehen. Am nächsten Tag wurden alle Soldaten untersucht. Die Läuse und ihre Nissen wurden bei einem Dutzend Soldaten entdeckt. Übrigens waren in einigen Kompanien Läuse schon zuvor festgestellt worden. Einige Zeit versuchten wir das Übel mit eigenen Kräften zu bekämpfen. Aber es half wenig. Erst zwei bis drei Wochen nach dem ersten Auftreten von Läusen konnten wir in dem Städtchen Suchiniči in einem Desinfektionsraum eine professionelle Reinigung durchführen. Diese Maßnahmen wurden später so oft wie möglich wiederholt.

Abb. 2: »Läusekontrolle« bei der sowjetischen Armee

Während unseres Rückzuges sahen wir mehrmals abgebrannte Dörfer. Unmotiviert belegten die Deutschen sie aber nicht mit Bomben. Der Grund für einen Luftangriff war stets die Konzentration sowjetischer Truppen, die häufig – namentlich Panzerbrigaden – in den Dörfern rasteten. Solche Ereignisse wurden von der sowjetischen Propaganda sogleich ausgeschlachtet: »Die Deutschen vernichten planmäßig unsere Zivilbevölkerung!« Die Bewohner der Dörfer, Frauen und Kinder eingeschlossen, kamen aber wirklich ums Leben. So etwas bot einen schauerlichen Anblick. Beim ersten Mal konnte ich nicht einmal sofort begreifen, was sich abgespielt hatte. Längs der Wege ragten zwei Reihen hässlicher, verrußter pfostenähnlicher Anlagen bis zu fünf Meter in die Höhe. In Wirklichkeit waren es Ziegelsteinöfen, die einzigen Teile der verschwundenen Holzhäuser, die nicht abgebrannt waren. Rund um jeden Ofen sah man eine schwarze runde Erdzone und etwas weiter wuchsen Bäume. Ringsum war alles öde – keine Bewohner weit und breit. Es war mein erstes Zusammentreffen mit dem wahren Gesicht des Krieges.

Abb. 3: Zerstörte Holzhäuser in Murmansk, 1942

Im Juli 1941 warf ein deutsches Aufklärungsflugzeug Flugblätter über unseren Stellungen ab. Etwa eine Woche zuvor war ein Befehl veröffentlicht worden, dass alle Flugblätter unverzüglich den Politleitern zu übergeben seien. So geschah es auch, aber natürlich erst, nachdem sie von den Findern genauestens studiert worden waren. Auf einer Seite des ersten Flugblattes konnte man ein Gewehr mit in den Boden gesteckten Bajonetten erkennen, unten stand »Bajonette in den Boden«. Auf der anderen Seite befand sich das Angebot: Jeder sollte sich nach Hause oder in Gefangenschaft begeben. Es wurde auch behauptet, dass dieses Flugblatt als Passierschein gelten würde. Der Text jedoch war offenbar von Leuten verfasst worden, die der russischen Sprache nur begrenzt mächtig waren. Nach zwei bis drei Wochen fand ich zwei weitere Flugblätter. Eines davon zeigte das Photo eines jungen Mannes. Er war unrasiert und sah sehr mager aus. Seine sowjetische Uniform war zerknüllt. Daneben befand sich ein deutscher Offizier. Die Unterschrift lautete »Der Sohn von Stalin, Kriegsgefangener Oberleutnant Jakob Džugašvili, unterhält sich mit einem deutschen Offizier«. Der Mann war wirklich einer mir bekannten Stalinphotographie ähnlich, welche während des Ersten Weltkrieges angefertigt worden war. Dieses Flugblatt zog sogleich allgemeine Aufmerksamkeit auf sich. Sofort wurde von den offiziellen Politorganen bekannt gemacht, es handle sich nur um die

Вместо свободы
вы получили режим во сто крат
хуже царского самоуправства.

Вам обещали социализм и справедливость, получили же вы нищету и издевательство.

Тех, кто понял, в какой тупик загнал Сталин страну — **подвергали преследованиям и пыткам.**

Патриотов своего отечества жидовская власть безжалостно расстреляла. Лучших краскомов сгноили в тюрьмах.

На какой же хрен такая власть!

Красные командиры, красноармейцы, поверните ваши оружия и штыки против этой власти и вы освободите мир от врагов человечества.

Гитлер прогнал паразитов из своей страны. Последуйте его примеру!

Ко всем чертям жидов и коммунистов!

Вместе пойдем на Москву и Киев. Дружными совместными усилиями освободим все народы СССР от коммунистического ига, от проклятых жидов, кровопийц и угнетателей крестьянства и рабочего класса.

Мир в Европе и на вашей родине настанет только тогда, когда будет отрублена голова жидовского коминтерна.

Соединяйтесь с революционными германскими войсками и вперед за мир и благосостояние вашей родины.

**Долой Сталина и коммунистов!
Да здравствует свобода для всех трудящихся!**

Übersetzung

Passierschein

Vorzeiger dieses wünscht kein sinnloses Blutbad. Er verläßt freiwillig die Rote Armee und geht zu den deutschen Behörden über. Er ist überzeugt, daß ihm gute Behandlung zuteil wird.

000111 RA

Abb. 4: Eines der ersten, über der Sowjetunion abgeworfenen Flugblätter.

nächste Propagandaente der Deutschen. Erst viel später erfuhr ich, dass gerade diese Meldung die reine Wahrheit gewesen war! Alle folgenden Flugblätter, die mir in die Hände fielen, enthielten Beschreibungen der deutschen Kriegserfolge. Die Aufzählung dieser Erfolge versetzte uns alle in Trauer und Niedergeschlagenheit.

Während meines Aufenthalts im BFB hatten wir keine Verluste durch Luftangriffe. Ich erinnere mich aber an einen solchen Angriff. Während des Marsches, gerade als das Bataillon an zwei unweit der Straße gruppierten Flakbatterien vorbeikam, erschienen deutsche Bomber am Himmel. Alle gingen schleunigst in Deckung, doch hatten die Flugzeuge unsere Kolonne bereits ausgemacht. Die Bomber gingen tiefer und formierten sich zu einer Kette, was auf einen sofortigen Angriff hindeutete. Es gab keinerlei natürliche Deckung und sogleich begann der Bombenhagel. Alle hielten sich für verloren, der Angriff schien sich direkt auf unsere Marschkolonne zu richten. Zudem setzte das MG-Feuer aus den Bordwaffen der Maschinen ein. Ich schloss die Augen und erstarrte.

Glücklicherweise griffen die Bomber aber die bereits vorher entdeckten Flakbatterien an. Sie befanden sich nur etwa 200 Meter von uns entfernt. Die Kanonen und Maschinengewehre donnerten und klapperten, die Luft dröhnte, die Splitter pfiffen über unsere Köpfe hinweg. Der Fliegerangriff dauerte etwa zehn Minuten. Kein einziges Flugzeug wurde abgeschossen, die Verluste unserer Artilleristen blieben mir unbekannt. Als die Flugzeuge verschwanden, machten wir uns sofort aus dem Staube und flohen in den nächsten Wald.

Eines Tages begab ich mich mit einigen Offizieren zu einer Bahnstation. Ein Aufklärungsflugzeug warf eine Bombe ab; ihren Flug konnte man leicht mit den Augen verfolgen. Die Bombe schlug unweit unserer Gruppe auf, explodierte aber nicht. Einen solchen Vorgang hatten wir schon mehrfach beobachtet, man sagte damals, dass es ein Resultat der Tätigkeit deutscher Antifaschisten sei. Die Bombe war mittelgroß, etwa 300 kg schwer. Wir luden sie auf unser Lastauto und transportierten sie 500 Meter weit zu einer Schlucht. Einige Offiziere fürchteten sich davor, die Bombe zu berühren, aber ich meinte, dass keine Gefahr bestünde. Wenn schon das Fallen aus 300 bis 400 Meter samt Aufprall auf die Erde die Bombe nicht zur Explosion gebracht hatte, so gab es wohl keine Gründe, wieso das Geschoss beim vorsichtigen Transport explodieren sollte. Hinsichtlich eines weiteren Luftangriffs habe ich auch ein angenehmes Erlebnis in Erinnerung behalten. Es war ein heißer Julitag, das Mittagessen begann. Unser BFB befand sich in einem kleinen dichten Hain. Unweit davon lag ein kleiner, noch vor dem Krieg errichteter Flugplatz mit Steingebäuden. Etwas weiter entfernt standen zweistöckige Ziegelgebäude für das Personal. Da erschienen sechs deutsche Flugzeuge und formierten sich gerade über unseren Köpfen zu einer Kette. Sofort stoben alle Leute davon und ich blieb allein in der Feldküche zurück. In der Nähe stand das große Proviantzelt und auch von dort waren alle Soldaten ausgerissen. Ich aber verstand von Anfang an, dass für unser Lager keine Gefahr bestand. Im Proviantzelt hatte ich noch morgens eine große offene Blechdose entdeckt, sie enthielt zehn Liter Kondensmilch mit Zucker. Vor dem Kriege war dies mein Lieblingsleckerbissen. Den Löffel hatte ich ohnehin immer im Stiefelschaft. Sofort lief ich dorthin und aß mich satt, legte mich nachher behaglich in den Schatten eines mächtigen Baumes und verblieb dort bis zum Ende des Luftalarms. Die Bomben wurden, wie ich es vermutet hatte, auf den Flugplatz und die Häuser abgeworfen.

Und doch gab es in unserem BFB einige Verletzte. Nicht ich allein, sondern auch eine beträchtliche Zahl Soldaten schlief außerhalb der Zelte auf dem Grasboden unter den Bäumen. Die Kriegsverhältnisse verlangten eine vollständige Lichttarnung. Das dichte Waldlaub verursachte eine vollständige Finsternis. Da kamen einmal nachts drei Lastwagen angefahren. In der Dunkelheit gerieten drei schlafende Soldaten unter die Räder. Sie wurden sofort in ein Feldlazarett verwiesen. Es war so finster gewesen, dass man nicht einmal sehen konnte, welche Verletzungen sie erlitten hatten. Eines Tages hatte auch ich Pech, ein Auto warf mich um. Ich stand nämlich hinter dem Wagen und erwartete seine Abfahrt. Ich hatte keine Ahnung, dass dieses Fahrzeug beim Losfahren ganz unerwartet einen heftigen Ruck nach hinten machte. Glücklicherweise habe ich nur einen Stoß ans Bein erhalten, nach drei Tagen verging der Schmerz völlig.

Die erste Oktoberhälfte verbrachten wir in den Wäldern des Kalugagebietes und wohnten in zeltartigen Hütten, die aus stacheligen Tannenästen gebaut waren. Die Luft im Nadelwald wurde feucht, das Wetter verschlechterte sich. Zweimal hatte ich Gelegenheit die Stadt Kaluga zu besuchen und besichtigte mit Interesse den örtlichen Kreml. Von Kaluga aus zog das BFB nach Kursk und noch etwas weiter nach Osten. Wir biwakierten im Städtchen Solnzevo. Kursk hat mir gut gefallen. Dort kaufte ich auch eine große Kamelhaardecke, die mir etwas später sehr nützlich war. Neben Solnzevo befand sich ein noch vor dem Krieg eingerichteter Flugplatz mit eigenem technischen Personal. Dort war alles Nötige an Material vorhanden, nur Flugzeuge gab es nicht.

Während unseres Rückzugs von Roslavl bis nach Kursk wurden wir stets auf am Boden liegende Waffen aufmerksam. Sie gehörten zweifellos den Fahnenflüchtigen, die damals in großer Zahl vorhanden waren. Im Wesentlichen wurde ihre Flucht durch die deutschen Flugblätter begünstigt. Dort stand geschrieben: »Der Krieg ist schon verspielt. Der weitere Widerstand ist zwecklos und führt nur zu unnötigen Opfern.« Die Luft- und Panzerüberlegenheit der deutschen Wehrmacht, die Durchschlagskraft der automatischen Waffen bei den gegnerischen Truppen brachten die Leute dazu, an die Propaganda der Flugblätter zu glauben. Während der langen Märsche hatte ich Zeit genug um die Kompaniekommandeure und die ganz jungen Zugführer kennen zu lernen. Die Letzteren hatten soeben die mittleren Militärakademien absolviert. Die Soldaten dagegen waren schon erheblich ältere Reservisten, Altersgenossen ihrer Väter. Die Kompanieführer waren schon fünf bis sieben Jahre in der Armee, zwei von ihnen schienen mir nicht ordinär zu sein (wie die übrigen). Der Chef der ersten Kompanie war ein schöner, gut gebauter Jude mit ausgezeichneten militärischen Fähigkeiten namens Feigel. Bald wurde seine Kompanie als die beste in militärischer Ausbildung belobigt. Alle zwei Wochen beantragte er seine Versetzung an die Front. Es erschien ihm als Schande, hier im Hinterland verfaulen zu müssen. Man sagte, dass seine Angehörigen in der deutschen Besatzungszone verblieben waren. Nach zwei Monaten gab man seinem Drängen nach.

Die dritte Kompanie befehligte ein Oberleutnant, der soeben aus dem Lazarett entlassen worden war. An der Front war er Chef der Regimentsaufklärer gewesen, als er durch einen Splitter verwundet wurde. Dieser war in den Unterschenkel eingedrungen und verursachte eine Knochenmarkseiterung – in Friedenszeiten ein Grund für die Entlassung aus der Armee. Doch jetzt setzten solche Verwundete ihren Dienst im Hinterland fort. Der Oberleutnant bestürmte zunächst mich und dann die anderen Ärzte. Denn er wollte abermals an die Front und wieder Aufklärer werden. Wir lauschten stets seinen Erzählungen von der kurzen, aber sehr ereignisreichen Zeit an der Front.

An der Spitze der zweiten Kompanie stand ein Leutnant aus der Reserve, der noch am Bürgerkrieg teilgenommen hatte. Es handelte sich um einen ungebildeten, aber vernünftigen und ruhigen Mann. Einmal hatte ich zwei Wochen in seiner Kompanie fernab der übrigen Einheit verbracht. Die Kompanie befand sich damals in einem kleinen Ort neben einem Feldflugplatz. Flugzeuge gab es dort natürlich nicht. Am Flugplatz entdeckte ich Solidol, ein Schmiermittel. Seine angenehmen Eigenschaften gefielen mir und ich nutzte den Stoff zur Behandlung von Ekzemen und Hautentzündungen. Nach dem Krieg erfuhr ich, dass man Solidol schon seit einiger Zeit als Grundlage für verschiedene Salben verwendete. Vielleicht war ich der Erste, der auf den Gedanken der Solidolbenutzung als Arzneimittel kam?

Während unserer sich über mehrere Monate hinziehenden Rückverlegung in östlicher Richtung durchquerten wir die Gebiete Mittelrusslands. Es gab viele kümmerliche strohbedeckte Hütten, die nur eine Stube ohne Diele besaßen. An Möbeln waren nur ein selbst gebastelter Tisch und zwei hölzerne Bänke vorhanden. Dort befanden sich die Frauen und Kinder. Dies alles zeugte von einer offensichtlichen Not und stimmte mit den Zeitungsbeschreibungen über das angeblich so angenehme Leben der sowjetischen Bauern in keiner Weise überein.

Zu Beginn des Krieges bekamen alle Militärangehörigen Gasmasken. Ihre Verpackung enthielt u.a. auch ein Täschchen mit Pulver und zwei Einheiten mit Auflösungsflüssigkeit. Hierbei handelte es sich um nichts anderes als reinen Spiritus. Bei der Bereitschaftsprüfung zur Abwehr eines chemischen Angriffs erwies sich sofort, dass der Spiritus schon längst konsumiert worden war. Die Metallschächtelchen aber wurden als Tabakdosen benutzt.

Während meines Aufenthalts in der zweiten Kompanie schlief ich auf einem Heuboden und spürte – von der neuen Kamelhaardecke gewärmt – keine Kälte. Alle anderen Soldaten wohnten in Häusern. Endlich sahen wir auch einmal zwei Jagdflugzeuge auf unserem Flugplatz. Manchmal unternahmen sie Trainingsflüge. Einmal erschien ein nach Westen fliegender deutscher Bomber. Sofort stiegen unsere beiden Maschinen zur Verfolgung auf. Ungefähr nach einer halben Stunde kehrte eine zurück, die andere haben wir niemals wiedergesehen.

Der Oktober ging zu Ende. Die Lage unserer Armee wurde sehr kritisch. Darum mussten alle Soldaten unseres BFB 250 schleunigst an die Front. Der Stab, das technische und medizinische Personal sollte nach Voroneš verlegt werden. Nur eine Kompanie blieb zurück. Die Soldaten marschierten, das übrige Personal fuhr mit Lastautos nach Voroneš. Aber es herrschte die im Herbst übliche Weglosigkeit, es gab keine Chaussee. Und wie die Wege in den Schwarzerdegebieten zu dieser Jahreszeit aussahen, können sich nur Leute vorstellen, die es selbst gesehen haben. Wir mussten an den Städtchen Tym und Grajvoronka vorüberfahren. Tym war ein Bezirksmittelpunkt. Dort, gerade in der Zentralgasse, geriet ich in eine fürchterliche Pfütze. Die Stiefel waren nicht hoch genug, um das Eindringen von Wasser zu verhindern.

Und erst die Nächte im Schwarzerdegebiet! Alle ortsfremden Menschen waren hier völlig blind. Jede Bewegung wurde unmöglich. Sogar innerhalb eines Dorfes verlor man sofort die Orientierung. Man musste einen Stock bei sich tragen, um den Weg zu ertasten. Sonst lief man Gefahr über jeden Stein zu stolpern oder in Gräben zu stürzen. Unter diesen Umständen versuchte ich mir die Front vorzustellen. Wie war es möglich, sich in dieser Finsternis nicht sofort zu verirren? Denn Aufklärungsgänge unternahm man ja vornehmlich nachts. Die herbstliche Weglosigkeit aber hatte ein unerwartetes Ergebnis: Die zu Fuß gehenden Soldaten kamen früher am Zielort an als diejenigen, die mit dem Lastauto transportiert wurden. Wir konnten nicht fahren, sondern halfen stets den Fahrern aus dem Schlamm heraus zu kommen. Zu diesem Zweck mussten mehrmals Traktoren aus nahe gelegenen Kolchosen herangeführt werden. Aber die Weglosigkeit rettete unsere Armee. Die prächtige motorisierte deutsche Armee versank im Schlamm. Die Panzer standen still, die Flugzeuge konnten nicht starten. Unsere Armee benutzte meistens Fuhrwerke mit Pferden. Sie waren imstande auch in diesen Verhältnissen voranzukommen. Kurz gesagt: Die Deutschen verloren ihre Vorteile und wir bekamen den so nötigen Zeitgewinn.

Die westlichen Vororte von Voroneš bestanden damals aus einstöckigen roten Ziegelhäusern, meistens mit Strohdächern. Wir kamen gerade am 7. November – Feiertag der kommunistischen Revolution von 1917 – dort an. Es gab schon Nachtfröste, die Räder der Autos froren im Schlamm fest und mussten am nächsten Tag mit Brecheisen herausgeschlagen werden. Morgens konnte man dann einige Zeit auf dem gefrorenen Boden recht schnell fahren. Am siebten November gab es Tauwetter und gleichzeitig ein Schneegestöber. Unsere kleine Marschkolonne durchquerte die Stadt und überschritt den Fluss gleichen Namens. Ohne Aufenthalt begaben wir uns weiter nach Novij Usmanij, etwa 15 km von Voroneš entfernt. In diesem kümmerlichen, teilweise verlassenen Städtchen verbrachten wir die nächsten zwei Wochen. Die Verpflegung wurde schlecht, aber man konnte sich auf dem Markt eindecken. Die hohen Preise störten mich nicht, die Offiziere verfügten noch über genügend Geld. Zufällig stellte sich heraus, dass wir nur 15 Kilometer von Bobkovs Heimatort entfernt waren. Ich besuchte eines Tages seine Familie, der späten Jahreszeit halber waren alle zu Hause. Ich wurde ausführlich befragt. Wie bekannt ist, kamen die deutschen Truppen nach Voroneš und wurden in harte Kämpfe verwickelt. Nach dem Krieg schickte ich einen Brief in jenes Dorf, erhielt aber keine Antwort.

Am 16. November traf ein neuer Befehl ein. Das BFB 250 wurde endgültig aufgelöst. Alle Soldaten, die weder Piloten noch Techniker waren, sollten an die Front versetzt werden. Ich bekam den Befehl, mich bei der 13. Armee zu melden. Die Sanitätsabteilung befand sich damals in Jelez. Ich erhielt Marschverpflegung für zwei Tage. Aus der Kamelhaardecke wurde rasch ein Schlafsack genäht und im Rucksack verpackt. Ferner trug ich noch eine Militärtasche mit Kompass. Meiner Mutter schrieb ich, dass sich meine Feldpostnummer ändern werde und bat sie nicht mehr zu schreiben, bis ich ihr die neue mitgeteilt hatte. Am nächsten Morgen fuhr ich in einem Auto nach Voroneš und von dort weiter mit dem Zug. Am Nachmittag traf ich in Jelez ein, es war der 17. oder 18. November 1941. Zu dieser Zeit hatte der Winter bereits voll eingesetzt. Sogleich meldete ich mich bei der Sanitätsverwaltung der 13. Armee, um anschließend drei Tage auf meine Ernennung zu warten.

Zwei Tage bummelte ich in Jelez umher, die Nächte verbrachte ich in den örtlichen, sogenannten »Roten Kasernen«. Es waren große dreistöckige Gebäude aus roten Ziegelsteinen, die sich nicht weit vom Bahnhof entfernt befanden. Dort gab es dreistöckige Pritschen, die in hohen Räumen standen. Hier wurden auch alle neu ankommenden Soldaten einquartiert. Sie stammten aus den bereits zerschlagenen Truppenteilen. Manche waren eine Zeitlang in den Wäldern herumgeirrt in Erwartung einer Möglichkeit, die Frontseite wechseln zu können. Alle diese Leute unterlagen einer speziellen Prüfung durch die Spionageabwehr. In dieser Kaserne habe ich Bekanntschaft mit einem jungen Arzt gemacht, der zwei Tage in Gefangenschaft verbracht hatte. Er war in den nahe gelegenen Wald geflohen. Er hat mir einiges erzählt, doch konnte ich in dieser Zeit nichts richtig auffassen und behalten, ich hatte das Gefühl, dass alles um mich herum keine Bedeutung mehr habe. Nach den Erzählungen schlief ich rasch ein, so als ob ich nichts gehört hatte. Dabei enthielten die Berichte des Arztes zahlreiche wertvolle Informationen. Aber das habe ich erst viel später erkannt!

Im Regiment an der Front

Am 20. oder 21. November 1941 bekam ich eine Versetzungsorder zum Stab der 307. Infanteriedivision, der sich in Lopatino, einer kleinen Eisenbahnstation zwischen Jelez und Orel, befand. Ich begab mich am Abend desselben Tages dorthin. Es fuhr nur ein einziger Zug, bestehend aus vier Güterwaggons und ich war der einzige Fahrgast. Der Mond strahlte am Himmel, die Temperatur sank auf $-20°$ Celsius. Die Gegend war still und öde, der Zug rollte mit der Schnelligkeit eines Fußgängers dahin. Angekleidet wie ich war – Mantel und Stiefel – kroch ich in den improvisierten Schlafsack. Doch es half nichts, bald wurden die Füße eiskalt. Ich war gezwungen, aus dem Sack herauszukriechen und die ganze Nacht im Waggon umherzugehen. Den Zielbahnhof erreichte ich am nächsten Morgen. Vom Divisionsstab wurde ich sofort an die Sanitätsabteilung weiter verwiesen, die sich ganz in der Nähe befand. Sie war auf drei Häuser verteilt. Zur Zeit meiner Ankunft gab es keine zu versorgenden Verwundeten. Man empfing mich herzlich und ich verweilte dort den ganzen Tag. Ich erfuhr die traurige Geschichte der vergangenen Monate. Die Division 307 wurde überstürzt in der Stadt Ivano-Vosnesensk im Juni 1941 aufgestellt. Dort wurde sie in die 13. Armee integriert. Die folgenden Monate bestanden aus ständigen Rückzügen mit mehreren Einkesselungen durch die deutschen Truppen. Zu Beginn des Krieges besaß jedes Regiment vier Ärzte und die Sanitätsabteilung zusätzlich noch 16 weitere ausgebildete Mediziner. Als ich eintraf war nur ein Einziger übrig geblieben, der zudem zum stellvertretenden Divisionsarzt ernannt worden war. Dieser Arzt, Frolov mit Namen, hatte ebenso wie ich die medizinische Hochschule im Juni 1941 absolviert, war aber ein Jahr älter als ich. Er stellte mir nur eine Frage: »Hast du schon die Deutschen gesehen?« Ich schüttelte verneinend den Kopf. »Bald wirst du sie sehen«, sagte er und setzte nichts mehr hinzu. In der Sanitätsabteilung habe ich mich zunächst satt gegessen, lehnte die Kneiperei der Kollegen ab und ging zu Bett. Vor dem Einschlafen nähte ich noch einen Teil meiner Sachen in einen Sack ein und ließ ihn zur Aufbewahrung zurück. Anstatt der zurückgelassenen Lederstiefel zog ich mit Vergnügen neue dicke Filzstiefel an.

Um neun Uhr morgens am 6. Dezember 1941 begab ich mich zum 1021. Infanterieregiment, welches sich in Entfernung von etwa zehn Kilometern in einem Dorfe befinden sollte. Der Name des Orts wurde mir mitgeteilt, mein Marschbefehl bestand aus einem einfachen Zettel, den Frolov aus einem Schulheft gerissen und ausgefüllt hatte. Das Dorf wurde mir auf einer Landkarte gezeigt, aber keine Karte mitgegeben. Darum orientierte ich mich nur mit dem Kompass. Hinter den Wolken konnte man die Sonne nicht sehen, es gab keinen Wind, die Temperatur betrug etwa −20° Celsius, die Schneehöhe 40 cm. Die Gegend war öde. Alles wäre prachtvoll bei einer stabilen Front gewesen, aber die Frontlinie war in ständiger Bewegung. Das Dorf, in dem ich eintreffen sollte, war mittlerweile von den Deutschen bereits besetzt worden. Ich ging aber ruhig über das gefrorene Neuland immer weiter. Um ins Dorf hineinzukommen musste man keine Frontlinie überqueren, eine solche gab es gar nicht. So war die Gefahr sehr groß, dem Gegner direkt in die Hände zu fallen. In diesem Fall könnte ich später niemals beweisen, nur ein absichtlicher Überläufer gewesen zu sein. Zum Glück setzten die Deutschen unter starkem Artilleriefeuer am Morgen ihre Offensive fort. Nach zweistündigem Marsch hörte ich ihr Feuer, das von vorne und links ertönte. Das zwang mich stehen zu bleiben und zu überlegen, was sich eigentlich abspielte. Ich stand im Felde mitten zwischen den deutschen und sowjetischen Truppen, aber doch etwas abseits von ihnen. Beide Gegner bemerkten mich gleichzeitig. Mit Hilfe eines Feldstechers konnte man mühelos die Farbe meiner Uniform und die Form der Kopfbedeckung erkennen. Die Deutschen erfassten die Situation richtig und begannen den Beschuss. Die Kugeln aber waren aufgrund der Entfernung nicht mehr durchschlagend. Darum hörte man nur seltsame schwach pfeifende Geräusche. Sie ähnelten dem mir wohl bekannten gellenden Ton schnell fliegender Kugeln in keiner Weise. Darum konnte ich einige Zeit nicht verstehen, was sich vor meinen Augen überhaupt abspielte. Endlich wurde mir doch klar, dass es sich um Kugeln handelte. Ich legte mich in den Schnee – das Pfeifen hörte sofort auf. Ich stand auf – die Töne setzten wieder ein. In meiner Nähe schlug ein dunkles längliches Ding ein. Sofort ging ich zum Einschlagsort und sah, dass es sich um eine Mine handelte, die beim Aufprall nicht explodiert war. Erst in diesem Moment begriff ich, dass gerade meine Person beschossen wurde, es gab ja weit und breit keinen anderen Menschen außer mir. Blitzschnell warf ich mich zu Boden und kroch mit größtmöglicher Geschwindigkeit zur Seite. Nach zehn bis fünfzehn Minuten, ganz von Schweiß bedeckt, stand ich in einer Niederung wieder auf und bewegte mich in östlicher Richtung vom Geschehen fort. Plötzlich erschien von links ein Reiter. Ich warf meinen Soldatensack zu Boden, setzte mich darauf, nahm die Pistole aus dem Halfter, legte sie aufs Knie und wartete. Erst später habe ich erfahren, dass eine angeschmierte TT-Pistole bei niederen Temperaturen unbrauchbar ist. Das Öl wird in der Kälte zu dicht, am besten trug man eine solche Pistole im Winter unter der Kleidung, doch war ich von keiner Seite auf diesen Umstand aufmerksam gemacht worden. Der Reiter gehörte zum Aufklärungszug meines künftigen Regiments. Er begleitete mich zur Regimentssanitätsabteilung.

Es war eine einfache Verbandstelle, die sich in zwei winzigen Eisenbahnhäuschen befand. Zehn Meter entfernt verlief die Strecke Jelez–Orel.

Die Schlacht dauerte im Übrigen an. Die Deutschen drangen vor, gerade traf der Befehl zum Rückzug ein. Die Verwundeten wurden zu den Schlitten getragen, es handelte sich um typische niedrige russische Bauernschlitten (Rosvalnij). Die Pferde standen schon eingespannt. Der Zeitpunkt war höchst unglücklich gewählt, denn plötzlich kam ein Panzerzug an, bestehend aus einer Lokomotive und vier Waggons. Bis dahin hatte ich keine Ahnung, dass an diesem Krieg noch Panzerzüge teilnahmen. Ein Artillerieduell begann. Sofort wurde der Befehl zum Rückzug widerrufen, die Verwundeten zurück in die Häuser getragen. Ich folgte dem Regimentsarzt, der gerade in eines der Häuschen gegangen war. Kaum betrat ich den Flur, da schlug in das andere Haus ein Minengeschoss ein, wodurch ein Feldscher verwundet wurde. Das Geschoss durchschlug das Dach und explodierte auf dem Dachboden. So erlebte ich zum erstenmal die »Front«. Alles was passiert war, erschien mir ganz natürlich. Nur nach einiger Zeit begriff ich, dass Frolov mich auch auf andere Weise an die Front hätte schicken können, z.B. indem er mich mit den zurückfahrenden Schlitten für die Verwundeten hätte fahren lassen. Es hätte auch weitere Möglichkeiten gegeben. Später habe ich ähnliche Situationen berücksichtigt und bemühte mich, meine Untergebenen keinem unnötigen Risiko auszusetzen.

Der Oberarzt meines Regiments, in dem ich zum Unterarzt ernannt worden war, war ein aus der Reserve einberufener Chirurg namens Čerkassov. Zu dieser Zeit hatte er bereits zehn bis zwölf Jahre Berufserfahrung. Er konnte so die Rolle eines leitenden Chirurgen der Divisionssanitätsstelle besetzen. Alle Mediziner, die bei der Formierung des Verbandes im Sommer einberufen worden waren, galten schon lange als vermisst. Es fehlten auch andere Ärzte, die erst später eintrafen. Bald habe ich erfahren, dass im Regiment ein mir bekannter Arzt gedient hatte. Mit ihm hatte ich drei Jahre studiert, zwei oder drei Monate vor meiner Ankunft aber war er gefallen. Er wurde in dem Moment durch MG-Feuer aus einem Panzer getötet, als er das Arztzelt betreten wollte. Von dem ganzen Bestand der Regimentssanitätsabteilung, die in Ivanovo-Vosnesensk zusammengestellt worden war, lernte ich nur noch einen einzigen Feldscher kennen, Gavrilov. Er erfüllte zudem zeitweise das Amt eines Leiters der Sanitätskompanie des 1021. Infanterieregiments. Er war 35 Jahre alt, arbeitete vor dem Krieg selbständig und besaß große Erfahrung. Wegen seiner beträchtlichen Kurzsichtigkeit musste er immer eine Brille tragen, was bei den starken Frösten zu Problemen führte. Ansonsten verfügte die Sanitätskompanie noch über zwei Feldscher, zwei Krankenschwestern/Sanitätsinstrukteure, einen Obmann und einen Apotheker. Außerdem gab es Sanitätsfuhrmänner, Pferde und Schlitten. Im Ganzen umfasste die Abteilung nur ein Drittel der Sollstärke. Was das übrige Regiment betraf, so erlitt es ungeheure Verluste und bestand, ungeachtet der wiederholten Kampfeinsätze, nur noch aus einem Bataillon, das etwa 250 Soldaten umfasste. Befehligt wurde es von einem jungen und hübschen Leutnant. Der Regimentskommandeur Major Pačkov war ein Kaukasier. Er hatte den ganzen Rückzug über durch Weißrussland bereits das Kommando inne gehabt und dadurch viel Erfahrung gesammelt. Ein Regimentskommissar fehlte. Seine Pflicht erfüllte der Bataillonskommandeur, wobei er den Titel eines »Oberpolitleiters« führte. Er besuchte öfters die Verwundeten; bald machten wir Bekanntschaft und freundeten uns an.

Die Sanitätsabteilung unseres Regiments befand sich stets in einer etwas eigenartigen Lage. Sehr vieles hatte keinen Bezug zur Felddienstordnung, so z.B. die Dislozierung. Eigentlich sollten wir uns zwei bis drei Kilometer hinter der Hauptkampflinie befinden. Aber aufgrund der Winterverhältnisse gab es keine feste Front mehr. Die Truppenteile befanden sich in Ansiedlungen, Dörfern, Weilern, kleinen Städten. Aber dazwischen lagen öde oder bewaldete Gegenden. Diese Zwischenräume konnte man zu verschiedensten Zwecken nutzen. Dort schlichen Aufklärer und Diversanten herum, einige Truppenteile begaben sich von beiden Seiten ins Hinterland des Gegners, andere (sowjetische) Truppen und Militärs flohen aus Einkesselungen. Im Sommer drohten stets Panzerdurchbrüche. Sämtliche Sanitätsanstalten waren leicht zu erobern. Gerade unter solchen Umständen war mein früherer Kommilitone gefallen. Deswegen war man gezwungen die Arztstellen in unmittelbarer Nähe zu den Kampftruppen aufzubauen. Das bedeutete, dass man sich immer in der Streuweite des gegnerischen Artilleriefeuers befand. Das konnte man schon während des Tages wahrnehmen. Der Obmann unserer Sanitätskompanie war Berufsmilitär vom Scheitel bis zur Sohle, ein gewandter, unverfrorener, umtriebiger Mann. Die Versorgung und Beköstigung der Leute bewältigte er ausgezeichnet. Gute Nahrung hing im großen Maße davon ab, inwiefern lokale Hilfsquellen genutzt werden konnten. Man war stets auf dem Rückzug, zugleich sollte den Deutschen nichts in die Hände fallen. Und die lokale Bevölkerung? Sie wurde gänzlich ihrem Schicksal überlassen und interessierte keinen.

Der Apotheker war ein junger Aseri mit Namen Chadši und von äußerst anziehendem Wesen. Er beschäftigte sich immer mit Pulvern, die in genormten Packungen hergestellt wurden. Die Paketchen entstanden blitzschnell. Chadši litt an generalisierter Furunkulose. So etwas habe ich nie mehr gesehen. Diese Erkrankung konnte ein Grund für eine Demobilisierung sein. Aber er wollte davon nichts wissen.

Die Krankenschwestern (19–21 Jahre alt) waren im September ins Regiment gekommen und besaßen genügend Erfahrung. Bei den Verlegungen wurde das gesamte Gepäck auf Schlitten transportiert. Dort gab es auch Zeltstücke zum

Schutz der Verwundeten vor Wind und Schnee. Tragbahren gab es keine. Schon während der ersten Minuten nach der Ankunft hatte ich bemerkt, dass ein Soldat mit Oberschenkelbruch auf einer Plane ungeschient in höchster Eile zu einem Schlitten getragen wurde.

Die medizinische Versorgung der Regimentssanitätsabteilung war primitiv: Verbandsmaterial, Pflaster, Spritzen, Schienen von Diterichs & Kramer, Krücken, zwei Sterilisatoren, Skalpelle, Blutstillklemmen, Nahtmaterial, chirurgische Haken. Im Winter befanden sich Personal und Verwundete gleichermaßen in Privathäusern oder Verwaltungsgebäuden. Von zuverlässiger Asepsis konnte keine Rede sein. Weiße Ärztekittel habe ich nie gesehen. Die Hände wurden nur mit Hilfe von Jodlösung oder Spiritus desinfiziert. Nachts schliefen alle angekleidet auf der Diele in einer Reihe dahingestreckt. Die Verwundeten legte man auf Betten und Bänke. Am Anfang, als die Abteilung zum ersten Mal Frontberührung hatte, war alles Material vorhanden gewesen. Aber während der ständigen Kämpfe und Einkesselungen, Eilmärsche und Fluchten ging das ganze Material der Sanitätskompanie verloren. Zur Zeit meines Eintreffens nahm das 1021. Infanterieregiment ständig an »Kämpfen örtlicher Bedeutung« teil. Im Moment hatte es den Auftrag, den Gegner an der Eisenbahnstrecke aufzuhalten, um sein Vorrücken auf die Stadt Jelez zu behindern. Der Gegner hatte uns soeben von der Station Ismalkovo verdrängt und setzte seinen Vormarsch fort. Am Tage meiner Ankunft wurden die Deutschen mit Hilfe eines Panzerzuges zurückgeschlagen. Einige Zeit feuerten die Kanonen direkt über unsere Köpfe hinweg. Davon bekam ich Ohrensausen und hörte einige Zeit die Stimmen um mich herum nicht mehr.

Das unerwartete Erscheinen eines Panzerzuges änderte sofort den Verlauf des Kampfes zu unseren Gunsten. Und doch hatte die Anwesenheit des Panzerzuges für uns negative Folgen. Die sich vor uns befindenden deutschen Truppenteile wurden zwar zurückgedrängt, aber an den Flanken rückten die Deutschen vor. Unser Regiment wurde umfasst und drohte eingekesselt zu werden. Außerdem entstand die Gefahr der Schienensprengung hinter unserer Position. Das würde das Ende des Panzerzuges bedeuten, daher wurde dieser zurückbeordert. Das Regiment blieb ohne Artillerieunterstützung, an drei Seiten vom Feind umgeben, zurück. Es bestand also die Notwendigkeit des Rückzuges zum Zwecke der Frontbegradigung.

Fünf bis sechs Verwundete wurden evakuiert. Vor dem Rückmarsch des Regiments musste auch unsere Sanitätsstelle den Standort ändern. Die Schlitten fuhren mit dem Gepäck ab, das Personal ging zu Fuß entlang der Eisenbahnschwellen nach Osten. Es war ungefähr 12 Uhr an einem der letzten Novembertage. Die Sonne schien, die Temperatur betrug $-15°$ Celsius. Ringsum herrschte Stille in dieser Einöde. Plötzlich zeigte sich vorne eine Gruppe von fünf oder sechs Männern. Sie gingen den Schienenstrang entlang und uns entgegen. Einige Minuten verstrichen und wir versuchten zu erraten, um wen es sich handelte. Der Gedanke an den Feind kam uns nicht in den Sinn, hinter uns befand sich ja noch ein sowjetisches Regiment, vorne (östlich) war das Hinterland. Die unbekannten Männer näherten sich von Osten, also aus dem Hinterland. Plötzlich eröffneten sie aus ihren Maschinenpistolen das Feuer auf uns. Wir waren noch etwa 400 Meter voneinander entfernt, für die MP eine zu große Entfernung. Die Kugeln pfiffen umher, trafen aber nicht. Später erfuhren wir, dass es sich bei den Männern um zurückkehrende deutsche Aufklärer gehandelt hatte. Alle erschraken und liefen in die entgegengesetzte Richtung, also zurück an die Front. Daher wandten wir uns von der Eisenbahnstrecke ab und setzten uns in südlicher Richtung in eine Gegend voller Schluchten ab. Der hohe Schnee verhinderte ein rasches Fortkommen, ich bedauerte das Fehlen eines Gewehrs. Die Entfernung von 400 Metern wäre für ein Gewehr nicht zu weit gewesen. Ich schloss die Reihen der Fliehenden, die Krankenschwestern warfen in Panik das mit Lebensmitteln gefüllte Kochgeschirr weg. Ich hob es auf und trug es ihnen nach. Das MP-Feuer hörte auf, die Aufklärer verfolgten uns nicht, sie hatten ihren Auftrag ja bereits erfüllt. In der Mulde waren wir außer Sicht, setzten aber die rasche Absetzbewegung fort. Bald ging die Mulde in eine ziemlich tiefe Schlucht über. Etwa 20 Minuten später erschien auf dem hohen Rande der Schlucht ein unbekannter, bewaffneter Mann. Und wieder dachte ich an den Nutzen eines Gewehrs in dieser Situation. Der Mann bemerkte uns, ließ sich auf die Knie herab und richtete den Lauf seines Gewehrs auf uns. Er war kaum 250 Meter entfernt, die Abhänge der Schlucht steil und mit Schnee bedeckt; unweit in unserem Rücken befanden sich bereits die Deutschen. Verwirrt sah ich Chefarzt Čerkasskij an, er solle eine Entscheidung treffen. Doch er stand schweigend da. Nach zwei oder drei Minuten nahm Feldscher Gavrilov seine Brille ab, rieb beide Gläser zur besseren Durchsicht an seiner Uniform, setzte sie wieder auf die Nase, zog seinen Revolver heraus und ging vorwärts. Alle Übrigen verharrten auf der Stelle. Nachdem sich Gavrilov dem Fremden genähert hatte, stand dieser auf und senkte das Gewehr. Es war ein sowjetischer Vorposten des Nachbarregiments. Später dachte ich nach. Gavrilov hatte sicher eine tapfere Tat ausgeführt, aber war sein Entschluss richtig gewesen? Ein feindlicher Soldat hätte ihn sicherlich niedergeschossen. Wahrscheinlich wäre es sicherer gewesen, etwas zurückzumarschieren, den Abhang hinaufzuklettern und die Schlucht zu verlassen, um über die Felder nach Osten zu marschieren.

An diesem Tage entschloss ich mich, mir ein Gewehr zu verschaffen. Aber ich hatte kein Recht darauf. Die Armee litt unter einem eklatanten Mangel an Gewehren. Neue Rekruten erhielten die Waffen der Verwundeten und Gefallenen. Ein Ausweg fand sich unerwartet, als mir ein deutscher Karabiner in die Hände fiel. Er war etwas leichter als die gewöhnlichen russischen Gewehre, zudem besaß ich viele Patronen dazu.

Ende des Jahres 1941 gab es an der Front keine strengen Anforderungen mehr hinsichtlich der Uniform. Einer unserer Feldscher von großer Gestalt besaß nur einen kurzen abgetragenen Mantel. Daraufhin beschaffte er sich einen ganz neuen und langen deutschen Militärmantel, wodurch er ein einmaliges Aussehen erlangte. Ich trug auf dem Kopf einen Tuchhelm, mit dem die Rotarmisten bis 1939 ausgerüstet wurden, bevor sie Wintermützen erhielten. Mir aber schien eine solche Mütze viel zu heiß zu sein. Der Helm war auch bequemer, wenn nötig, war es möglich, nicht nur die Ohren, sondern auch Hals und Kinn vor Kälte zu schützen. Manche Offiziere trugen weiße Schafspelze. Der langsame Rückzug dauerte bis Ende November. Wir gingen planmäßig von einem Dorfe zum nächsten zurück. Täglich wurden einige Verwundete aufgenommen. Die wesentliche Hilfe, die wir leisten konnten, beschränkte sich auf das Anlegen von Verbänden. Sogleich stellte sich heraus, dass das gesamte Sanitätspersonal im Verbinden gut ausgebildet war – außer mir. Nach zwei bis drei Wochen habe ich es allerdings gelernt, auch das Schienen. Wir bemühten uns stets die Verwundeten so schnell wie möglich in die Divisionssanitätsstelle zu verlegen, was auch meistens gelang. In solchen Fällen blieb der Branntwein und auch Nahrungsmittel in der Verwaltung des Obmanns übrig. Jeder Soldat an der Front bekam täglich 100 g Branntwein. Alle Männer tranken und insbesondere der Obmann tat sich hierin hervor. Offensichtlich ergab er sich allmählich dem Trunk, er besaß schon ein tägliches Saufbedürfnis. In der freien Zeit wurde Karten gespielt, wofür ich aber kein Interesse hatte. Schwieriger stand es mit dem Trinken. Es gab ja immer Branntwein im Überfluss. Zwei- bis dreimal trank ich allein 250 g. Einige Minuten nach der dritten Kneiperei wurde Alarm ausgerufen. Man musste schleunigst zum nächsten Wald fliehen, da die Verfolger niemals in die Wälder eindrangen, da sie einen Hinterhalt befürchteten. Da fühlte ich plötzlich mit Entsetzen, dass ich nicht mehr in der Lage war zu rennen, die Beine gehorchten nicht mehr. Ich blieb zurück und konnte nur langsam und mit Mühe den Waldrand erreichen. Nach diesem Vorfall weigerte ich mich, wieder Alkohol zu trinken. Meine Portion blieb beim Obmann, auch die Tabakration lehnte ich ab.

Unser Rückmarsch ging öfters über schneebedecktes, uns unbekanntes Land. Seit Anfang Dezember war die Schneedecke so tief geworden, dass man Skier benötigte. Aber es gab keine. Vor dem Krieg glaubte ich, dass im Winter an der Front zahlreiche Skiabteilungen agieren würden, vornehmlich Aufklärungstruppen. In den letzten Friedensjahren wurde bei Manövern den Skiabteilungen besondere Aufmerksamkeit geschenkt. Man glaubte, wir könnten damit gegenüber dem Gegner einen bedeutenden Vorteil in der Manövrierfähigkeit unserer Verbände erlangen. Besonders problematisch war für unsere Einheit die Durchquerung von Wäldern, in den Schluchten erreichte die Schneehöhe stellenweise 1,5 Meter.

Mein Aufenthalt im 1021. Infanterieregiment lässt sich in zwei Phasen einteilen, die Zeit des Rückzugs und die Zeit der Offensive. Die Rückmärsche waren geprägt von dauernder Unruhe, steter Gefahr der Einkesselung oder eines direkten Angriffs auf unsere Verbandsstelle. Einkesselungen überstand ich zweimal. Sie verliefen ganz ähnlich. Am Tage wurden wir vom Feind aus unseren Stellungen in den Dörfern vertrieben und mussten schleunigst fliehen, während uns die Kugeln um die Ohren pfiffen. Wir retteten uns in Schluchten und Wälder, in denen wir uns bis zur Dämmerung verborgen hielten. Anschließend wurde die Deckung verlassen und sogleich begann der Nachtmarsch im tiefen Schnee, der bis zum Morgen dauerte. Die Deutschen schliefen immer in den Dörfern, zwischen denen man ohne Hindernisse hindurchschlüpfen konnte. Die Märsche gingen langsam voran, aber die Winternächte waren lang. Alle versanken tief im Schnee, aber innerhalb von 14 Stunden wurden mindestens 25 Kilometer zurückgelegt. Alle zwei Stunden wurde für 15 Minuten gerastet. Gerade in dieser Zeit habe ich gelernt, während des Marschierens zu schlafen.

Eines Tages, nach fünfstündigem Waten durch tiefen Schnee, befanden wir uns gegen 23 Uhr in der Nähe einer Landstraße, die parallel zu unserer Marschrichtung verlief. Plötzlich erschien eine deutsche Marschkolonne mit zahlreichen Lastwagen und Kradfahrern. Es verwunderte uns, dass die Deutschen ohne Sicherungsmaßnahmen vorrückten, nicht einmal die Scheinwerfer wurden ausgeschaltet. Die Entfernung zwischen uns und der Kolonne betrug kaum 200 Meter. Die hell leuchtenden Scheinwerfer reflektierten im Schnee und blendeten die deutschen Soldaten, so dass wir unbemerkt blieben. Wir warfen uns in den Schnee, es schien sich eine unverhoffte Möglichkeit zum Angriff zu bieten. Der Gegner war ahnungslos und wäre in die Flucht geschlagen worden, auch die Lastwagen hätte man gebrauchen können. Aber ein entsprechender Befehl wurde nicht gegeben. Nach 20 bis 30 Minuten war das Ende der Kolonne hinter einer Anhöhe verschwunden. Wir standen auf und schüttelten den Schnee ab, der aufgrund des starken Frostes ganz trocken war. Ich kann mich heute nicht mehr ganz genau an den Zeitablauf der verschiedenen Ereignisse erinnern. Dies hat aber keine Bedeutung, da der Zeitraum (Dezember 1941 bis Januar 1942) absolut klar ist. An der Front hatte ich nämlich überhaupt nur etwa zwei Monate verbracht.

Eines Tages wurde unser Regiment aus einem Dorf vertrieben. Aber gerade diese Stellung wäre zu halten gewesen. Einige Vertreter des Divisionsstabes erschienen in unserem Regiment, um sie herum hatte sich eine beträchtliche Menge an Soldaten versammelt. Diese sollten die Wiedereroberung des Dorfes ausführen. Was sich nun ereignete, ist mir immer noch ganz klar vor Augen. Es gab lautes Geschrei und Geschimpfe unter Verwendung »auserlesendster« Ausdrücke. Die Soldaten wollten die rettende Schlucht, in die sie sich geflüchtet hatten, nicht mehr verlassen und sich den feindlichen Kugeln aussetzen. Um sie doch zum Angriff zu bewegen, mussten die Kommandeure auch körperliche Gewalt anwenden. Ich sah auch wie ein Soldat, der mit dem Zugführer zu debattieren suchte, einen Faustschlag ins Gesicht erhielt. Ich zog mich unbemerkt zurück. Der Gegenangriff scheiterte im Übrigen, das Dorf blieb in deutscher Hand. Als der Regimentsveteran Gavrilov meine Erzählung über die vorgefallenen Ereignisse hörte, sagte er kein Wort und grinste mich nur an.

Zu dieser Zeit habe ich auch alle meine Privatgegenstände eingebüßt. Wieder einmal geriet unsere Verbandsstelle in feindliches MG-Feuer, alle flohen und eilten zum nächsten Waldrand. Ich warf meinen Rucksack in einen der fahrenden Packschlitten. Im Kugelhagel jedoch galoppierten die Pferde wild drauflos, was dazu führte, dass ein Großteil der Last auf dem unebenen Weg wieder aus dem Wagen herausgeschleudert wurde. So habe ich einige wertvolle Gegenstände verloren: Ein kleines Tintenfass, das meine Großmutter im vergangenen Jahrhundert erworben hatte und auch ein Gartenmesser, das mir mein Vater 1933 geschenkt hatte.

Während der ersten Zeit im Regiment hatte ich auch Gelegenheit erstmals die Deutschen aus der Nähe zu erleben. Es handelte sich um einige Gefangene, zu dieser Zeit noch eine Seltenheit. Sie wurden durchs Dorf geführt, begleitet von einer Wache. Sie waren offenbar misshandelt worden, zudem war die Nase des Einen frostkrank. Sie trugen alle keine Mäntel. Der Anblick machte einen negativen Eindruck auf mich.

Der Bestand an Waffen war in unserem Regiment recht klein. Maschinenpistolen besaßen nur die Mitglieder des Aufklärungszuges, ansonsten gab es noch zwei Maschinengewehre und einen Granatwerfer. Nur die Angehörigen des Abwehrdienstes, die nicht an Gefechten teilnahmen, besaßen noch Maschinenpistolen. Das empörte mich sehr. Als Ausgleich bekamen wir viele Handgranaten. Eines Morgens stand ich auf der Außentreppe der Hütte, in der wir gerade nächtigten. Im nächsten Haus war der Regimentsstab einquartiert. Daneben stand gerade eine Gruppe von zehn bis zwölf Offizieren, welche die Ankunft des Regimentskommandeurs erwarteten. Plötzlich detonierte eine Bombe, alle warfen sich zu Boden, zwei Personen blieben liegen. Ich verstand nicht, was passiert war. Es erwies sich rasch, dass innerhalb der Gruppe von Offizieren eine Handgranate explodiert war mit der Folge, dass vier oder fünf Offiziere verletzt wurden. Allerdings waren sie nur leicht verletzt. Sogleich liefen Soldaten aus den übrigen Häusern zusammen, wodurch ein mächtiges Geschrei entstand. Es wurde vorgeschlagen den Schuldigen – der auch verwundet war – auf der Stelle zu erschießen. Schließlich wurde ihm jedoch »verziehen«. Um den Vorfall zu vertuschen wurde beschlossen, die Verwundeten nicht – wie sonst üblich – an die Divisionssanitätsstelle zu übergeben, sondern ambulant zu behandeln.

Was mich betraf, so trug ich stets zwei Handgranaten bei mir, allerdings ohne Zünder, die ich separat verwahrte. Ohne Zünder war eine Handgranate so ungefährlich, dass man sie sogar als Hammerersatz zum Einschlagen von Nägeln verwenden konnte.

Um dieses Thema zu beenden, erlaube ich mir noch ein Ereignis zu erwähnen, das mir bis heute keine Ruhe lässt. Eine Anzahl Verwundeter wurde – in voller Montur – zur Verbandsstelle gebracht. Sie wurden entwaffnet zur Division geschickt, die Waffen und Munition bis auf weiteres in der Sanitätsstelle verwahrt. Jedoch nächtigten wir bekanntermaßen meist in Wohnhäusern. An dem nun folgenden Tag befand sich unsere Abteilung in einem Privathaus in einem Dorf. Dort wohnte eine junge Frau mit drei Kindern zwischen zwei und sieben Jahren. Gerade als wir das Frühstück beendeten, hörten wir ein merkwürdiges Zischen. Der Laut war uns wohl bekannt, es handelte sich unverkennbar um den Zünder einer Handgranate. Bis zur Explosion verblieben nur wenige Sekunden. Im Zimmer befanden sich einige unserer Leute, die Hausbesitzerin und eines ihrer Kinder. Da ich nicht feststellen konnte, wo genau die Granate lag, befahl ich einfach allen, volle Deckung zu nehmen. Dieser Befehl wurde von allen befolgt, mit Ausnahme der Mutter, die zu ihrem Kind stürzte. Aber es erfolgte keine Explosion, man hörte nur das letzte Knallen des Zünders. Dieser hatte sich in der Hand des Kindes befunden, wurde von der Mutter weggeschlagen, dann aber aufgehoben. Als nun der Zünder platzte, gelangten winzige Splitter in die Augen des Kindes und seiner Mutter. Sie befanden sich nur oberflächlich in den Augen, waren leicht zu erkennen und ein Augenarzt hätte sie sicher rasch entfernt. Aber wir hatten keinen Ophtalmologen in unserer Einheit. Die deutschen Truppen war nicht weit und zwei Stunden später mussten wir das Dorf verlassen. Ich wusste jedoch, dass die Frau und das Kind ohne ärztliche Hilfe erblinden würden.

Wenig später gab es noch einen anderen Unfall. Wir deckten gerade unsere Rückzugslinie, als der Gegner zum Angriff ansetzte. Daraufhin wurde das Glacis vermint. Doch als Erstes liefen unsere eigenen Aufklärer in das Minenfeld, zwei unserer Soldaten erlitten schwere Bein- und Fußverletzungen. Seit dieser Zeit fürchtete ich mich sehr vor Minen. Zweimal musste ich noch vermintes Gebiet durchqueren und konnte aus nächster Nähe die Kontaktdrähte erkennen, die so leicht zu übersehen waren.

Kein größeres Problem hatten wir mit Läusen, auch wenn immer wieder welche bei Kontrollen gefunden wurden. Innerhalb der zwei Monate an der Front fand nur einmal eine Entlausungsaktion statt, die jedoch genau einen Tag vor dem Eintreffen verlauster Ersatzsoldaten durchgeführt wurde. Wenigstens gab es keine Erkrankungen an Flecktyphus. Eine kurze, heftige Grippeepidemie jedoch warf mehrere unserer Leute nieder.

Tiefen Eindruck machte auf mich ein Ereignis Ende Dezember 1941. Den ganzen Tag über war gekämpft worden, die Versuche der Deutschen, unsere Stellung zu durchbrechen, waren erfolglos geblieben. Gegen Abend endete das Schießen und die Verwundeten konnten versorgt werden. Insgesamt waren 13 unserer Männer verwundet worden, die ich mit den Krankenschwestern versorgte, weil Chefarzt Čerkasskij sich im Regimentsstab aufhielt. Überrascht musste ich feststellen, dass neun der Verwundeten an der gleichen Stelle (Durchschuss der linken Hand) verletzt waren. Eine solche Häufung erschien mir geradezu unmöglich, der Grund jedoch leicht zu erfassen. Nach seiner Rückkehr setzte sich Čerkasskij auch sogleich mit der Spionageabwehr in Verbindung. Tatsächlich lag ein Fall von Selbstverstümmelung, durchgeführt von einer ganzen Soldatengruppe, vor. Die Division nahm sich des weiteren Verfahrens an, das gleichwohl in unserer Stellung durchgeführt wurde.

Nach zwei Tagen kam ein Wärmeeinbruch, die Temperatur stieg auf −5° Celsius. Allerdings setzte massiver Schneefall ein, wodurch sich die Sichtverhältnisse verschlechterten. Daraufhin stellten beide Seiten ihr Feuer nahezu ein. Gegen Abend fand das Kriegsgerichtsverfahren statt. Am Waldrand standen vor einem Zelt ein Tisch und eine Bank. Hier nahmen die drei Gerichtsmitglieder – alles Offiziere der Division – Platz und das Verfahren begann. Die Angeklagten verneinten ihre Schuld, der Ankläger beharrte auf seinem Standpunkt. Es stellte sich heraus, dass es einen Anstifter zur oben beschriebenen Selbstverstümmelungsaktion gegeben hatte, die anderen hatten »nur« mitgemacht. Der Ankläger betonte, dass gemäß Kriegsrecht die Todesstrafe für alle Angeklagten angebracht sei. Das letzte Wort wurde nun den Angeklagten gewährt, doch nur der Anstifter sagte einige Worte und bat um Verzeihung. Der Vorsitzende befahl nun einem Wachmann, den Anstifter als Ersten abzuführen. Als beide etwa 40 Schritte entfernt waren, feuerte der Wachsoldat dem Verurteilten eine Salve in den Rücken. Dies geschah für alle Anwesenden völlig unerwartet, alle verharrten erstarrt einige Minuten. Anschließend eilte Čerkasskij herbei um den Tod des Mannes festzustellen. Daraufhin erklärte der Vorsitzende des Schnellgerichts, dass die übrigen Angeklagten in ein Strafbataillon versetzt würden. Damals wurden die Strafbataillone als erste Welle bei Frontalangriffen eingesetzt. Nur durch Tod oder eine schwere Verwundung konnten Soldaten solchen Einheiten wieder entkommen.

Zum Jahreswechsel 1942 befand ich mich immer noch an der Front und alle wollten feiern. Daher herrschte eine sonderbare Ruhe an der Front. Der Regimentskommandeur, Major Packov versammelte abends alle Offiziere seines Stabes. Dort wurde ausgiebig gegessen und getrunken. Schließlich war es fast Mitternacht. Da erhob sich der schon ziemlich angetrunkene Regimentskommandeur und erklärte feierlich, er habe beschlossen, auch die Deutschen an seiner Feier teilhaben zu lassen. Zu diesem Zwecke befahl er die gerade neu angelieferten beiden »Stalinorgeln« auf das nächste Dorf abzufeuern. In der Ferne erhob sich ein Feuerschein, die Explosionen waren weit zu hören. Am nächsten Tag jedoch wurde bekannt, dass im Dorf keine feindlichen Soldaten gewesen waren, sie hatten in der Dämmerung unerkannt die Stellung verlassen. Stattdessen waren Späher des Nachbarregiments dort angekommen. Einige Minuten vor Mitternacht hatten sie sich zurückgezogen und waren deshalb dem eigenen Kugelhagel entkommen. Wären sie noch im Dorf geblieben, wäre ihnen das Feuer sicherlich schlecht bekommen. Einige Jahre später kam mir zudem der Gedanke, dass das Dorf voller russischer Zivilisten gewesen sein musste, Bauern, ihre Frauen und Kinder. Sie hatten den Neujahrsgruß der eigenen Truppen voll zu spüren bekommen. Wer war umgekommen und wie viele? Ich glaube, dafür hat sich niemand interessiert ...

Ende Dezember 1941 kamen in unser Regiment zwei hübsche Mädchen aus einer Partisanenabteilung. Sie trugen halbmilitärische Kleidung, ausgebildet waren sie als MG-Schützen. Etwa zehn Tage verblieben sie bei uns, ehe sie aufgrund schwerer Verletzungen durch Minen ins Hinterland verlegt wurden. Vor dem Neujahrsfest erreichten uns zahlreiche Päckchen von unbekannten Leuten, zumeist Frauen, gefüllt mit Nahrungsmitteln, Winterkleidung, Tabak usw. ... Das größte Vergnügen bereitete uns das Lesen der beigelegten Briefchen, zumeist herrlich naiv und rührend geschrieben.

Bald nach Jahreswechsel wurde Chefarzt Čerkasskij abberufen und ich blieb als einziger Arzt im Regiment zurück. Mir schwante Übles, und das – nachträglich gesehen – völlig zu Recht. Ich hatte in der Zeit unter Čerkasskij nie operiert, es bestand auch kein Anlass dazu. Ich musste nun aber bei schweren Kämpfen sowohl im Stab präsent sein, als auch die Versorgung der Verwundeten koordinieren (einschließlich der Rückverlegung) und die Untergebenen beraufsichtigen. In diesem Fall gab es aber nur einen Feldscher, den erfahrenen Gavrilov. Auch das Nachbarregiment verfügte nur noch über einen Arzt. Ich hatte bereits betont, dass meine praktische Ausbildung völlig unzureichend war. Ich hatte während des Studiums nur einige Male überhaupt Operationen beigewohnt, ohne jedoch selbst zu operieren. Und solche Ärzte wie ich tummelten sich haufenweise an der Front, von ihrer Arbeit aber hing das Schicksal der Verwundeten ab. Die Folgen ließen nicht lange auf sich warten. Kurz nach der Abfahrt Čerkasskijs starb der erste Verwundete. Er hatte eine Brustkorbverletzung gehabt. Heute weiß ich, dass er einen Pleuralschock erlitten hatte, da es keine Blutung gab. Ich hätte einfach nur mittels einer hermetischen Tamponade das Eindringen von Luft in den Brustkorb verhindern müssen. Doch das wusste ich damals nicht. Als Nächstes stand ich vor einem Kopfverletzten. Er war heiter, aufgeregt, erzählte lebhaft von dem Gefecht – und einige Stunden später war dieser junge kräftige Bursche tot. Heute ist mir klar, dass sich eine intrakranielle Blutung abgespielt hatte, die auf das Gehirn drückte, eine Dekompression wäre angebracht gewesen. Ich aber stand damals vor einem Rätsel, selbst die einfachsten Operationen konnte ich nicht durchführen. Es gab noch einen weiteren Schwerverwundeten, einen MG-Schützen mit einer Bauchhöhlenverletzung. Eine Bauchöffnung mit Darmrevision wäre nötig gewesen, doch mit unseren primitiven Mitteln hätte das nicht einmal Čerkasskij gewagt. Also musste ich den Soldaten sofort evakuieren lassen. Aber wohin? Wir wussten nicht einmal, wo der Divisionsstab gerade stationiert war. Die Temperatur sank in diesen Tagen auf –30° Celsius, der Verwundete wäre uns im Schlitten unterwegs erfroren. Er starb bei uns, schmerzlos und still. Denn Morphiumpräparate besaßen wir im Überfluss.

Nach dem Krieg wurde in der Sowjetunion viel über unsere exzellente Verwundetenversorgung geschrieben. Man publizierte auch Prozentzahlen der genesenen Soldaten. Heute glaube ich diesen Angaben nicht mehr, eine große Zahl der in den Lazaretten verstorbenen Soldaten dürfte in der Rubrik der Gefallenen versteckt worden sein.

Auch zahlreiche Frostkranke wurden in unsere Sanitätsstelle eingeliefert, es war ja der kälteste Winter des Jahrhunderts. Ich erinnere mich noch an einen besonders krassen Fall. Ein junger Soldat kam hereingehumpelt und sagte, er spüre seine Füße nicht mehr. Sie waren, ebenso die Unterschenkel, schneeweiß und hart gefroren. Er litt unerträgliche Schmerzen beim Auftauen, das Morphium zeigte fast keine Wirkung. Bald waren seine Extremitäten mit dicken Blasen bedeckt. Am nächsten Morgen verlegten wir ihn. Ich weiß nicht, ob in seinem Fall ohne Gliederamputation verfahren werden konnte.

Mitte Januar kam an unserem Frontabschnitt ein komplettes neues Regiment aus Mittelasien an. Die Soldaten trugen Sommeruniformen und hatten keine Filzstiefel, ähnlich waren die deutschen Soldaten ausgerüstet. Nur die Mützen entsprachen den Winterbedingungen. Es soll nicht unerwähnt bleiben, dass in Mittelasien starke Fröste gänzlich unbekannt sind. All dies führte zu tragischen Ereignissen. Innerhalb von zwei Wochen erlitt das gesamte Regiment schwerste Erfrierungen und hörte als Truppenteil auf zu existieren. Zahlreiche Soldaten wurden auch von uns betreut.

Zu dieser Zeit beschloss ich auch selbst einmal an einem Gefecht teilzunehmen, einen Karabiner besaß ich ja bereits. Aber eigentlich hatte ich kein Recht, auf Schießübungen zu gehen. Das medizinische Personal sollte eben gerade nicht aktiv am Kriegsgeschehen teilhaben und genoss im Gegenzug Unantastbarkeit. Sämtliche Objekte, die mit dem roten Kreuz gekennzeichnet waren, wurden nicht beschossen. Daher meldete ich meine Absicht zunächst beim Bataillonskommissar. Dieser nahm mich einige Tage später mit, als es darum ging ein Dorf zurückzuerobern. Ich reihte mich in die Marschfolge der Soldaten ein, ausgerüstet mit meinem Karabiner, Munition und zwei Handgranaten. Zunächst marschierten wir im Schutze eines Waldes und einer Schlucht, anschließend mussten wir durch tiefen Schnee waten. Als das Dorf in Sicht kam, beobachtete Major Pačkov – der mich natürlich bemerkt hatte – die Stellung durch einen Feldstecher. Außer mir war noch eine unbewaffnete Krankenschwester als Vertreterin des Sanitätsdienstes bei dieser Unternehmung dabei. Wir rückten vor und wurden aus einer Entfernung von 800 Metern von den Deutschen beschossen, wir eröffneten ebenfalls das Feuer, doch war die Entfernung einfach zu groß. Die Zeit verstrich, gleich würden wir über das offene Feld heran angreifen müssen. Doch der Major überlegte neu und gab den Befehl zum Rückzug. In der Abenddämmerung erreichten wir wieder unser Quartier. So blieb die Hauptfrage, wegen der ich mich überhaupt dem Angriff angeschlossen hatte, unbeantwortet: Würde ich meine eigene Furcht überwinden können? Aber der Frontalangriff war nicht gewagt worden, es blieb bei einem Scharmützel. Nicht einmal mit Minen wurden wir beschossen.

Im Zusammenhang mit einem Angriff ist mir ein anderes Ereignis bis heute präsent. Es war ein klarer und frostiger Tag im Januar 1942. Die uns gegenüberliegende Einheit der deutschen Armee griff ohne Erfolg unsere Stellungen an. Wir hatten einige Verwundete zu betreuen, die rasch an das Divisionslazarett weiter geleitet wurden. Da erwähnte einer meiner Sanitäter, dass auf dem Schlachtfeld noch ein verwundeter feindlicher Soldat liege, dessen sich aber keiner annehmen wolle. Dies erregte mich sehr, gemäß Dienstordnung waren wir verpflichtet, auch verwundete gegnerische Soldaten zu versorgen. Unsere Verwundeten waren verlegt, die Verbandsstelle leer. Der Kälte wegen aber musste man sich beeilen, doch alle Sanitäter lehnten ab. Der Verwundete lag mitten in der »neutralen Zone«, würde einer der Sanitäter dort niedergeschossen, trugen Gavrilov und ich die Verantwortung. Hatte ich überhaupt das Recht, das Leben einer meiner Untergebenen wegen eines verwundeten »Okkupanten« aufs Spiel zu setzen? Ich fasste einen Entschluss, meine Autorität sollte nicht leiden. Schweigend kleidete ich mich an, nahm meinen Karabiner und ging zur Hütte der Sanitäter. Einer von ihnen kannte die Stelle. Ich hieß ihn anzuspannen und wir fuhren nach fünf Minuten ab. Wir verließen westlich unseres Dorfes die Stellungen. Niemand rief uns an, keiner schoss, eine ideale Situation für Überläufer. Wir liefen ungefähr 250 Meter, als wir vier deutsche Soldaten fanden, daneben stand sogar eine Trage. Das von den Deutschen besetzte Dorf war noch 800 Meter entfernt. Der Mond stand hoch am Himmel, es herrschte vollständige Stille. Wir trugen keine Tarnmäntel und waren daher leicht zu erkennen, selbst auf diese Entfernung hin, doch wurden wir nicht beschossen. Ein Soldat war noch am Leben, aber schon bewusstlos. Er lag auf dem Rücken, den wollenen Kopfschutz hatte er sich noch über das Gesicht gezogen. Er hatte einen Minensplitter im Oberschenkel, eine ziemlich große Wunde. Der Knochen war gebrochen, das verletzte Bein aber bereits vollständig erfroren. Auch seine Finger befanden sich im selben Zustand, er war in einem Stadium, wo er bereits keinen Schmerz mehr spürte. Wir waren zu spät gekommen. Trotzdem nahm ich den Verwundeten mit, legte ihn auf unseren Schlitten und wir eilten zurück. Keiner im Lazarett wollte mir helfen, ich machte alles selbst. Nach zwei Stunden starb der Mann. Vielleicht ist es das Beste gewesen ...

In der Sanitätsstelle hatte ich die Möglichkeit, den Toten sorgfältig in Augenschein zu nehmen. Er war ein schöner schlanker, sympathisch aussehender junger Mann gewesen. Aus den Unterlagen, die er bei sich trug entnahm ich, dass er Gustav Braun hieß und mein Altersgenosse war. In seinen Taschen fand ich einige Postkarten aus Deutschland, konnte die Handschrift aber nicht entziffern.

Dieser Fall zeigt ein wenig, welchen Hass die Russen damals gegenüber den Deutschen empfanden. Ich selbst hasste die einfachen Deutschen nicht. Später hatte ich die Möglichkeit mich davon zu überzeugen, dass die Mehrzahl der Deutschen nichts gegen das russische Volk hatte. Man schickte sie in den Krieg, sie bekamen Befehle und mussten alle erfüllen. Sie glaubten auch der offiziellen nationalsozialistischen Propaganda, mit der sie täglich bombardiert wurden.

Im Winter bricht die Nacht früh herein. In den Siedlungen der Frontzone waren die elektrischen Leitungen – sofern überhaupt vorhanden – weitgehend zerstört. Man musste im schwachen Licht von Petroleumlampen, Kerzen und Laternen operieren. Gab es keine Verwundeten zu versorgen, war nur ganz schwaches Licht erlaubt. Manche saßen herum, anderen gingen im Zimmer auf und ab und bemühten sich – wie in Friedenszeiten – Gespräche zu führen. Eines Tages, als es draußen noch nicht einmal ganz dunkel war, legte mir eine der Schwestern den Kopf in den Schoß. Es war die gleiche Krankenschwester gewesen, die auch bei meinem erstmaligen Frontgefecht dabei gewesen war. Offenbar handelte es sich um eine Liebeserklärung. Das Gespräch ging weiter. Nach etwa drei Minuten bat ich Gavrilov um ein Kissen. Dieses legte ich unter den Kopf der jungen Frau und setzte mich selbst auf einen Schemel. Diese Schwester, Nadja mit Namen, war tapfer. Mit ihrer Sanitätstasche begleitete sie häufig die kämpfende Truppe und leistete Nothilfe direkt auf dem Schlachtfeld. Als Frau aber gefiel sie mir nicht, da gab es ja eine andere. Ungefähr eine Woche nach diesem Vorfall wurde Nadja auf dem Schlachtfeld durch Splitter verwundet. Sogleich kam sie in ein anderes Lazarett und wir sahen uns nie wieder. Gelegentlich entsann ich mich der damaligen Situation und fragte mich, ob Nadja sich auch dann für mich interessiert hätte, wenn ich kein Arzt, sondern nur einfacher Soldat gewesen wäre.

Eines Tages setzte unvermittelt Tauwetter ein – und das mitten im Januar. Der Schnee wurde matschig, die Stiefel nass. Und gerade in dieser Situation mussten wir eiligst über einen aufgetauten Fluss setzen, da der vorrückende Gegner uns im Nacken saß. Der Fluss war nur etwa einen Meter tief. Ich zog mich aus und watete ans andere Ufer, wo ich die trocken gebliebene Kleidung wieder anzog. Gegen Abend begann es wieder frostig kalt zu werden. Die noch vom Morgen durchnässten Filze bedeckten sich von außen mit Eis, dennoch wurden meine Füße langsam warm. Keiner hatte sich im Übrigen erkältet, Krankheiten waren überhaupt relativ selten.

Ungefähr zu dieser Zeit kam ein neuer Chefarzt zur Division, ein Berufsoffizier, der den Posten eines Militärarztes zweiten Ranges (Major) bekleidete. Bald erschien er auch in unserem Regiment zur Stippvisite und kontrollierte in erster Linie die epidemiologische Station. Man befürchtete zu dieser Zeit das Ausbrechen von Typhus und Tularämie. Ich erhielt entsprechende Anweisungen samt der Drohung, bei Nichtbefolgung vor einem Kriegsgericht zu landen. Im Ganzen jedoch machte der Neue – Frolov mit Namen – einen positiven Eindruck auf mich.

Noch immer schob sich die Front nach Osten, schließlich kam unsere Sanitätsstelle nach Jelez, einer Stadt, die ich schon kannte. Als die Deutschen wieder einmal angriffen, flohen wir in den nächsten Wald, erhielten jedoch augenblicklich den Befehl zur Rückkehr in die Stadt, die nun aber zur Hälfte von den Deutschen besetzt war. Die Straßen wurden mit MG-Feuer bestrichen, wir saßen in einem größeren Haus im Ostteil der Stadt. Die Bewohner waren in Panik geraten. Wenn ich mich in der Stube aufhielt und das gegnerische Feuer einsetzte, ergriffen die Hausbesitzerin und ihre 15-jährige Tochter meine Hände und beknieten mich, sie nicht allein zu lassen. Auch als ich einmal das Gebäude verließ, wurde sogleich das Feuer eröffnet. Dies bedeutete, dass die Deutschen jede unserer Bewegungen verfolgen konnten. Im Fall einer erfolgreichen Offensive mussten wir über das offene Gelände in den Wald laufen – ideale Zielscheiben für die auf Dachböden stationierten MG-Schützen. Das intensive Feuer, bestehend aus MGs und Granatwerfern, verhallte immer erst gegen Abend. In der Nacht feuerten die Deutschen alle zehn Minuten Leuchtkugeln empor. Ich bereitete mich für den nächsten Tag auf einen Angriff vor und rechnete mit dem Schlimmsten, doch man hörte nur eine träge Schießerei. Und plötzlich erschien auf der Straße, die nach Westen aus Jelez herausführte, eine lange dunkle Marschkolonne mit vielen Lastwagen. Man konnte es kaum glauben, aber der Feind zog sich zurück. Aus unserer Sichtweise gab es dafür keinen Grund, erst später erfuhren wir, dass es sich hierbei um ein planmäßiges Manöver gehandelt hatte, das gleichzeitig an mehreren Frontabschnitten begonnen hatte. Es war die Folge der Niederlage der deutschen Armeen vor

Moskau. Ab diesem Tag setzte die sowjetische Gegenoffensive ein, die jedoch bald im Sande verlief.

Die Front stabilisierte sich wieder. Unsere Division rückte nach Westen vor, aber die Sanitätsstelle des 1021. Infanterieregiments verblieb noch zwei Tage in Jelez. In dieser Zeit durchstreifte ich die Stadt und stellte fest, dass sie fast unzerstört geblieben war. Selbst die roten Kasernen, die Bahnstation und die Holzbrücke über den Fluss waren erhalten geblieben. Der Fluss war nur stellenweise zugefroren, an seinen Ufern lagen nichtbestattete Leichen deutscher Soldaten, verlassenes Kriegsgerät und Waffen. Es war aber gewöhnlich nicht die Art der Deutschen, ihre Gefallenen unbestattet zurückzulassen. Sie mussten es sehr eilig gehabt haben. In diesen Tagen erschien ein Oberleutnant aus dem Regimentsstab bei mir und teilte mir mit, dass eine von unseren Krankenschwestern (es war diejenige, die Nadja ersetzte) eine gonorrhoekranke Straßendirne sei. Dies verwundete mich sehr, schließlich lebten wir zusammen und ich hatte nie dergleichen bemerkt. Ich schickte nun diese Schwester als Begleiterin einiger Verwundeter zur Divisionssanitätsstelle und gab ihr einen entsprechenden Brief mit. Sie kehrte nicht mehr zu uns zurück, später erfuhr ich, dass es sich um eine von ihr eingefädelte Intrige gehandelt hatte, um dem weiteren Frontdienst zu entkommen.

Unser Vormarsch nach Westen dauerte nicht lange. Ich ging zu Fuß neben der Kompanie, die übrigen Sanitäter folgten auf Schlitten nach. Ich beschimpfte jeden, der in einen Schlitten stieg, es erschien mir sinnvoller die Pferde zu schonen. An einem Rastplatz kam ein Leutnant auf mich zu und sagte, dass er nicht in der Kompanie bleiben könne, da er an Syphilis leide. Umgehend sandte ich ihn zur Divisionssanitätsstelle – und erhielt einen Verweis: Der Leutnant könne doch eine ambulante Kur machen und gleichzeitig kämpfen.

In diesen Tagen stießen wir wieder auf deutsche Aufklärer. Doch dieses Mal war die Lage ganz anders: Wir marschierten mit unseren Soldaten vor, die Deutschen flohen ohne Widerstand zu leisten. Dieser Anblick veranlasste einige von uns zu einem schnellen Verfolgungsmanöver, doch waren die feindlichen Soldaten bereits zu weit entfernt. Wir durchquerten zahlreiche Dörfer, auf den Dorfgassen waren die deutschen Soldaten beerdigt. Wir sahen viele Kreuze. Der Ort der Bestattungen verwunderte mich. Auf jedem Kreuz hing ein Helm. Die deutschen Helme waren schöner als die sowjetischen (oder auch amerikanischen) und hatten eine grau-bläuliche Färbung, passend zur Uniform. Die Deutschen zogen sich in Richtung Orel zurück und wir passierten mir wohlbekannte Stationen: Kasaki, Lopatino, Ismalkovo. Der Gegner verschanzte sich nun im Städtchen Verchovje, das unsere Division nach einem erbittert geführten Sturmgefecht eroberte. Unsere Verluste waren hoch, die zur Festung erklärte Kleinstadt völlig zerstört. Wir entdeckten auch ein verlassenes deutsches »Schuhwerk«, eine besondere Erfindung. Es war für deutsche Posten bestimmt, um die Füße vor Frost zu schützen. Es handelte sich um aus Stroh gefertigte Halbstiefel, die man über die Lederstiefel zog. Mit diesen Klötzen an den Beinen konnte man nur bequem stehen und langsam gehen. Etwas westlich von Verchovje stabilisierte sich dann die Front. Wir waren schon näher an Orel als an Jelez, doch sollten wir die Stadt nicht erobern können. Dies gelang der Roten Armee erst 1943.

Mein Regiment befand sich nun in einem relativ großen Dorf westlich von Verchovje. In der nächsten Siedlung saßen die Deutschen. Alle 20 Minuten schossen sie mit einem Minenwerfer größeren Kalibers in unsere Stellungen. Nie wusste man, wo das Geschoss einschlagen würde. Die Minen konnten ein Dach durchschlagen und auf dem Boden, manchmal auch im Wohnraum detonieren. Eines Tages verließ ich in aller Frühe das Haus und entdeckte die bereits teilweise eingeschneite Leiche eines Hauptmanns, der erst vor kurzem zu unserer Einheit versetzt worden war. Aus seinem Hals ragte an der linken Seite ein Granatsplitter heraus, er war noch in der gleichen Nacht verblutet. Es war zugleich das letzte, eindrucksvolle Erlebnis für mich. Am gleichen Tage erhielt ich die unerwartete Nachricht, dass ich versetzt würde. Ich sollte sogleich abfahren und mich beim Frontsanitätsdienst melden. Als Ersatz blieb im Regiment ein junger Arzt, der erst wenige Tage zuvor hierher gekommen war. Ich freute mich sehr, dem Minenfeuer entkommen zu können. Ich empfand stets Furcht, das nächste Geschoss würde vielleicht mich erwischen.

Am 20. Januar 1942 verließ ich das 1021. Infanterieregiment, der Grund für meine Ablösung war mir zu diesem Zeitpunkt noch unbekannt. Erst später erfuhr ich, dass man im Hinterland neue Armeen aufstellte und dafür erfahrene Soldaten benötigte. Aber wen sollte man schon von der Front abberufen? Natürlich gekaderte Offiziere, so z.B. auch Absolventen der Militärfakultäten wie mich. Ich kam zunächst zur Divisionssanitätsstelle. Der zuständige Divisionsarzt erkundigte sich eingehend, wer denn mein Gönner sei, dass ich die jetzige Stellung verlassen durfte. Er glaubte meinen Versicherungen, dass ich niemanden angeschrieben hätte, nicht. Doch diese Begegnung stimmte mich nachdenklich. Der Divisionsarzt besaß ein höheres Dienstalter, es hatte also etwas zu bedeuten, wenn er glaubte (oder wusste), dass man nur aufgrund von Beziehungen in den Streitkräften etwas bewirken konnte. Ich erhielt mein Marschgepäck und fuhr mit dem Auto zurück nach Jelez. Während der Fahrt zitterte ich vor Kälte, die Temperatur betrug −30° Celsius. Unterwegs entsann ich mich vieler Episoden, die ich an der Front erlebt hatte und kam zu dem Schluss, doch gewaltiges Glück gehabt zu haben. Ich war nicht in Panzergefechte verwickelt gewesen oder Flugzeugbeschuss ausgesetzt. Auch das Feuer schwerer Artillerie war mir erspart geblieben. Zudem hatte sich die Kälte zu Gunsten meiner Truppe ausgewirkt und eher die Deutschen behindert.

Die Fortbildung

In der Frontsanitätsverwaltung erhielt ich eine ausführliche Einweisung. Ich wurde zur kriegsmedizinischen Akademie nach Kujbyšev (Samara) versetzt. Dort musste ich einen zweimonatigen Fortbildungskurs absolvieren. Ich traf zudem weitere Ärzte, welche die gleiche Reise antreten sollten. Im Gespräch erfuhr ich zufällig, dass einer von ihnen in den letzten Jahren in meinem Geburtsort tätig gewesen war. Wir entschieden uns, in unserer Freizeit dorthin zu fahren.

Mein Geburtsort – Ranenburg – war zur Regierungszeit Peter des Großen als kleine Festung errichtet worden um den Handelsweg Moskau–Voroneš vor umherschweifenden Räuberbanden zu schützen. Das Städtchen lag in Mittelrussland, an der südlichen Grenze des Gouvernements Rjazan. Heute gehört die Stadt zum Bezirk Lipezk, ebenso wie Jelez. Theoretisch hätten wir direkt mit dem Zug fahren können, doch die Direktverbindung war außer Betrieb. So fuhren wir über Lipezk. In den Bahnhöfen Grjasi und Bobojavlensk mussten wir umsteigen, so dass wir viel Zeit vertrödelten. Dennoch benötigten wir für die Reise nur einen Tag. Zunächst war es eiskalt im Zug, doch nach etwas mehr als einer Stunde sorgte die große Zahl von Menschen für eine natürliche Wärmeentwicklung.

Das Städtchen Ranenburg machte einen bedrückenden Eindruck und lag wie ausgestorben da. Das Fehlen von Zäunen fiel mir sofort auf: Aus Mangel an Brennholz waren sie umgehend verheizt worden. Mein Besuch traf die Verwandtschaft ganz unerwartet, nur mein 17-jähriger Vetter Leo und seine Eltern waren zu Hause. Der andere Vetter war an der Front, ein weiterer samt Familie und Betrieb nach Sibirien evakuiert worden. Alle wirkten bedrückt, Leo erwartete seine Einberufung. Ich überließ der Tante einen Teil meiner Verpflegung. Bereits am nächsten Morgen musste ich wieder zurückfahren. Vor allem interessierten sich meine Verwandten für die Lage an der Front, zeitweise waren die Deutschen nur 30 km entfernt gewesen. Sie hatten das Städtchen Trojekurovo erobert und ihre Aufklärungstrupps durchstreiften sogar schon Sanovo, das nur 15 Kilometer von Ranenburg entfernt war. Noch immer waren alle auf die Flucht vorbereitet. Doch ich beruhigte meine Familie. Und wirklich, in diese Gegend drangen die Deutschen nie mehr vor. In früheren Briefen hatte ich stets den Frontverlauf beschrieben, was die Zensurstelle getreulich geschwärzt hatte.

Alle verstanden aber, dass meine wenigen guten Nachrichten allein nichts über den Gesamtverlauf aussagten.

Am nächsten Morgen standen wir vor Sonnenaufgang auf und frühstückten. Um acht Uhr erschien mein Reisegefährte und wir begaben uns zur Bahnstation. Wir durchfuhren die Städte Bogojavlensk, Mičurinsk, Tambov, Rtiščevo, Saratov und landeten schließlich in Uralsk. Von dort ging es weiter nach Kuijbyšev. In Rtiščevo machten wir Mittagspause. So schlechtes Essen – Kohlsuppe und Perlgraupengrütze – hatte ich in meinem ganzen Leben noch nie zu mir nehmen müssen. Die Portionen waren winzig, aber aufgrund des widerlichen Geschmacks gelang es uns nicht einmal, diese geringen Mengen herunterzuwürgen. In Saratov mussten wir außerdem umsteigen. Den Aufenthalt von mehreren Stunden nutzten wir zur Besichtigung der Stadt. Die zugefrorene Wolga glich einem Schneefeld, das sich nach beiden Seiten hin unendlich auszudehnen schien. Die Stadt gefiel mir besser als andere Orte, die ich schon gesehen hatte, z.B. Kaluga, Kursk oder Voroneš. Sehr malerisch war auch das gegenüberliegende Ufer der Wolga. Weniger romantisch ging es auf dem Bahnhof zu. Es wurden keine Fahrkarten verkauft und ich musste mir mit Gewalt Zugang zu meinem Zug verschaffen und zudem auch noch die Reise auf dem zugigen Übergang zwischen zwei Waggons verbringen.

Uralsk war die letzte große Station vor Kuijbyšev. Ich marschierte durch die Stadt, die damals auf mich den Eindruck eines großen Dorfes machte. Die Häuser, vorwiegend einstöckig, waren in beträchtlicher Distanz voneinander gebaut. Zwischen Uralsk und Kuijbyšev erstreckten sich damals unendliche Schneewüsten. Kuijbyšev gefiel mir als Stadt nicht, es machte auf mich den Eindruck ohne Plan errichtet worden zu sein. Das neue Operngebäude stand allein auf einem riesigen leeren Platz. Auch die Wolga sah weniger romantisch aus als in Saratov.

Ich nahm im Studentenheim der Akademie der Wissenschaften, das auch von den Hörern des Fortbildungskurses genutzt wurde, Quartier. Zu den Kursen musste man in voller Uniform erscheinen. Sogleich öffnete ich sorgfältig mein altes Marschgepäck. Es sah nicht so aus, als sei es vorher einmal geöffnet worden, dennoch fehlten meine neuen Chromlederstiefel. Es gab nur eine Antwort: In der Divisionssanitätsabteilung saß ein Dieb, wahrscheinlich in der Intendantur. Ich schrieb eine entsprechende Meldung und bekam neues Schuhwerk, dieses Mal aus Ersatzleder mit Gummisohle. Soldatenstiefel eben. Aber es war ja Kriegszeit.

Die Professoren der kriegsmedizinischen Akademie waren ältere, hochgebildete Offiziere. Die meisten hatten schon am Ersten Weltkrieg teilgenommen. Der Unterricht interessierte mich sehr und ich schrieb eifrig mit. Aber die Dozenten arbeiteten mit Erfahrungen aus dem letzten Krieg. Die Besonderheiten der laufenden Kriegsführung waren ihnen gänzlich unbekannt. Es ergab sich also die bizarre Situation, dass die von der Front kommenden Ärzte alle Besonderheiten ihrer Erfahrungen schildern mussten. Außerdem hielten wir auch noch Vorträge vor anderen Akademiehörern. Ich zum Beispiel berichtete über meine ersten Erfahrungen an der Front, meine Zuhörer – wohl wissend, dass ihnen diese Erfahrungen kurz bevor standen – lauschten interessiert. Ich betonte, dass die dargelegten Ereignisse zwei Besonderheiten aufwiesen: Sie fanden im Winter und an einem Nebenkriegsschauplatz statt, also unter besonders günstigen Umständen. Wertvolle Erfahrungen im Winterkrieg waren bereits 1939/40 gegen Finnland gesammelt worden. Große Schwierigkeiten stellte die Bergung eines Verwundeten vom Schlachtfeld dar. Das Feuer des Gegners hielt alle am Boden, man konnte sich nur kriechend fortbewegen. Unter solchen Bedingungen wurde empfohlen den Verwundeten mittels eines Mantels oder Stücks Zeltplane auf dem Rücken ziehend zu transportieren. Aber dies bedurfte eines großen Aufwandes und Mühe, zudem litt der Verwundete zusätzliche Qualen. Im Winter sollte man sich kleiner Schlitten oder Schneeschuhe bedienen.

Es erwies sich jedoch, dass die finnischen Sanitäter ganz spezielle Bötchen besaßen. Diese waren aus Furnierholz und Flugzeugaluminium angefertigt. Die Konstruktion war leicht und stabil und besaß vorzügliche Gleiteigenschaften. Die Bötchen waren vorzüglich zum Transport eines Verwundeten geeignet, auf dem schneebedeckten Glacis glitten sie rasch dahin. Der Verwundete lag bequem und unbeweglich, was bei Brüchen sehr wichtig war. Zudem war er vor Feuchtigkeit und Wasser geschützt.

Abb. 5: Einsatz des Rettungsschlittens bei der finnischen Armee unter Verwendung von Rentieren

Seit dieser Erfahrung mit Finnland war mehr als ein Jahr verflossen, ohne dass dies unsere Armee in irgendeiner Weise veranlasst hätte, ähnliche Transportmittel einzuführen. Auf die Frage, wieso nichts unternommen wurde, erhielt man keine Antwort. Ferner zeigte man uns Gegenstände, die einen positiven Eindruck hinterließen. Ich erinnere mich jedoch nicht mehr genau an alle Einzelheiten. Die finnischen Tragbahren jedoch hatten den Vorteil, dass man Verwundete auch in sitzender Position transportieren konnte. Dies war auch bei deutschen Bahren möglich.

Unser Schnellkurs war darauf abgerichtet uns auf die Tätigkeit von Divisionschefärzten vorzubereiten. Wir studierten Sanitätstaktik, Kriegshygiene, Kriegschirurgie (theoretisch) unter besonderer Berücksichtigung von Organisationsproblemen. Schon während der ersten Tage des Aufenthalts litten wir an Hunger. Man konnte sich nur in der Speisehalle versorgen, doch waren die Portionen zu klein um davon satt zu werden. Als Ärzte kannten wir sehr gut die uns zustehende Lebensmittelnorm. Aber wir erhielten nicht mehr, obwohl wir bei $-30°$ Celsius im Freien bei ständig starkem Wind üben mussten. Selbst in unseren Wohnunterkünften froren wir.

Die Unterrichtseinheiten begannen am 1. Februar 1942 und sollten eigentlich bis Ende März dauern. Aber dann traf ein Befehl zur vorzeitigen Entsendung einiger Ärzte zu neu formierten Truppenteilen ein. Der Akademievorgesetzte entschloss sich, die besten 20 des Lehrgangs auszuwählen. So kam auch ich vorzeitig an die Front. Es wurde uns gestattet, den Zielort selbst auszuwählen, es wurde u.a. die Herkunft berücksichtigt. Ich sah die Möglichkeit einen anderen Onkel zu treffen, der mit seiner Familie in Rjašk wohnte. Daher ließ ich mich nach Stalingrad versetzen.

Aus Kuijbyšev fuhr ich mit der Bahn Richtung Stalingrad und traf so im Eisenbahnknotenpunkt Rjašk ein. Ich verließ Kuijbyšev um den fünften März 1942 herum. Ich war der Einzige des Lehrganges, der sich für Stalingrad entschieden hatte.

Mein Onkel schien beträchtlich gealtert zu sein, aber im Ganzen sah er nicht schlecht aus. Beide Cousins waren abwesend, der ältere von beiden befand sich im Krieg, der andere – auch einberufen – diente unweit der chinesischen Grenze. Der Schwiegervater meines Onkels war früher Priester gewesen. In den Zeiten der Kollektivierung jedoch wurde er gezwungen seine Wirkungsstätte zu verlassen und zog mit seiner Frau in das Haus seines Schwiegersohns. Jetzt war er schon 72 Jahre alt. Kurz vor meinem Eintreffen, als die Situation der Roten Armee besonders kritisch war, kam ein Vertreter des örtlichen Sovjet vorbei und befahl ihm in die Kirche zurückzukehren und für den Sieg zu beten. Diesen Vorschlag brauchte er nicht zu wiederholen. Solch eine Wendung hatte aber niemand erwartet, bislang war die Religionsausübung in der Sowjetunion stark unterdrückt worden. So war es eine unverhoffte Freude für den alten Priester.

Der Onkel hatte am Ersten Weltkrieg als Offizier teilgenommen, nun zweifelte er nicht am Sieg der russischen Armee. Ich verweilte nur knapp 24 Stunden in Rjašk. Der Frühling begann gerade zu dieser Zeit. Daher ließ ich den warmen Winterschlafsack als Andenken bei meinem Onkel zurück.

Stalingrad

In Stalingrad herrschte noch Winterwetter. Wärmeres Wetter setzte erst um den zweiten oder dritten April ein. Bis dahin trug ich noch Filzstiefel, in den Lederstiefeln erfror ich mir sonst die Füße. Im Frühjahr 1942 lag Stalingrad noch weit hinter der Front, es gab auch keine Verdunkelung. Alle lebten wie in Friedenszeiten. Die Militärorganisation unterstand dem Bezirksstab, der auch eine eigene Sanitätsabteilung besaß. Hier meldete ich mich nach meiner Ankunft, doch es gab keine freie Stelle, ich landete in der Reserve.

Der Bezirksstab befand sich in einem Gebäude an der breiten Straße, die direkt hinunter zur Wolga führt. Nicht weit davon war auch die Reserve in einem früher vorzüglichen Gasthaus untergebracht. Alle Reservisten schliefen in einer großen Wohnung und wurden hier auch gleich bekocht. Den ganzen Tag über hatte ich so gut wie frei und nutzte die Zeit u.a. für Stadtrundgänge. Schon beim ersten Spaziergang entdeckte ich ein Kamel, das einen großen Karren zog, auf dem ein Fass lag. Nie zuvor hatte ich ein Kamel gesehen. Abends konnte man ins Kino gehen, zweimal in der Woche organisierte die Reserveleitung Lehrabende. Hier wurde über die internationale Lage sowie die Kriegssituation debattiert. Derartige Diskussionen fanden großen Anklang. Die freie Zeit nutzte ich jedoch auch zur Fortbildung in allgemeiner Feldmedizin, hierzu kaufte ich ein Standardwerk. Es war sehr hilfreich im Hinblick auf meine künftige Tätigkeit. Die Verpflegung war im Übrigen vorzüglich, kein Vergleich zu den Verhältnissen in Kuijbyšev.

Am ersten April wurde ich endlich einbestellt und zur 181. Infanteriedivision versetzt, die gerade neu aufgestellt wurde. Der Divisionsstab lag nicht weit weg von meiner Unterkunft in einer Schlucht nahe dem Fluss Zariza. Der Stab meiner neuen Einheit wurde zeitweise von Major Serebrjakov geleitet, der schon am Ersten Weltkrieg teilgenommen hatte. Einige Stabsoffiziere waren auch schon eingetroffen, darunter der Kriegsingenieur Major Kondruchov und der Beauftragte für Munitionsversorgung, Major Karpovič. Tags darauf trafen noch Oberbataillonskommissar Puškin und einige weitere Offiziere ein. Ich musste stets mit Serebrjakovs Stellvertreter, Hauptmann Lojko, in Kontakt bleiben. Er hatte ebenfalls schon am Ersten Weltkrieg teilgenommen und sich auch am Bürgerkrieg beteiligt – allerdings auf der Seite der antibolschewistischen Armee von General Denikin. Zuletzt war er dann doch zur Roten Armee gekommen, anschließend in die Reserve versetzt und nun reaktiviert worden. Bis zum Eintreffen des zuständigen Offiziers leitete Lojko den Nachschubdienst der Division. Innerhalb der nächsten vier Wochen war der Divisionsstab komplett eingetroffen, sogleich wurde die Aufstellung der Division in drei Infanterie- und ein Artillerieregiment vorgenommen. Die Infanterie war in Vororten, nicht weit voneinander entfernt, stationiert, während das Artillerieregiment nahe der Siedlung Beketovka südlich von Stalingrad zusammengestellt wurde. Um dorthin zu gelangen, benötigte man vom Divisionsstab aus etwa eine Stunde mit der Bahn. In Beketovka befand sich auch die Divisionssanitätsabteilung, das medizinisch-sanitäre Bataillon (MSB). Es war aber immer noch in der Aufstellungsphase, die zudem nicht am Standort, sondern in der Stadt Astrachan vorgenommen wurde. Das MSB bestand ausschließlich aus Ärzten, die in den Jahren 1941/42 die medizinische Hochschule gemeinsam absolviert hatten. Es waren Armenier, Juden, Russen, jeweils in ungefähr gleicher Anzahl. Kommandeur des MSB war ein ungefähr 30 Jahre alter Armenier mit Namen Ajvasov. Mit in der Einheit war auch der vormalige Assistent für pathologische Anatomie der Universität Astrachan, Hauptmann Savinič. Er war der Bruder des Chefs der Sanitätsabteilung der 62. Armee (der wir unterstanden) und bekleidete den Posten eines Militärarztes ersten Ranges. Er war 35 Jahre alt. All dies schuf eine ungünstige Lage, Missgunst zwischen den einzelnen Offizieren und Nationalitäten bestimmte das Klima. Der MSB-Kommandeur suchte sich bei Savinič einzuschmeicheln, ich betrachtete dieses Spektakel eher belustigt. Keiner außer mir schien sich zu vergegenwärtigen, dass wir alsbald in die Schlacht ziehen würden und alle derzeit scheinbar wichtigen Standpunkte und Positionen schnell bedeutungslos würden. Ajvasov benahm sich mir gegenüber zuvorkommend. Er bat mich, wenn ich schon nicht mit ihm koalierte, so möge ich wenigstens neutral bleiben. Savinič hingegen war mir sympathisch, er war sehr gelehrsam. Wenig später jedoch wurde er dank der Protektion seines Bruders zum Chefpathologen der 62. Armee ernannt.

Es gab im Übrigen nur einen einzigen erfahrenen Arzt im MSB, einen Internisten von 35 Jahren. Er hieß Kaan. Der Umstand, dass nur ein einziger Arzt wirklich Erfahrung besaß, beunruhigte mich sehr. Das MSB war verpflichtet, rasch und hochqualifiziert chirurgische Hilfe zu leisten. Infolgedessen begab ich mich zur Bezirkssanitätsabteilung und beschwerte mich. Mir wurde die Zuteilung eines erfahrenen Chirurgen versprochen, meine Bitte um Versetzung eines weiteren Chirurgen wurde aber ignoriert. Der Personalbestand an Ärzten in den Regimentern wurde ebenfalls mit jungen (unerfahrenen) Ärzten aufgefüllt. Mehr als ein Drittel waren Frauen, insgesamt gab es vier Ärzte je Infanterieregiment und zwei bei der Artillerie. Hier war auch eine Frau Chefärztin,

Chrustaljeva. Sie war vor dem Krieg sechs Jahre als Therapeutin tätig gewesen. Chefärzte bei der Infanterie waren u.a. der junge Kasache Assilov und ein junger, 1939 den Deutschen entflohener polnischer Jude mit Namen Grünberg. Die Mehrheit der Feldschere waren ebenfalls Frauen. Schließlich erhielten wir auch einen eigenen Oberpolitkommissar, den vormaligen Parteifunktionär Pikalov und einen eigenen Politleiter für die medizinische Kompanie. Diese Rolle nahm zunächst ein vormaliger Komsomolfunktionär ein, der alsbald durch einen jungen Oberleutnant ersetzt wurde. Nur zu Pikalov unterhielt ich Kontakt.

Die Chefärzte in den Regimentern unterstanden den Regimentskommandeuren. Diese Offiziere waren zumeist älteren Jahrgangs und hatten schon am Bürgerkrieg teilgenommen. Der einzige jüngere Offizier wurde alsbald der Geliebte einer Ärztin. Als einer der Ärzte mir dies verstört meldete, entgegnete ich, man solle den Umstand zugunsten des Sanitätsdienstes instrumentalisieren. Nun würden wir mit unseren Wünschen stets Beachtung finden. Ein direkter Draht zur Kommandoebene erschien mir gerade aufgrund der drohenden Gefahr von Kämpfen bzw. Evakuierung sehr wichtig. Apropos Evakuierung. Im Winter 1941/42 waren sie stets mittels Pferdetransporten vonstatten gegangen. Das MSB besaß aber keine Pferde, man nahm an, Autos zu benutzen. Ich hatte aber noch keine gesehen, eine Evakuierungsübung war auch noch nicht abgehalten worden. Verletzte fuhren einfach mit dem MSB-Wagen zum Verbandsplatz.

Plötzlich und völlig unerwartet setzte im April eine Skorbutepidemie im Regiment ein. Eigentlich erhielten wir genügend Nahrung, auch ein Vitaminmangel konnte nicht festgestellt werden. In die Nahrung integriert war gefrorener bzw. gesalzener Fisch, über dessen Alter niemand Angaben machen konnte. Hunderte von Soldaten erkrankten, das Lazarett war völlig überfüllt. Die Krankheit zeigte sich durch Blutergüsse an Armen und Beinen, insbesondere Knien. Frischgemüse oder Kraut war nicht verfügbar. Die Erkrankten, darunter auch mehrere Offiziere, ersuchten mich um kurzzeitige Demobilisierung, zu Hause bei ihren Familien könnten sie leicht vitaminhaltige Nahrung erhalten und gestärkt an die Front zurückkehren. Mir erschien dieser Vorschlag sinnvoll und ich unterbreitete ihn dem Bezirksstab, der aber die Idee verwarf. Stattdessen erhielt ich eine schriftliche Anweisung zur Herstellung eines vitaminhaltigen Nadelextrakts, wozu erst einmal genügend Zweige auf dem linken Wolgaufer geschlagen und herantransportiert werden mussten. In dieser Zeit starben mehrere Erkrankte und nun wurden dennoch einige von ihnen demobilisiert. Auch Hauptmann Lojko erkrankte an Skorbut, doch wurde er rasch geheilt. Im Ganzen blieb ein schaler Nachgeschmack. Hätte man die Erkrankten sofort entlassen, so wären sie wahrscheinlich am Leben geblieben. Aber es wurde nicht gestattet. So fingen unsere Verluste noch ohne Feindeinwirkung im eigenen Hinterland an. Das gesamte Ereignis wurde im Übrigen geschickt vertuscht. Ich glaube, dass dies bis heute so ist.

Zur Erledigung der Schreibtischarbeit verfügte der Divisionsstab über zwei Schreibmaschinen mit Sekretären, die nahezu pausenlos beschäftigt waren. Ich musste daher selbst tippen lernen und konnte meinen eigenen Papierkram gerade so bewältigen. Jedoch litt ich stets unter Zeitmangel und Schlafstörungen. Im Mai 1942 schließlich wurden wir an einen besseren Standort am rechten Ufer der Zariza verlegt, etwa drei Kilometer vom Stadtzentrum entfernt. Zugleich wurden wir in nahe gelegene Privatwohnungen einquartiert. Große steinerne Gebäude gab es zu dieser Zeit nur im Stadtzentrum, an der Peripherie dominierten einstöckige Holzhäuschen das Bild. In einem solchen Gebäude erhielt ich ein Zimmer zugeteilt, ansonsten wohnten noch ein Mann und eine Frau in dem Haus. Verpflegt wurde ich im Stab. Schließlich wurde der Hausherr zur Armee eingezogen und wenig später suchte mich die Dame des Hauses zu verführen, allein umsonst. Ich empfand für sie keine Zuneigung.

Erst zu Beginn des Monats Juni war die Aufstellung der Division komplett. Alsbald wurden wir in den Verband der 62. Armee aufgenommen – was wir aber schon vorausgeahnt hatten. Armeebefehlshaber wurde Generalmajor Kopakči, Divisionskommandeur Generalmajor Novikov. Er war erst vor kurzem avanciert, der Armee gehörte er aber schon seit dem Bürgerkrieg an. Zu Beginn des »Großen Vaterländischen Kriegs« befehligte er als Oberst ein Regiment, wurde verwundet und mit dem Lenin-Orden dekoriert. In der Schlacht war er von seinem Adjutanten gerettet worden, der hierfür den Roten Stern-Orden erhielt und zum Major befördert worden war. Beide gefielen mir. Divisionskommissar wurde Regimentskommissar Rudenko, dessen Uniformlitzen vier rote Rechtecke zierten. Wie auch der General trug er eine Medaille zum Zeichen, dass er bereits seit 20 Jahren in der Roten Armee diente. Er erwies sich als kluger und zuvorkommender Mensch und hinterließ einen positiven Eindruck. Beide – General und Kommissar – waren etwa 45 Jahre alt. Der Kommissar war schlank, der General hingegen verfettet.

Major Serbrjakov übergab inzwischen alle Akten an den neuen Stabsleiter, auch einen Major. Er hieß Čudnovskij und war Jude, was man ihm aber nicht ansah. Wir freundeten uns an. Zum Leiter des Divisionsnachschubes und Nachfolger Lojkos wurde Major Selipugin ernannt. Er war bereits während des Bürgerkrieges mit dem Rotbanner-Orden ausgezeichnet worden, was damals eine wirkliche Heldentat erforderte. Er war sehr von formalen Dingen eingenommen, zudem völlig ungebildet. Ein paar Mal bemerkte ich, wie der General mit ihm schimpfte. In diesen Situationen verfärbte sich Selipugin stets dunkelrot, ich befürchtete jedes Mal einen Schlaganfall. Der General wollte im Divisionsstab Ordnung herstellen und befahl daher allen Stabsmitgliedern zu einer bestimmten Zeit sich bei ihm einzufinden, um ihn über alle Vorkommnisse zu informieren. Allein er selbst hielt diese Termine nur drei- oder viermal ein.

Umgekehrt hatte ich stets die Möglichkeit zum General vorgelassen zu werden, verspürte dazu aber kein Interesse. Die meisten Anliegen konnte ich gleich mit Major Čudnovskij oder Hauptmann Lojko besprechen. Gelegentlich durfte ich auch Verordnungen im Namen des Generals erlassen. Ich musste sie allerdings selbst abtippen, sie begannen stets mit der Floskel »Der Divisionskommandeur hat befohlen ...« Hierzu erhielt ich Ratschläge von Seiten des Politkommissars, der auf diesem Gebiet eine große Erfahrung aufweisen konnte. Nach der Bekanntschaft mit dem Divisionsstab wollten General und Kommissar auch die einzelnen Regimentsteile besichtigen. Täglich suchten sie nun die entsprechenden Offiziere auf. Kurz darauf avancierte die Ärztin Chrustaleva (verheiratet) zur Geliebten des Kommissars (verheiratet), so dass das Artillerieregiment von ihm häufiger besucht wurde als die anderen Einheiten. Mir konnte das nur recht sein.

Gerade zu dieser Zeit ereignete sich ein schreckliches Unglück. Alle Regimenter bekamen aus der Apotheke des MSB Arzneien geliefert. Eines Tages aber unterlief der jungen Pharmazeutin, welche die Apotheke leitete, ein schrecklicher Fehler, indem sie anstatt eines harmlosen Pulvers Arsenik auslieferte. Sie bemerkte den Fehler selbst und alarmierte den Empfänger, andernfalls wäre sie wohl wegen Diversion hingerichtet worden. Dennoch musste reagiert werden, die Pharmazeutin Minovizkaja wurde degradiert und in eine andere Einheit versetzt. An ihre Stelle rückte die Pharmazeutin Sverjakova.

Im Juni 1942 erschienen die ersten feindlichen Flugzeuge über Stalingrad. Es waren Aufklärungsmaschinen. Sofort wurde Verdunkelung befohlen. Aber in den kurzen Sommernächten hatte dies fast keine Bedeutung, es war fast durchgehend hell. Das Geschehen an der Front entwickelte sich sehr schlecht. Die Kämpfe hatten sich bereits in den Raum Voroneš verlagert. Eines Tages erschienen jedoch General und Kommissar sehr gut gelaunt. Sie teilten uns mit, dass die Engländer in Frankreich die zweite Front eröffnet hätten. Diese Freude aber war verfrüht. Nach einigen Tagen gelang es den Deutschen die englischen Landungstruppen wieder ins Meer zurückzuwerfen[2].

Im Sommer konnte man in Stalingrad die ersten Symbole US-amerikanischer Hilfeleistungen bemerken. In unserem Speiseplan erschien Eipulver, ein in Russland bis dato unbekanntes Produkt. Und auf dem Platz vor dem Bahnhof stand eine große Anzahl amerikanischer »Studebaker«-Lastwagen, dazu einige kleine

---

[2] Am 19. August 1942 unternahmen britische und kanadische Einheiten einen Erkundungsvorstoß in Frankreich. Hierzu landeten 6 000 Mann am Strand von Dieppe (Operation Jubilee). Der durch eigene Aufklärung vorgewarnten deutschen Armee gelang es jedoch innerhalb weniger Stunden den gelandeten alliierten Streitkräften derartige Verluste zuzufügen, dass sie sich am gleichen Tag wieder zurückziehen mussten.

»Dschips« (Jeeps). Von letzteren erhielt auch unser General ein Exemplar. Der Abfahrtstag rückte nun heran, täglich wurden mit den Soldaten Feldübungen durchgeführt, wobei häufig Stabsoffiziere zugegen waren. Während einer dieser Übungen wurden wir überraschend zu einer Truppenschau mit den neuartigen Panzern T-34 gerufen. Sie übertrafen sämtliche deutschen Panzer an Leistung und Feuerkraft. Unsere Division bekam ein Bataillon solcher Panzer beigeordnet.

Das letzte Ereignis in Stalingrad, an das ich mich erinnere, war ein Unfall in der Abteilung für Munitionsversorgung. Eine Handgranate detonierte und verletzte drei Soldaten. Ich ließ sie sofort in ein Lazarett transportieren. Am 10. Juli 1942 marschierten wir zur nächsten Bahnstation und wurden in Richtung Voroneš verfrachtet. Aber wir gelangten nie dort an. Gerade zu dieser Zeit vollführte nämlich die deutsche 6. Armee einen Durchbruch im Raum Charkov.

Da es keinen nennenswerten Widerstand von unserer Seite gab, rückten die deutschen Truppen rasch nach Osten vor. Die Militärzüge, in denen wir uns befanden, blieben mitten in der Steppe stehen. Nach einigen Stunden kam ein neuer Befehl, die gesamte 62. Armee sollte schleunigst den Deutschen entgegenmarschieren, um ihren Vorstoß zu behindern. Der Gegner sollte nicht bis zum Don vordringen können. Unsere 181. Division verließ die Züge, marschierte ein Stück nach Osten zurück und errichtete dort eine größere Verteidigungsstellung. An diese schlossen sich Gräben und Verhaue anderer Divisionen der 62. Armee an. Am 17. Juli war unser Aufmarsch abgeschlossen, insgesamt verfügte die Armee über sechs Infanteriedivisionen, vier motorisierte Regimenter und sechs Panzerbataillone. Eines stand unserer Division zur Verfügung. Am 21. Juli begann nördlich von uns ein Gefecht zwischen der 33. Grenadierdivision und der Vorhut des Gegners. Tags darauf wurden unsere Vorhuten abgedrängt. Es vergingen weitere drei Tage in völliger Stille, ehe an unserer rechten Flanke die 6. Armee die sowjetische Front frontal durchstieß.

Doch war diese Durchbruchsstelle weit entfernt und wir bekamen nichts mit. Viel später erfuhren wir, dass unsere Stellungen den äußersten Verteidigungsring um Stalingrad darstellten. Gerade deshalb wird der Beginn der Schlacht um Stalingrad auf die Zeit um den 22./23. Juli 1942 datiert. Noch in den ersten Augusttagen war es ganz still in unserem Abschnitt. Die Truppen setzten ihre Schanzarbeiten fort. Aber oben am Himmel kreiste ständig eine doppelrümpfige Aufklärungsmaschine vom Typ Fokke-Wulf 200 »Condor«, die wir mit der Tarnbezeichnung »Rahmen« führten. Die Maschine flog nicht besonders hoch, aber wir hatten keine Flakartillerie, Gewehr- und MG-Feuer gefährdete das Flugzeug nicht. Das empörte mich sehr, wie konnte man so etwas zulassen? Von Zeit zu Zeit sahen wir auch feindliche Bomberstaffeln, die Ziele im Hinterland attackierten. Der Divisionsstab befand sich in einer tiefen Schlucht neben

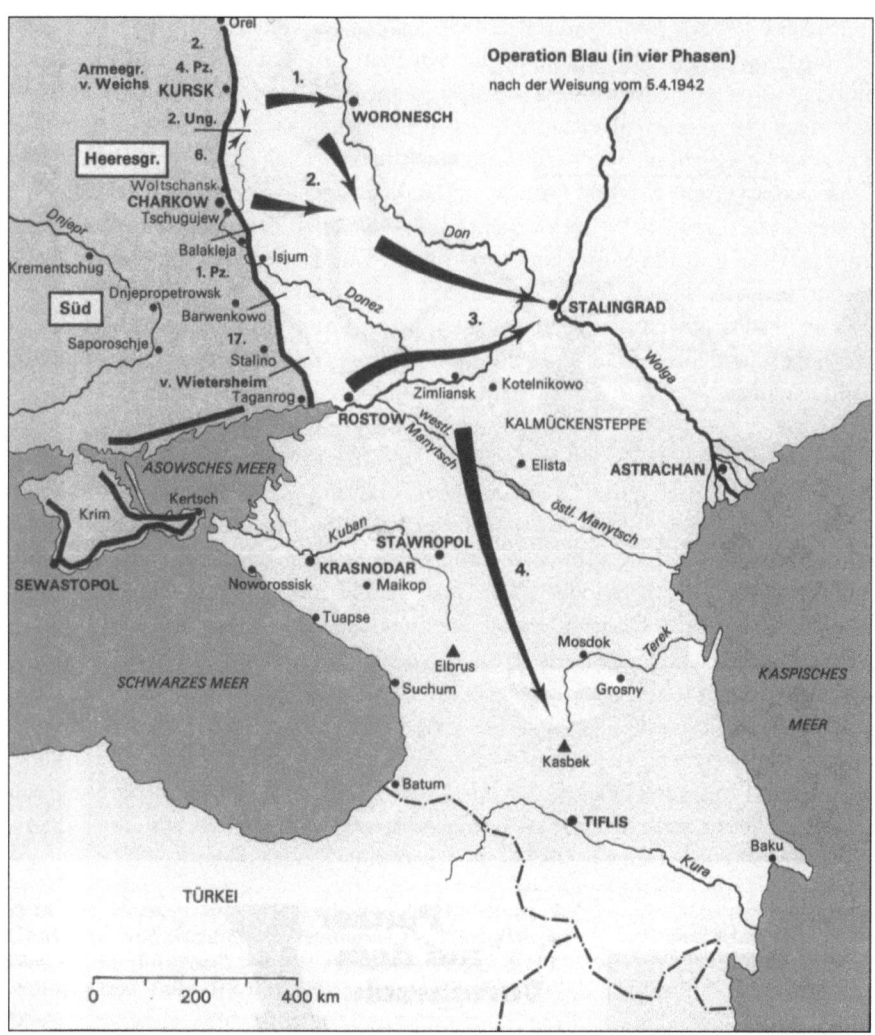

Abb. 6: Der deutsche Aufmarschplan für den Angriff auf Stalingrad (Operation Blau)

einer Kosakensiedlung. Alle schliefen in Zelten oder Unterständen, die Hütten der Bewohner blieben unangetastet. In der Siedlung waren nur wenige Frauen und Kinder zu sehen, die Einwohner wollten nicht mit den Truppen in Kontakt kommen. Es war ein auffallender Kontrast zu der Herzlichkeit, mit der uns die Einwohner Mittelrusslands im Winter 1941 behandelt hatten. Während der ersten Tage unserer Einigelung sahen wir fliehende zerschlagene Truppenteile und

Zivilbevölkerung, vornehmlich jüdischer Herkunft. Die Juden waren von Panik ergriffen und völlig niedergeschlagen. Und sie hatten Grund dazu! Sie teilten uns mit, dass die Mehrzahl ihrer Bekannten nicht mehr entkommen konnte, die deutschen motorisierten Kontingente bewegten sich mit großer Geschwindigkeit durch die Steppe.

Ich besaß einen eigenen, kleinen Unterstand. Das Wetter war sehr schwül und ich schlief im Freien wie im vergangenen Sommer. Ich richtete mir sogar ein Schutzdach aus Zeltplane ein, aber es regnete nur selten am Abend. In einer dieser Nächte wurde dann das Zeltdach gestohlen. Die Nahrungsversorgung verschlechterte sich mit der Zeit, wir bekamen Würfelsuppe und Perlgraupengrütze, manchmal Sagogrütze. Die Portionen waren nicht eben groß, das Essen nicht sonderlich schmackhaft.

Schon in Stalingrad hatten wir Verstärkung in Form eines Bataillonskommissars erhalten. Er war Berufsoffizier mit spezieller politischer Zusatzausbildung. Mich verwunderte die besondere Unterteilung, er war »Kommissar des Divisionsstabes«. Daneben gab es ja auch noch die Politabteilung der Division, zudem war der Divisionskommandeur selbst immer zugegen. So musste sich der neue Kommissar stets eine Beschäftigung suchen. Mir gefiel er gar nicht und ich suchte jeden Kontakt mit ihm zu vermeiden. In Stalingrad war das kein Problem gewesen. Als wir aber unsere Stellung in der Steppe bezogen, befand sich der neue Kommissar ganz in meiner Nähe. Er setzte sich das Ziel, mich für die Kommunistische Partei zu gewinnen. Aber mir fehlte der Wunsch, Mitglied zu werden, völlig. Daher musste ich stets ausweichende Antworten geben. Bei einer kategorischen Ablehnung hätte er sicher nach dem Grund gefragt. Wenn ich die Wahrheit gesagt hätte, wäre das nicht folgenlos geblieben. Ich wollte das Recht behalten, selbständig zu denken. Diese Geschichte blieb folgenlos, da sich die übrigen Ereignisse zu überstürzen begannen.

Als wir von Surovkino zur Verteidigungslinie abrückten, bemerkte ich, dass das MSB fremde Lastwagen benutzte, die zudem vollständig beladen waren. Daraus leitete ich ab, dass bei einem schnellen Rückzug die Verwundeten ohne Transportmöglichkeiten waren. Auch das Personal des MSB würde keinen Platz finden. Ich ging zum General, der wie gewöhnlich mit dem Kommissar zusammen in einem Zelt saß. Es erschien mir gut, die Meldung beiden vorzubringen. Der General sagte, das sei kein Problem, die Lastwagen würden einfach zweimal oder dreimal hin- und herfahren. Ich wandte ein, dass im Falle eines schnellen bzw. überstürzten Rückzuges dies vielleicht nicht möglich wäre. Nun mischte sich der Kommissar ein. Was ich mir denn überhaupt denke? Man werde niemals zurückweichen. Ich aber würde niederträchtige Stimmungsmache betreiben. Zudem verwies der Kommissar auf einen gerade erlassenen Befehl des Oberkommandos, der lapidar lautete »Keinen Schritt zurück«. Die folgenden

Ereignisse zeigten jedoch, dass meine Befürchtungen zutrafen. Zudem standen nicht einmal weitere Lastwagen als Reserve zur Verfügung.

Die Regimenter lagen einige Kilometer vom Divisionsstab entfernt in Stellung. Ich aber musste sie ständig aufsuchen. Um dies erledigen zu können, bekam ich ein Pferd. Dieses war nicht mehr jung, zudem als Reittier untauglich, da es bislang nur als Arbeitspferd genutzt worden war. Das Tier graste selbständig neben meinem Zelt und trank aus einem nur 20 Meter entfernten Flüsschen. Wir verstanden uns im Grunde gut, auch wenn ich seinen Namen nicht wusste und es daher immer »Pferd« nannte. Das Tier scheute nicht, was ich als Vertrauensbeweis deutete und mit salzhaltigem Brot honorierte. Doch der Gaul war unlenkbar, zudem ließ er sich weder zu Trab noch Galopp animieren. Öfters musste ich absteigen und das Pferd am Zügel führen, um ihm die Richtung vorzugeben. Zweimal geriet ich zudem in eine gefährliche Situation. Die feindlichen Piloten versäumten es nie, auf jedes erkennbare Bodenziel, d.h. auch auf einzelne Soldaten in der Steppe, das Feuer zu eröffnen. Während meiner Ausritte wurde ich auch beschossen, die Kugeln flogen mir um die Ohren. So schnell wie möglich hätte ich in einer der zahlreichen Schluchten Zuflucht nehmen müssen. Mit Hilfe eines normalen Pferdes wäre dies auch unproblematisch gewesen, nicht aber mit diesem Gaul, der nie in eine neue Richtung abbiegen wollte, sondern stets den eingeschlagenen Kurs beibehielt. Ich musste abspringen, ihn am Zügel packen und in die Schlucht schleifen. Einmal wollte das Pferd sich überhaupt nicht bewegen, die Kugeln schlugen rings herum ein, doch blieb das Tier unverletzt und ungerührt stehen. Nach zwölf Tagen war »Pferd« weg. Ich glaube nicht, dass jemand dieses Tier gestohlen hatte. In der Nähe grasten aber immer einige wilde Pferdeherden, die den Aufklärern vom Typ »Condor« als Ziel dienten, ohne jedoch dezimiert zu werden.

Das MSB, das sich nur 700 Meter vom Divisionsstab entfernt befand, besuchte ich täglich. Plötzlich erschien der Kommandeur der medizinischen Kompanie, der Arzt Kaan (er war jüdischer Herkunft) bei mir und meldete, er könne nicht weiter mit dem Armenier und MSB-Kommandeur Ajvasov zusammenarbeiten. Eigentlich hätte ich sogleich mit dem Politleiter und Ajvasov die Sache regeln müssen. Aber ich fasste einen anderen Entschluss und beschied ihn, ich würde die Versetzung alsbald regeln. Mir schien nämlich, dass es eine einfache Möglichkeit zur Lösung dieser Frage geben könne. Einer der Regimentskommandeure besaß einen rauen und strengen Charakter, sein Regiment war das beste von allen. Der Regimentsarzt jedoch, ein junger unerfahrener Kasache namens Assilov war nicht in der Lage, die an ihn gestellten Anforderungen zu erfüllen. Der Regimentskommandeur hatte hierfür kein Verständnis, beschimpfte den Arzt täglich und drohte mit dem Kriegsgericht. Bereits einen Monat zuvor hatte mich Assilov angefleht, ihn zu versetzen. Nun war die Möglichkeit gegeben,

Kaan wurde ins Regiment versetzt, Assilov landete beim MSB. Das Regiment bekam einen erfahrenen Arzt und Ajvasov einen willigen Untergebenen, alle waren zufrieden.

Die Kämpfe rückten näher. Daher beabsichtigte ich ein kleines Personalroulette durchzuführen, um die Frauen von den Frontstellungen in den Regimentern abzulösen und mit den Männern aus dem MSB die Rollen zu tauschen. Meiner Meinung nach sollten nur drei Männer im MSB bleiben, Kommandeur, Kommissar und Chefchirurg. Aber die armenisch-astrachanische Gruppe im MSB opponierte dagegen, es kam zum Konflikt zwischen mir und Ajvasov. Eine Entscheidung, die letztlich General und Kommissar hätten treffen müssen, kam nicht mehr zustande.

An dieser Stelle möchte ich eine bestimmte Episode anführen. Nach der Errichtung und Besetzung unserer Verteidigungsstellung begann eine relativ ereignislose Zeit für uns. In den Regimentern wurden Manöver durchgeführt, an denen sich auch die Sanitätskompanien beteiligten. Ein Gewaltmarsch in vollständiger Ausrüstung zeitigte seltsame Ergebnisse, ausgerechnet die Sanitäter beendeten ihn als schnellste, während einzelne Bataillone sich vollständig zerstreuten. Das Regimentskommando reagierte umgehend und ordnete einen Austausch des Personals an. Der Regimentsarzt war entsetzt. Sollte die mühsame Schulung des Personals und das medizinische Training nun gänzlich überflüssig gewesen sein? Auch mir erschien der Denkschluss des Regimentskommandeurs unlogisch. Gerade eben zum Abtransport von Schwerverwundeten benötigte man Soldaten von besonderer Kraft und Ausdauer.

Am 31. Juli 1942 fuhr der Chef der Munitionsversorgungsabteilung, Major Karpovič, nach Stalingrad. Am anderen Tag erfuhren wir, dass er gefallen war – bei der Überquerung des Don, 50 Kilometer östlich unserer Auffangstellung. Die Deutschen operierten also schon in unserem Rücken. Die gesamte rechte Flanke der 62. Armee war vom Gegner bereits umfasst worden, die 6. Armee unter Generaloberst Paulus rückte ungehindert vor. Bald verloren wir die Kontrolle über alle Zufahrtsstraßen ins Hinterland. Aber ohne Befehl des Oberkommandos durften wir uns nicht zurückziehen. Ende Juli erhielt unsere Armee auch einen anderen Befehlshaber, General Lopatin. Er wusste durchaus um die Notwendigkeit eines Rückzuges, allein sein vorgesetztes Kommando gestattete es nicht. Erst in der Nacht vom 5. auf den 6. August 1942 wurde die Erlaubnis zum Rückzug erteilt. Die Truppen verließen ihre Stellungen und rückten über die Steppe zum Don vor. Diesen Moment hatten die Deutschen mit Ungeduld erwartet. Sie griffen von hinten und an beiden Flanken an, von oben stürzte sich die Luftwaffe auf die deckungslose Armee. Zur selben Zeit besetzten die deutschen Panzerspitzen alle Übergangsmöglichkeiten entlang des Dons.

In unserem Divisionsstab existierte natürlich auch ein Rückzugsplan, der das MSB einband. Im Moment hatten wir nur einige Dutzend Verwundeter zu versorgen. Gemäß den Regeln der Kriegskunst hätten wir sie ins nächste Lazarett im Hinterland verbringen müssen, doch waren die Zufahrtsstraßen bereits abgeschnitten. Wir besaßen keinen Ausweg, wir mussten die Verwundeten selbst auf dem allgemeinen Rückzug transportieren. Aber – wie bereits erwähnt – besaßen wir hierzu keine Fahrzeuge. Es wurde beschlossen, zunächst einen Teil des Materials und Personalbestand an den neuen Sammelpunkt vorauszuschicken, um dort die Aufnahme der Verwundeten vorzubereiten. Allein mit den Verwundeten blieb eine 45-jährige, schon leicht ergraute Krankenschwester zurück. Das gefiel mir gar nicht und ich teilte Ajvasov meine Absicht mit, ebenfalls zurückzubleiben. Am folgenden Tag erschien ich mit vollständigem Marschgepäck im Divisionsstab, wies aber die Ordonnanz an, nicht mit zurückzugehen, sondern am Standort zu verbleiben. Umgekehrt wäre es wohl besser gewesen, aber ich vermochte nicht abzuwägen, was gefährlicher wäre: Rückzug durch die offene Steppe oder Aushalten in der Stellung.

Der Tag war heiß, der Himmel wolkenlos. Nach dem Rückzug der Truppen herrschte eine ungewöhnliche Stille. Einige Stunden verstrichen, die Lastautos kehrten nicht zurück. Ich nahm ein Gewehr, verließ die Schlucht und bezog einen Ausguckposten. Ich blickte vorwiegend nach Osten, voll der Hoffnung auf das Wiederkommen unserer Fahrzeuge. Bald schloss sich mir die Krankenschwester an, auch einige Verwundete kamen heraufgekrochen. Aber alles blieb öde und leer. Was konnte das nur bedeuten? In der trockenen Steppe konnten die beladenen Lastwagen 40 Stundenkilometer fahren, nach drei Stunden sollten sie zurück sein. Doch ungefähr um 16 Uhr bemerkte ich die ersten deutschen Soldaten, die etwa in Zugstärke sich von Norden näherten. Sie nahmen uns unter Feuer, allerdings aus etwa einem Kilometer Entfernung. Ich befahl allen in die Schlucht hinunter zu gehen. Die Deutschen kamen inzwischen auf etwa 500 Meter heran. Nun entschloss ich mich zur Flucht, teilte dies der Schwester mit, packte das Gewehr und entschwand in östlicher Richtung. Der Weg verlief am Boden der Schlucht entlang, dann etwas hinauf und weiter in einer Mulde. Zum letzten Mal sah ich mich um und die Verwundeten begriffen, dass sie nun im Stich gelassen würden. Einige versuchten kriechend mir zu folgen, da sie fürchteten bei der Gefangennahme sofort erschossen zu werden. Auch ich konnte damals eine solche Möglichkeit nicht völlig ausschließen. Später habe ich erfahren, dass diesen Verwundeten aber nichts zuleide getan wurde.

Die öde Steppe breitete sich weit vor mir aus. Nicht einmal Vögel waren zu sehen. Plötzlich bemerkte ich in meiner Nähe einen liegenden Soldaten, einen typischen Mittelasiaten. Mir fiel sofort auf, dass er keine Waffe trug. Er verstand kein russisch oder gab vor, keines zu verstehen. Er war unverletzt, sagte nicht, woher er kam und wo sein Gewehr geblieben war. Er versuchte mir klarzumachen, dass er krank sei, was ich ihm aber nicht abnahm. Er schien mir vielmehr ein Deserteur zu sein, der hier auf das Ankommen der Deutschen wartete. Ich hatte keine Zeit für Diskussionen. Ich wusste, dass jeder Deserteur sofort zu erschießen war. Aber sollte ich das jetzt tun? Und was, wenn er wirklich krank war? Der Soldat machte keinen Versuch mich anzugreifen, zudem konnte ich nicht ausschließen, dass er einfach nur zurückgelassen worden war. Infolgedessen setzte ich allein meinen Marsch nach Osten fort. Ich legte viele Kilometer bis zur Dämmerung zurück. Dank der Leuchtanzeige meines Kompasses konnte ich auch in der Nacht weiter marschieren. Endlich vernahm ich Stimmen, worauf ich mich vorsichtig in dieser Richtung weiter bewegte. Im Hintergrund konnte ich Umrisse von Gebäuden ausmachen. Ich vermochte deutlich russische Wortfetzen zu verstehen. Das beruhigte mich, völlig erschöpft sank ich zusammen und schlief nach wenigen Minuten ein. Als ich gegen sechs Uhr am nächsten Morgen erwachte, sprang ich umgehend auf. Ringsum befanden sich die verschiedensten Truppenteile der 62. Armee, wobei der Ausdruck »Zigeunerlager« angesichts des Chaos am angebrachtesten gewesen wäre. Wo sich der Stab der 181. Division befand, wusste keiner zu sagen, ich suchte lange, bis schon die Sonne hoch am Himmel stand. Ungefähr um 10 Uhr begegnete ich einem mir bekannten Offizier, der mich davon in Kenntnis setzte, dass an diesem Ort Teile der 147., 181. und 229. Division eingekesselt seien und dass jeder Kontakt zum Kommando der 62. Armee abgerissen war. Zum Befehlshaber des Standortes war General Novikov ernannt worden. Die Panzer hatten keinen Brennstoff mehr, so konnten sie nur noch Kanonen- und MG-Feuer ausführen. In dieser Situation befahl der General den Panzertruppen den gesamten Treibstoff aufzunehmen und sich allein durchzuschlagen. Dies gelang auch – bis zum Don, der unüberwindbar war. Einige Maschinengewehre wurden auf Lastautos montiert. Diese Methode war schon im Bürgerkrieg, damals noch mit Pferdewagen, erprobt worden.

Die deutsche Luftwaffe ließ nicht lange auf sich warten. Leichte Bomber kamen in Kettenformation heran. Ich lag auf dem Rücken in einer tiefen Mulde und verfolgte den Verlauf des Bombenabwurfs. Es war deutlich zu erkennen, wie sich die Bomben, schwarzen Tropfen ähnlich, vom Rumpf der Flugzeuge lösten. Zunächst flogen sie fast horizontal, richteten sich aber bald vertikal in Richtung Erde. Diese berührten sie dann schon fast in senkrechter Position. Ich versuchte mit bloßem Auge den Einschlagsort der Bomben zu erraten. Die Flugzeuge wurden ohne Erfolg von unseren MGs beschossen, einige Sprengkörper explodierten unweit meines Standortes, Splitter sausten über die Mulde und blieben in Ästen stecken. Der Angriff dauerte etwa 20 Minuten. In meinem näheren Umkreis wurde niemand verletzt. Die Flugzeuge verschwanden, ich stand auf und suchte weiter nach dem Divisionsstab und den Resten des MSB. Nach einer halben Stunde erreichte ich den nordöstlichen Rand unserer Truppenansammlung. Es zeigte sich, dass sich die Zahl der Soldaten bereits verringert hatte. Plötzlich tauchten zwei deutsche Panzer auf und fuhren in hoher Geschwindigkeit auf unsere Stellungen zu. Keine Deckung weit und breit, das Brummen der Motoren wurde deutlich vernehmbar. Innerlich bereitete ich mich auf meinen Tod vor – sofern man dies kann. Und plötzlich geschah ein Wunder, einer der zwei Panzer war in Rauch gehüllt und blieb stehen. Wegen des hellen Sonnenlichtes war keine Flamme zu erkennen. Der andere Panzer bremste scharf ab und kehrte um. Erst in diesem Augenblick bemerkte ich, dass sich zwischen unserer Stellung und dem brennenden Panzer noch ein kleines Schützenloch befand. Darin saßen zwei Soldaten mit einer Panzerbüchse. Aus 250 Meter Entfernung hatten sie den Panzer unter Feuer genommen und beschädigt. 1942 war diese Waffe noch relativ erfolgreich.

Abermals begegnete ich einem bekannten Offizier. Dieser teilte mir mit, General Novikov habe die Hoffnungslosigkeit der Lage erkannt und alle Soldaten aufgefordert sich selbständig in Richtung Osten abzusetzen. Zudem gab er einen Sammelpunkt bekannt, an dem man sich wieder treffen solle (60 Kilometer entfernt). Die Entscheidung des Generals erschien mir sinnvoll und ich beschloss mich sogleich dem Befehl zu beugen. Die Sonne stand im Zenit, als ich mich in östlicher Richtung absetzte. Dies war ein Fehler, erst nach dem Krieg sollte ich erfahren, dass die einzige Frontlücke sich in südwestlicher Richtung befunden hätte. Nicht alle Soldaten folgten im Übrigen meinem Beispiel, etwa die Hälfte der Männer entschloss sich, den Platz zu verteidigen. Vor kurzem habe ich gelesen, dass sie noch eine Woche lang dem Feind Widerstand entgegengesetzt hatten. Noch am 17. August überquerten mehrere kleine Gruppen die Front. Im Buch von W. Görlitz »Paulus und Stalingrad« (Bonn 1964) steht geschrieben: »Die Durchführung des deutschen Offensivplanes wurde wegen der Hartnäckigkeit des Widerstandes der sowjetischen Armee um drei Wochen verzögert.« Also nicht eine, sondern drei Wochen! Es war ein höchst kostbarer Zeitgewinn für die Verteidiger von Stalingrad.

Ich ging schnell, da nur in der Dunkelheit die ungehinderte Bewegung möglich war. Aber es zeigten sich Anzeichen von Übermüdung und vor allem von Durst. Das Wetter war heiß und ich hatte seit ungefähr 48 Stunden nichts mehr getrunken und gegessen. Wasser, nur Wasser wollte ich haben. Da urinierte ich schließlich in den Essnapf und zwang mich, den eigenen Urin zu trinken. Nur zwei Schlucke konnte ich bewältigen. Es ist heute ein wohl bekanntes Mittel, Reisende in den Wüsten haben es schon früher angewandt, auch wenn sie Kamelharn tranken. Es gibt sogar eine medizinische Therapie, Urinotherapie. Der Kranke trinkt seinen oder fremden Urin über längere Zeit in großen Mengen.

Aber der Harn eines an Durst leidenden Menschen ist hoch konzentriert. Nach zwei Schlucken erwartete ich aufgrund der geringen Menge kein besonderes Resultat. Und so wunderte ich mich sehr, dass das Durstgefühl völlig geschwunden war.

Das Gewehr wurde nach zwei Stunden zu schwer, ich warf es weg. Es war ohnehin eine fremde Waffe, die ich aufgelesen hatte. Die Deutschen brauchten sie nicht als Beute, ihre Patronen passten ohnehin nicht. Mein Marsch wurde auch von anderen Angehörigen der 62. Armee bemerkt, vier Männern und einer Krankenschwester. Die Litzen der Männer waren für mich nicht erkennbar, aber ich nahm an, keine Offiziere vor mir zu haben. Gemäß der Anordnung von General Novikov wies ich sie an, sich allein durchzuschlagen. Sie blieben zurück, gingen mir aber dann doch in einiger Entfernung nach. Eine weitere Stunde verfloss. Vorne sah ich Leuchtkugeln am Himmel stehen. Sie waren mir seit dem vergangenen Winter wohl bekannt, sie markierten das äußere Ende der deutschen Front. Ich näherte mich diesem Rand, warf mich bei jeder neuen Leuchtkugel zu Boden, konnte aber an einer Stelle durchschlüpfen. Der Morgen nahte, in der Ferne vernahm ich dumpfe Explosionen. Die Sommernächte waren ja sehr kurz, bald wurde die Umgebung wieder klar sichtbar. Plötzlich begann in etwa einem Kilometer Entfernung eine heftige Schießerei, an der auch – unverkennbar – eines unserer schweren Maschinengewehre beteiligt war. Allmählich nahm das Schießen an Intensität ab, um dann plötzlich von der entgegengesetzten Seite neu zu beginnen. Unterdessen wurde es rasch Tag. Ich legte mich ins Gras, das jedoch nicht hoch genug war, um einen Menschen zu verdecken. Schon in 30 Meter Entfernung konnte ich mühelos erkannt werden. Ich lauschte, doch die Umgebung schien von seltsamen Echos erfüllt zu sein. Auf einmal vernahm ich einen gellen Anruf. Er kam von hinten und ganz nahe. Die Sprache schien mir unbekannt zu sein. In der Hoffnung, noch nicht entdeckt zu sein, vergrub ich mich tiefer ins Gras. Aber schon ganz nahe vernahm ich einen lauten Redeschwall und vor mir stand eine soldatische Gestalt. Der Unbekannte trug eine mir völlig fremde Uniform, nur das Aussehen der Feldmütze ähnelte der deutschen, war aber khakifarben, also in der Farbe der sowjetischen Armee.

Ich stand auf und wir blickten uns einige Sekunden schweigend an. Es war klar, ich war in Gefangenschaft geraten. Ich sagte etwas auf Deutsch, wurde aber augenscheinlich nicht verstanden. Der Soldat, offenbar ein Unteroffizier, bedeute mir, ihm zu folgen. An diesem Morgen des 8. August 1942 war für mich der Krieg vorbei. Es begann ein ganz neuer Abschnitt meines Lebens, die Gefangenschaft. Nach dem Krieg wurde bekannt, dass im Ganzen fünf Millionen sowjetischer Soldaten und Offiziere gefangen genommen worden waren. Das entsprach der gesamten Friedensstärke der sowjetischen Armee. Mehr als die Hälfte dieser Leute kam nicht zurück, die Mehrzahl verhungerte einfach.

II. Die Gefangenschaft

Die erste Zeit

Vorher hatte ich nie gedacht, einmal in Gefangenschaft zu geraten. Äußerlich betrachtet war das Schauspiel, das sich mir bot, eher weniger aufregend. Der Unteroffizier hielt das leichte MG auf der linken Schulter, den Kolben nach vorne gerichtet. Ich wiederum behielt die Hände unten. Nicht einmal nach Waffen wurde ich untersucht, obwohl ich ganz in der Nähe eines feindlichen Truppenteils festgenommen worden war. Mitten in der Steppe nächtigte ein weit verstreutes kroatisches Freiwilligenregiment (Artillerie). Dieser Umstand erklärte auch die mir unbekannte Uniform und Sprache bzw. die Unkenntnis der deutschen Sprache seitens des Unteroffiziers. Daher auch das außergewöhnliche Verhalten gegenüber kriegsgefangenen Soldaten, das sich sehr vom Gebaren der Deutschen unterschied. All das aber sollte ich erst später feststellen.

Die Kroaten galten als Nachkommen vorweltlicher Goten, die in frühesten Zeiten in die Balkanregion gekommen waren. Daher wurden sie von den Deutschen nicht als Feinde angesehen, erhielten zudem manche Zugeständnisse und Versprechungen. Die Bevölkerung verhielt sich gegenüber den Deutschen loyal. So war es einfach, Freiwillige zu werben und spezielle militärische Einheiten zu formieren. All dies wurde mir von dem Dolmetscher der kroatischen Einheit erklärt, dessen Eltern 1920 vor den Bolschewisten aus Russland nach Jugoslawien geflohen waren.

Der Stab der kroatischen Einheit lagerte etwa zwei Kilometer entfernt. Rechts und links des Weges standen verstreut Kanonen und Autos. Der Stab selbst logierte in einigen Zelten. Als wir nur noch 300 Meter davon entfernt waren, bedeutete mir der Unteroffizier, dass er mich nun entwaffnen müsse. Ich zog die Pistole aus dem Halfter und überlegte kurz ihn zu erschießen und zu entfliehen, doch der Gedanke verschwand so schnell, wie er mir gekommen war. Der Kroate aber lehnte die Pistole allein ab und so gab ich ihm auch die Pistolentasche und den zugehörigen Schulterriemen. Nun sah ich aus wie ein gewöhnlicher Häftling. Als wir an den Zelten vorbeikamen, sah ich mehrere sowjetische Kriegsgefangene ohne Bewachung im Gras sitzen. Einige Stabsoffiziere eilten vorbei, um mich in Augenschein zu nehmen, die Embleme auf den Litzen wiesen mich klar als Arzt aus. Sie versuchten mit mir zu kommunizieren, doch ich verstand ihre Sprache nicht. Nach einer Weile kam ein Dolmetscher. Er erwähnte u.a., dass die Gefangenen nicht verhört würden. Auf meine erstaunte Frage, weshalb er dies unterlasse, erwiderte er spöttisch: »Verhören? Das ist ja reine Zeitverschwendung. Was können Sie uns denn schon Interessantes erzählen? Wir wissen doch schon längst mehr als sie, unsere Truppen befinden sich schon weit im Osten.« Gegen Mittag war die Zahl der Gefangenen auf über zwei Dutzend angestiegen. Alle schwiegen. Nach den Anstrengungen und der Anspannung der letzten Tage erschien uns die Untätigkeit ganz seltsam. Ich hatte keine Pflichten mehr, ein Gefühl der Leere erfasste mich. Die vorübergehenden Offiziere betrachteten mich nicht nur neugierig, sondern sogar teilnahmsvoll, fast freundlich. Dies war alles ganz anders, als ich es mir vorgestellt hatte. In diesem Moment hatte ich noch nicht begriffen, dass diese kroatischen Truppen sich gänzlich anders verhielten als ihre deutschen Verbündeten. Gegen 14 Uhr kam auch der Dolmetscher wieder vorbei und ließ uns wissen, dass wir alsbald zu einer größeren Sammelstelle gebracht würden. Zunächst aber gab es etwas zu essen. Während der letzten 60 Stunden hatte ich keine feste Nahrung zu mir genommen, dennoch hielt sich mein Appetit in Grenzen. Der Durst war auch nicht so stark wie noch in der Nacht zuvor. Ich trank heißes abgekochtes Wasser, aber nicht besonders viel. Ein Offizier kam vorbei, bemerkte, dass ich keinen Militärmantel trug und befahl umgehend, mir einen zu bringen. So erhielt ich einen fast neuen sowjetischen Militärmantel, der mir zudem wie angegossen passte. Das war gewaltiges Glück, denn Gefangene ohne Mantel hatten geringere Überlebenschancen, selbst jetzt im Hochsommer brauchte man einen Mantel als Decke.

Am Nachmittag marschierten wir unter Bewachung eines einzigen kroatischen Soldaten zehn Kilometer zur nächsten Sammelstelle für Kriegsgefangene. Ungefähr auf der Hälfte des Weges machte uns der Wachsoldat durch Gesten klar, dass er rasten wollte. Es war aber mehr als eine Rast, an dieser Stelle wurden wir den Deutschen übergeben und die Kroaten sah ich nie wieder. Wir waren etwa 50 sowjetische Gefangene. Die Deutschen befahlen uns, in Zweierreihen im Abstand von ein bis zwei Meter voneinander entfernt auf dem Boden Platz zu nehmen. Alles, was wir in Taschen und Säcken bei uns trugen, mussten wir vor uns ausbreiten. Im Russischen nannten wir so eine Zeremonie »Laienkunst der Soldaten«, denn es ging weniger um Durchsuchung als Ausplünderung. Ich büßte Geld und Taschenuhr ein, das Geld war in der Gefangenschaft ohnehin nutzlos. Den Verlust der Uhr jedoch bedauerte ich sehr, sie war ein Geschenk meines Vaters zum zweiten Studienjahr gewesen. Mein Fingerring wurde nicht bemerkt, ich nahm ihn auch nicht ab. Ein Fehler, wie sich später zeigen sollte. Nach dieser »Durchsuchung« marschierten wir weiter, aber schon in Marschordnung. Auf dem Weg zum Lager kamen wir an den Panzern und Geschützen der deutschen Armee vorbei, was auf uns geschlagene Soldaten einen mächtigen Eindruck machte. Am Horizont konnten wir weit verteilt Unmengen von Panzern ausmachen. Die breite Verteilung war allerdings eine überflüssige Vorsichtsmaßnahme der Deutschen, unsere Luftwaffe zeigte sich nie am Himmel, Angriffe auf die Panzer fanden nicht statt. Deutsche Bomber und Transportflugzeuge hingegen sah man stets in Richtung Osten oder Nordosten fliegen. Die Begleitmannschaft deutete lachend auf die eigenen Flugzeuge. Einige Panzer standen dicht neben unserem Weg, die Soldaten waren jung, sonnenverbrannt, kräftig gebaut und trugen nur Turnhosen. Sie ähnelten eher Sportlern als Soldaten. Ich dachte, dass auch unseren Truppen eine solch legere Haltung gut täte. In der Sommerhitze stellte unsere dicke Uniform stets Anlass für Peinlichkeiten dar, wie ich schon 1940 in einem Manöver am eigenen Leib erfahren durfte.

Vier deutsche Soldaten begleiteten uns, nach einer Stunde kamen wir im Sammellager an. Es war fast der Prototyp eines deutschen Gefangenenlagers. Ein leeres Stück Land mitten in der Steppe, quadratisch 150 auf 150 Meter. Als Grenzen dienten Gräben von 30 cm Tiefe und Breite. Gefangene mit Pionierausbildung hatten sie gezogen, die Schaufeln hatten kurzfristig die Deutschen bereitgestellt. Ungefähr 1000 Soldaten saßen bereits wartend in diesem Geviert. Und es wurden immer mehr. Der Boden war heiß und trocken. Zwischen den sitzenden und liegenden Rotarmisten liefen einige deutsche Soldaten herum. Einer von ihnen bemerkte endlich meinen Ring und entriss mir den Talisman. Ich jedoch nahm es locker, der Ring sollte mich im Krieg schützen, was er getan hatte, nun war der Krieg für mich vorbei und der Ring eben weg. Der Soldat, der ihn an sich nahm, gehörte der 6. Armee an, die später in Stalingrad unterging. Ob der Ring ihm wohl ebenso viel Unglück gebracht hat wie mir Glück?

Mittlerweile wurde es Abend, an Verpflegung der Gefangenen dachten die Deutschen aber nicht, Wasser fehlte auch. Und die Wache drohte: Wer den Graben überschreitet, wird sofort erschossen. Ich legte mich zu Boden und deckte mich mit dem Mantel zu, das Feldkesselchen diente wieder als Kopfkissen. Augenblicklich schlief ich ein. Am nächsten Morgen jedoch hatte ich erst einmal Orientierungsschwierigkeiten, weil ich nicht mehr genau wusste, wo ich mich eigentlich befand. Das Wecken der Gefangenen besorgten die Deutschen Punkt sieben Uhr. Der Tag begann sonnig. Nach einer Stunde wechselte die Wache, Essen gab es immer noch keines. Ich selbst spürte noch keinen Hunger. Die Gefangenen wurden in Gruppen zu 150 Mann aufgeteilt und zu Marschkolonnen formiert. Jede Reihe war fünf Mann stark. In diesem Moment blickte ich in ein mir bekanntes Gesicht, der Militärtechniker Gež, ein Offizier aus unserem Divisionsstab stand neben mir. Er wirkte völlig niedergeschlagen, stand mit halboffenem Mund da, seine Augen irrten umher. Wir gingen nebeneinander, wechselten aber nur wenige Worte. Es stellte sich heraus, dass der

Militärtechniker eine Durchsuchung befürchtete. Sein Parteibuch würde dann bemerkt werden, was er als Todesurteil auffasste. Ich erwiderte, nicht jeder Parteigenosse werde gleich von den Deutschen erschossen. Die Deutschen hätten schon viele Offiziere und Generäle, also automatisch Parteigenossen, gefangen genommen. Der Gegner wisse sehr wohl, dass man in der UdSSR ohne Parteimitgliedschaft kein General werden könne. Ich empfahl ihm, sein Parteibuch sofort wegzuwerfen. Aber dies schien ihm eine Lästerung zu sein, allein wie er mich nach meiner Empfehlung anstarrte! Aber ich ließ nicht nach. Wenn man ihn umlege, bleibe das Parteibuch in Feindeshand. Es sei seine Pflicht, das Parteibuch sofort zu vernichten. Außerdem sei er jetzt ohnehin parteilos, weil er den entscheidenden Befehl Stalins, sich eben nicht gefangen nehmen zu lassen, nicht befolgt habe. Jedes sowjetische Gericht werde ihn als Verräter ansehen. Diese Argumentation wirkte. Während der nächsten Pause formten wir einen kleinen Kreis und »beerdigten« das Parteibuch am Wegesrand. Dazu war es höchste Zeit, die Deutschen planten nämlich schon uns nacheinander auszusieben. Zunächst aber wurden wir noch einmal nach Waffen (Messern, Pistolen) durchsucht. Einige hundert Meter vom Lager entfernt wurden wir zudem angehalten. Es erging das Kommando: »Kommissare, Juden, Bolschewiken, ein Schritt vorwärts«. Keiner bewegte sich.

Nun ertönte das Kommando: »Komsomolzen, einen Schritt vorwärts«. Es traten tatsächlich einige nach vorn, die sogleich geohrfeigt wurden. Anschließend wurden die Soldaten in Zehnergruppen eingeteilt und sorgfältigst durchsucht. Ich erhielt meinen Pass zurück. Anschließend kam ich ins Lager zurück, wo alles unverändert war: nichts zu essen, nichts zu trinken. Hunger empfand ich keinen, aber mittlerweile verspürte ich starkes Durstgefühl. Gaž traf mittlerweile einen Bekannten und wechselte in seine Gruppe über. Wir sahen uns nie wieder. Ich aber traf auf einen jungen Burschen, der im Juni nach Abschluss der Militärfeldscherschule in unsere Division gekommen war. Damals hatte ich ihn umgehend in das Artillerieregiment versetzt. Er erkannte mich und trat auf mich zu. Er hieß Alexandrov. Als Erstes fiel mir auf, dass seine Uniformlitzen fehlte. Damals rissen viele Offiziere sie selbst herab, um als einfache Soldaten durchzugehen. Auch Hammer und Sichel wurden von den Mützen abgetrennt. Für die nächste Zeit blieb ich mit Alexandrov zusammen. Er trug ebenfalls einen Mantel, so dass wir nebeneinander schliefen und uns auch gegenseitig wärmten. Das war wichtig, die Temperatur sank in der Steppe bis auf acht oder neun Grad.

Nach dem Krieg habe ich einige Bücher über Kriegsgefangenschaft gelesen. Ich verstand, dass ich unglaubliches Glück hatte. Ich war während eines heißen Sommers in der Steppe gefangen genommen worden. Doch die Deutschen hatten stets keine Gebäude bereitgestellt, um Gefangene unterzubringen, so dass sie zu jeder Jahreszeit draußen schliefen, selbst im Winter. Auch der Hunger

Abb. 7: Deutsches Flugblatt in russischer Sprache, das einen Zusammenhang zwischen »Jude« und »Kommunisten« konstruiert

war nur in der Wärme des Sommers zu ertragen. Aber wenn ein Mensch vom Kopf bis zu den Füssen nass ist, der Boden mit Schmutz und Pfützen bedeckt ist, man nachts vor Kälte nicht schlafen kann und außerdem keine Nahrung erhält, wie lange hält dann ein Gefangener durch? Und wie lange hielt erst ein verwundeter Soldat durch?

Die zweite Nacht glich der ersten. Am Morgen spürten alle heftigen Durst, sämtliche Gedanken konzentrierten sich auf Wasser.

Um acht Uhr stellte man wieder Marschkolonnen zusammen. Gleichzeitig wurden alle Angehörigen des medizinischen Dienstes am Lagerausgang zusammengeführt. Augenscheinlich gab es eine Anweisung, jeder Marschkolonne einen Arzt oder Sanitäter beizugeben. Unsere Anwesenheit schien aber mehr symbolische Bedeutung zu haben, da wir über keinerlei Verbandsmaterial oder Arzneien verfügten.

Während der ersten Woche in Kriegsgefangenschaft hörten wir in der Ferne das Donnern von Kanonen und Explosionen. Dort, im Norden nahe der Stadt Klečkaja, verteidigte sich verbissen eine sowjetische Armee. Wir wussten, dass von dort keine Hilfe zu erwarten war, dennoch stimmten uns die Geräusche des Krieges freudig. Weiter aber gingen wir durch die sonnenverbrannte Steppe. Der Durst wurde unerträglich. Alle wollten trinken, aber es gab eine Reihe von Männern, die noch mehr an Wassermangel litten als ich. Wenn wir an Pfützen oder sumpfigen Stellen vorbei marschierten, gab es immer einige, die dieses brackige Wasser tranken. Ich tat dies nicht – so viel Selbstbeherrschung war als Arzt schon notwendig. Aber nicht alle konnten selbst dieses Wasser erhalten, wer zu lange zurückblieb, wurde sofort erschossen. Zusätzlich litten wir durch den Staub, den wir aufwirbelten, von morgens bis abends waren wir staubbedeckt. Nur die ersten Reihen der Marschierenden konnten noch frei atmen, den anderen verstopfte der Staub Nase und Augen. Der Durst verstärkte sich dadurch nur noch.

Einmal sahen wir in der Ferne ein großes Wasserbecken. Die Gefangenen fassten neuen Mut und beschleunigten das Tempo, doch die Hoffnung trog. Kurz vor Erreichen des Beckens bog der Weg ab und wir liefen parallel zum Becken in etwa 300 Meter Entfernung entlang. Trotz der Drohungen der Wachen rannten fünf Soldaten los, von denen zwei nach Warnschüssen zurückkehrten. Die übrigen drei jedoch wurden etwa hundert Meter vor Erreichen des Beckens niedergeschossen. Die Wache würde einfach drei Männer »auf der Flucht erschossen« melden müssen – wozu sie ja das Recht hatte.

Doch allmählich drohte sich die Marschordnung aufzulösen, immer mehr Gefangenen blieben zurück und mussten gestützt werden. Wenn einer überhaupt nicht mehr konnte und sich auch niemand fand, der ihn stützte, so wurde er erschossen. Dennoch wäre es falsch, den schon etwas älteren deutschen Soldaten zu unterstellen, sie hätten uns absichtlich misshandelt. Wir waren ihnen schlichtweg gleichgültig. Die Wache handelte stets nach Vorschrift und wich von dieser keinen Millimeter ab. Ich beobachtete die Wachen stets aus den Augenwinkeln, ihnen erschien der Dienst lästig zu sein. Den ganzen Tag mussten sie neben uns hertrampeln, in voller Montur mit Gasmaske und Gewehr beladen, in Staub und Sonnenhitze. Im Übrigen bewegten wir uns langsam fort, mehr als drei Kilometer pro Stunde schafften wir trotz der seltenen Pausen nicht. Wenn jemand ein »natürliches Bedürfnis« ausführen wollte, so musste er nach vorne laufen, sich an die Seite stellen und danach sich dem Ende der Kolonne wieder anschließen. Die strenge Marschordnung aber hielten wir ohnehin nur bei Abmarsch und Ankunft ein, da sie den Deutschen das Zählen erleichterte. An diesem Abend erreichten wir endlich ein Lager, wo wir mit Wasser versorgt wurden, wir tranken unseren Durst weg.

Abb. 8: Kolonne sowjetischer Kriegsgefangener (1942)

Mit Vergnügen streckte ich mich neben Alexandrov auf dem noch heißen Boden aus und lauschte seinen Erzählungen aus dem kleinen Dorf in Sibirien, aus dem er stammte. Ich kam auf andere Gedanken und folgte zugleich meinem Prinzip niemals selbst zu fragen, sondern dem anderen zuzuhören um zu erfahren, was er für wichtig hielt. Das neue Lager war bereits mit Stacheldraht umgeben. Der Zaun war noch niedrig, wenn man zwei Mäntel darüber warf, konnte man gefahrlos darüber gelangen. Er hatte eher symbolische Bedeutung als Attribut eines echten Gefangenenlagers. Hier bekamen wir erstmals etwas zu essen, vier Tage war ich schon Gefangener, sechs Tage hatte ich nichts gegessen. Aus der nächsten Kosakensiedlung wurde Weizen herangekarrt, jeder Gefangene erhielt zwei Kilogramm. Mehr passte nicht ins Kochgeschirr. Wir wollten die Körner in Wasser kochen, aber wir hatten kein Brennholz. Von diesem Tage an sammelten die Soldaten alles, was brennbar erschien ein. Wir versuchten das Korn auch ohne Kochen, nur eingeweicht, zu konsumieren. Doch wir brachten es nicht hinunter und so setzten Alexandrov und ich das Fasten fort. Viele andere Gefangene aßen den Weizen roh – mit fatalen Folgen.

Innerhalb des Lagers fiel mir auf, dass sich die Leute nach Nationalitäten sammelten. In den Truppenteilen waren wir alle durchmischt, hier aber konnte man sich die Gefährten selbst zusammensuchen. Es bildeten sich kleine Gruppen aus Kasachen, Usbeken, kaukasischen Moslems und Christen. Die Russen drängte es nicht nach Absonderung, doch nach der Gruppenbildung der anderen blieben sie mit den restlichen kleineren Minoritäten übrig. Bereits im ersten Kapitel hatte ich die »nationale Frage« angeschnitten. Hier setzte sich dieses Thema fort. Nach Kriegsbeginn wurden zahlreiche Reservisten einberufen, aus Mittelasien und dem Kaukasus wurden unzählige Männer zur Armee einberufen, die nicht einmal des Russischen mächtig waren. Viele hatten auch vorher nie gedient. Sie verstanden überhaupt nicht, was mit ihnen geschah. Außerdem fehlte den Armeniern, Kasachen, Usbeken und Tadschiken jeder Antrieb. Die Kirgisen, Turkmenen und kaukasischen Moslems kämpften tapfer, aber nur für die eigene Sache. Viele von ihnen glaubten, dass eine sowjetische Niederlage ihnen Nutzen bringen würde. Das Ende der Unterdrückung ihrer kulturellen Identität wäre gekommen, die Russen würden vertrieben werden. Zudem hatte die Kollektivierung die Abneigung gegen die Zentralregierung verstärkt. Die Kaukasier wollten ihren Privatbesitz zurück. Und so war die Kampfkraft dieser Truppen höchst gering. Die Kommandeure wiederum betrachteten ihre mittelasiatischen und kaukasischen Soldaten automatisch als Faulenzer oder hielten sie für borniert. So fühlten sich die Soldaten zusätzlich zurückgesetzt. All dies brach nun in der Gefangenschaft heraus und die Deutschen nutzten diese Situation aus. Es wurden eigene Wehrverbände aus nationalen Minderheiten formiert.

Zurück zu den Problemen mit der Essenszubereitung in unserem Lager. Schon das Feuermachen stellte uns vor Probleme. Hier verstanden sich die Kasachen am besten, selbst mit geringstem Brennwert erzielten sie noch ein gutes Feuer. Stundenlang saßen sie darum herum, die Beine hochgeschlagen, und unterhielten sich in ihrer Landessprache. Sie glaubten das Schlimmste bereits hinter sich zu haben. Es gab im Übrigen keine Feuerzeuge. Das Feuer wurde mittels Zünder, Kieselsteinen und einem Stück Eisen entfacht. Viele russischen Soldaten, vornehmlich Raucher, kannten diese Methode bereits.

Abb. 9: Kaukasische Hilfstruppen der Wehrmacht

Tag für Tag passte ich mich den neuen Gegebenheiten besser an. Der ursprüngliche Schockzustand ließ nach. Mit Alexandrov hatte ich verschiedene Möglichkeiten zur Flucht erörtert, doch gab es keine Gelegenheit. Ringsum war nur leere Steppe, keine Wälder, dafür um so mehr deutsche Truppen. Die Front war weit und verlagerte sich immer mehr nach Osten. Nahrung hätten wir nur in den Siedlungen bekommen können, aber dort saßen die Deutschen. Außerdem waren wir noch völlig demoralisiert und davon überzeugt, dass es den Deutschen gelingen würde Stalingrad zu erobern. Es war ja nur eine von Hunderten von Städten, die schon erobert worden waren.

Bis zum 6. September 1942 dauerte die erste Phase der Gefangenschaft. Im Grunde befanden wir uns – neben einigen Pausen – stets auf dem Marsch nach Westen. Die ersten Tage wanderten wir entlang der Steppenwege und schliefen auf freiem Feld, da die Dörfer mit deutschen Truppen belegt waren. Diese aber zogen immer weiter nach Osten, so dass schließlich auch für uns Platz in den Orten war. Ziel unserer und vieler anderer Marschkolonnen war gemäß dem von den Deutschen erarbeiteten Evakuierungsplan der Eisenbahnknotenpunkt Millerovo. Neben der Stadt wurde ein großes Sammellager eingerichtet. Es befand sich im Freien, inmitten einer riesigen Schlucht. Der Ruf des Lagers war katastrophal. Glücklicherweise blieb mir der Aufenthalt dort erspart. Bis zum 6. September bewegten wir uns auf gewundenen Wegen dorthin. Wir passierten nacheinander die Kosakensiedlungen Dobrinka, Perelasovskaja, Bokovskaja, Oblivskaja und Černyškovskaja. Einmal stießen wir während einer Marschpause auf eine andere Kolonne. Da entdeckte ich meinen ehemaligen Chef Major Selipugin. Er war abgemagert und wirkte niedergeschlagen. Seine Bluse wies auf der linken Seite ein beträchtliches Loch auf, genau an der Stelle, wo sich früher der Rotbanner-Orden befunden hatte. Wahrscheinlich hatte er ihn nicht freiwillig herausgeben wollen. Wir sahen uns nur schweigend an und wendeten uns dann ab. Fast gleichzeitig erblickte ich noch zwei weitere gute Bekannte, den MSB-Kommissar Oberpolitleiter Pikalov und den Politleiter der medizinischen Kompanie des MSB. Das Gesicht des Letzteren ließ keinen Zweifel an seiner jüdischen Herkunft zu. Beide trugen keine Feldblusen. Der Grund war mir klar, Politleiter hatten auf dem linken Ärmel einen fest eingenähten Stern mit Hammer und Sichel – eindeutige Erkennungsmerkmale. Auch nach dem Abtrennen des Sterns blieb ein deutlicher Fleck zurück. Das Fehlen der Feldbluse allerdings fiel ebenfalls auf. Der Kompaniepolitleiter schien dem Untergang geweiht, solche Personen fischten die Deutschen recht rasch heraus. Ich nickte beiden mit dem Kopf zu, sie aber bedeuteten mir nicht näher zu treten. Sie wollten als einfache Soldaten durchgehen und in der riesigen Menge der Gefangenen untertauchen. Bald marschierte ich mit meiner Kolonne weiter. Ich dachte daran, dass gerade die Politoffiziere in ihrer Rolle als gekaderte Parteimitglieder immer wieder ihre Untergebenen aufgefordert hatten, »bis zur vorletzten Patrone zu kämpfen« und sich dann mit der letzten selbst zu erschießen, um nicht in Gefangenschaft zu geraten.

Von Alexandrov wurde ich getrennt, als Feldscher kam er zu einer anderen Kolonne. Aber wir konnten den Verwundeten ohnehin nicht helfen, da sämtliche Mittel hierzu fehlten. Den Platz von Alexandrov an meiner Seite nahm Major Chasanov ein. Er hatte bereits am Bürgerkrieg teilgenommen und befehligte zuletzt ein Garderegiment. Unzweifelhaft gehörte er auch der Partei an. Die Begegnung mit diesem Offizier hob meine Stimmung ein wenig. Ich sah nun ein, dass alle Soldaten in Gefangenschaft geraten konnten, selbst tapfere Kommissare und Gardeoffiziere. Also lag es nicht an der Ungeschicklichkeit eines einfachen Armeearztes, der ich war, dass ich mich in Gefangenschaft befand. Major Chasanov erzählte mir viel aus seinem Leben. Er trug im Übrigen eine einfache Soldatenuniform und gab sich als Gardist aus. Insgesamt blieben wir etwa zehn Tage zusammen. Bereits am ersten Tag hatte mir Chasanov mitgeteilt, dass er vorhabe zu fliehen. Ihm waren die bevorstehenden Schwierigkeiten durchaus klar, doch betonte er, man dürfe einfach nicht in Gefangenschaft verharren. Damit hatte er Recht. Chasanov war Tartare und ich erlernte einige

Begriffe dieser mir fremden Sprache. Ich schrieb die Ausdrücke auf Papierfetzen, die ich dann in ein Notizbuch einlegte, das ich bis heute aufbewahre. Eines Morgens war der Platz des Majors neben mir leer ...

Am neunten Tag der Gefangenschaft fand ein wichtiges Ereignis statt, wir wurden erstmals mit warmem Essen versorgt, das in einem großen Kessel zubereitet wurde. Die Speise nennt man in Russland »Balanda«, ein nahezu unübersetzbares Wort. Der deutsche Ausdruck »Trank« kommt dieser flüssigen, suppenartigen Nahrung am nächsten. Insgesamt hatte ich fast elf Tage gefastet und ich hatte fast nie Hunger verspürt. Das Ereignis fand in der Bahnstation Dobrinka statt. Vor uns waren von hier aus andere Gefangene nach Millerovo abtransportiert worden. Daher gab es hier zwei große Kessel und ein kleines Schutzdach, unter dem Tische standen. Das war die Küche gewesen. Das »Lagerterritorium« wurde rasch mittels zwei Gräben in drei Abschnitte eingeteilt. Im ersten befand sich die Küche, die beiden anderen dienten als Quartiere für die Gefangenen. Der Reihe nach wurden wir zur Küche geführt und jeder bekam eine Schöpfkelle Balanda. Sodann wanderten wir sogleich in den dritten Lagerabschnitt weiter. Auf diese Weise sollte verhindert werden, dass sich ein Gefangener eine zweite Essensportion verschaffte. Bis zu diesem Zeitpunkt hatte ich weder das Wort »Balanda« gekannt noch eine derartige Speise gekostet. Es schmeckte mir gar nicht und nur mit Mühe konnte ich den »Trank« herunterwürgen. Erst ab diesem Tag setzte bei mir wieder so etwas wie ein Hungergefühl ein. Der Hunger wuchs und bestimmte alsbald mein ganzes Denken und Streben. Während der Verteilung des Essens zeigte sich, dass nicht alle Gefangene Essnäpfe besaßen. Ihre Lage war geradezu tragisch: Kein Napf bedeutete kein Essen. Manche besaßen noch Helme, die sie als Geschirr verwenden konnten. Andere versuchten vergeblich ihre alten Feldmützen zu benutzen, doch lief die Balanda hier glatt durch. Ein solcher Gefangener hatte keine Zeit seinen Löffel – sofern er einen besaß – hervorzuziehen, sondern musste unter der Gefahr, dass er sich verbrühte, sogleich die Suppe austrinken. Die kleinen Feldkessel wurden also zu einem unschätzbaren Eigentum und mussten sorgsam aufbewahrt werden. Mir versuchte ein Gefangener meinen Napf zu stehlen, seitdem trug ich das Geschirr stets im Rucksack mit mir herum, nachts band ich es mir um den Körper.

Wir bekamen pro Tag zwei Schöpfer Balanda, aber kein Brot. Stattdessen gab es Ölkuchen, d.h. ausgepresste Sonnenblumensamen. Solche Ölkuchen waren als Nährzusatz für Tiernahrung durchaus geeignet, für das menschliche Verdauungssystem aber gar nicht. Man durfte nur Kleinstmengen konsumieren und musste diese gut durchkauen.

Es wirkten viele ungünstige Faktoren zusammen, schlechtes Wasser, schlechte, ungenügende Ernährung, der unverträgliche Ölkuchen und der

Schmutz rundherum. Als Folge entwickelten sich bei vielen Gefangenen Darmerkrankungen, ungefähr ein Drittel war betroffen. Bei manchen wurde der Stuhlgang schmerzhaft oder gar blutig. Die Deutschen wurden unruhig, fürchteten Ruhr und Unterleibstyphus, der unzweifelhaft auf die Wachmannschaften übergreifen würde. Ich glaube jedoch bis heute, dass nicht die Ruhr, sondern Darmentzündungen bestanden. Die Erkrankten saßen apathisch herum, konnten sich nicht mehr bewegen. An einem Morgen befahlen nun die Deutschen sämtliche Durchfallerkrankten auszusieben und sie an der Lagergrenze nebeneinander hin zu legen. Die Gesunden marschierten weiter, mir aber wurde befohlen bei den Kranken zu bleiben. Bald kam ein sehr großer deutscher Lastwagen mit einem ebenso großen Anhänger. Alle Kranken wurden hineingelegt, ich sprang ebenfalls auf. Nach etwa 20 Minuten Fahrt gelangten wir zu einem Holzschuppen, der auf umzäuntem Gebiet stand und über einen eigenen Brunnen verfügte. Die Kranken wurden am Eingang abgesetzt und das Lastauto brauste davon. Die Kranken schleppten sich in eines der beiden Zimmer im Haus oder verblieben im Hof. Nun verabschiedeten sich gar unsere beiden verbliebenen Wachsoldaten! Ich blieb als einziger Verantwortlicher zurück. Die meisten Kranken zogen es vor, gleich im Hof zu bleiben, da sie ohnehin alle 15 Minuten auf die Latrine mussten. Nach etwa 90 Minuten kam einer der beiden Wachsoldaten wieder zurück und brachte mir eine Flasche Manganlösung. Mehr Arzneien gebe es nicht, die Nahrungsmittelversorgung würde die örtliche Bevölkerung gewährleisten. Ab diesem Zeitpunkt kamen die Wachsoldaten nicht mehr vorbei, sondern beschränkten sich auf Fernkontrolle aus einem der Nachbarhäuser. Wenn ich etwas brauchte, musste ich vor dieses Haus treten, durfte aber nicht hineingehen – Quarantänemaßnahmen.

Ich kann mich nicht mehr genau erinnern, wie lange ich in diesem provisorischen Lazarett verweilte. Alsbald bekamen wir Nahrungsmittel – rohe Kürbisse. Ich verspeiste sogleich einen, weil ich ihn fälschlich für eine Melone hielt. Wir kochten für die Kranken Kürbisbrei, als Arzneien verwendete ich Manganlösung, die ich mit Holzkohle aufbereitete. Ruhe, Sonnenbäder, Kürbisbrei, Manganlösung, Kohle sollten die Kranken heilen. Doch die Durchfälle dauerten an und viele Kranke sahen aus wie lebende Skelette. Um den Flüssigkeitsverlust beim Durchfall auszugleichen, tranken alle viel Wasser. Gelegentlich fürchtete ich mich anzustecken, doch verdrängte ich derartige Gedankengänge. Zudem war ich bereits auf der Hochschule in Epidemiebekämpfung geschult worden. Mir war beigebracht worden, dass der Tod eines aufopferungswilligen Arztes bei einer Epidemie ebenso ehrenvoll sei wie der Tod auf dem Schlachtfeld.

Ich blieb gesund, 75% meiner Kranken starben. Die Übrigen genasen allmählich. So kam ich bald wieder ins Hauptlager zurück und wurde in die nächste Marschkolonne eingereiht, die gerade einen Arzt brauchte. Es regnete immer noch nicht, es gab noch mehr Staub. Plötzlich lief ich einem alten Bekannten über den Weg, Hauptmann Lojko. Er bemühte sich, als einfacher Soldat durchzugehen, hatte seine Offiziersmütze weggeworfen, aber immer noch die verräterischen Litzen auf den Schultern. Lojko war völlig erschöpft und fußlahm, er musste sich stets auf einen Stock stützen. Sein Mantel war im Divisionsstab geblieben. Abends deckten wir uns mit meinem Mantel gemeinsam zu.

Am folgenden Tag wurde mir klar, dass Lojko zu schwach war, um auf dem Tagesmarsch bis zum Abend durchzuhalten. Deshalb wandte ich mich hilfesuchend an den Wachunteroffizier, der daraufhin einen Lastwagen anhielt. Wir durften auf dem zweirädrigen Anhänger Platz nehmen. Solche Anhänger wurden gemeinhin zum Transport überlanger Baumstämme genutzt und waren für Personentransporte ungeeignet. Doch wir kamen glücklich im Nachtlager an. Die Fahrt werde ich nie vergessen. Wir rollten etwa zwei Meter hinter dem Kraftwagen her, aller aufgewirbelter Staub schlug uns geradewegs ins Gesicht. Wir konnten kaum atmen, geschweige denn die Augen öffnen. Mit den Feldmützen versuchten wir uns zu schützen. Wir wären sicherlich ein unterhaltsamer Anblick für Zuschauer gewesen, doch die Steppe war leer. Wir stiegen schließlich unweit des Lagers ab, das in kurzer Entfernung von einem Fluss lag. Das Lager war leer. Lojko und ich glichen Müllern, nur dass wir nicht weiß, sondern grau waren. Da wir einige Stunden vor der Kolonne angekommen waren, durften wir genügend Wasser trinken und uns baden. Anschließend trockneten wir uns in der Sonne, litten aber furchtbaren Hunger. Gegen Abend langte noch eine weitere Kolonne im Lager an. Sie wurde von einem Feldscher begleitet, der in der 181. Division der Autokompanie angehört hatte. Auch jetzt gab es Verwundete, die in einem Panjewagen transportiert wurden. Ich war der erste Arzt, der sich um sie kümmerte, aber ich besaß keine Mittel um ihnen zu helfen. Während des weiteren Marsches durchquerten wir häufig Siedlungen oder Gehöfte, so dass wir mit der Zivilbevölkerung in Kontakt kamen. Es waren vornehmlich Frauen, die in den Dörfern zurückgeblieben waren und uns mit Brot oder Äpfeln, manchmal auch mit Kürbisbrei versorgten. Die Wachsoldaten tobten, schritten aber nicht ein. Zu klar war unser Hunger zu erkennen. Aber sobald uns etwas zugeworfen wurde, geriet die Marschordnung gewaltig durcheinander. Zudem beschimpften sich die hungernden Soldaten in einer Art und Weise, wie sie nur das russische Idiom zulässt.

Das nächste große Durchgangslager befand sich neben der Kosakensiedlung Perlasovskaja. Ich kann mich genau an alles erinnern. Im Lager gab es drei Gebäude. Ein kleines Wohnhaus und zwei Scheunen, im Wohnhaus war ein Lazarett untergebracht. Es gab einen eigenen umzäunten Hof für das Lazarett, wo sich die Patienten mit ansteckenden Krankheiten aufhielten. Zwei ältere Ärzte und zwei Feldscher arbeiteten hier. Das Lager besaß auch eine Latrinenanlage, die jedoch schon nahezu voll war. Angehörige des Lazaretts erhielten die gleichen Hungerportionen wie die Gefangenen. Um vom Essen abzulenken, erzählte einer der Ärzte unaufhörlich kleine Geschichten und Witze, doch dieser Versuch der Ablenkung wollte nicht so recht gelingen. Wir konnten auch nichts für die Behandlung der Kranken tun. Mehrere Patienten hatten einen tiefen Eindruck bei mir hinterlassen. Da war der Soldat, der an Starrkrampf litt, weil er nach der Verwundung kein Serum erhalten hatte. Alle Muskeln verkrampften sich, auch die Halsmuskulatur, so dass er kein Wasser schlucken konnte und Durst litt. Der Mann lag auf der Diele und wir konnten nichts für ihn tun. Ein anderer litt an Erysipel (Wundrose). Sein geschwollenes, völlig entstelltes Gesicht war gerötet, die Lippen dick geschwollen. Es gab keinen Zweifel, beide Soldaten würden sterben. Der dritte Kranke, der mir bis heute im Gedächtnis ist, war ein Leichtverwundeter, dem ein Splitter im Oberarm steckte. Es entwickelte sich ein Gangrän (trockener Brand), die Hand und der Unterarm wurden starr, trocken, schrumpelten ein und verfärbten sich schwarz. Die Entwicklung setzte sich fort, der Schulterknochen war angegriffen. Gerade als ich ankam, griffen ein Arzt und sein Feldscher zu einem letzten Rettungsversuch und amputierten ohne jede Betäubung mittels einer Zimmermannssäge dem Mann dem Oberarm. Doch er spürte fast nichts, die Nerven waren bereits tot. Er hatte nun eine gute Chance zu überleben, aber nur um später dann zu verhungern.

Im Lager sah ich erstmals Gefangene, die an Hungerödemen litten. Sie saßen da mit angeschwollenen Beinen und Gesichtern. Sie waren schon länger in Gefangenschaft als wir und lagen in der Sonne, nahe bei der Latrine, die sie oft aufsuchen mussten. Sie sahen meine Litzen und glaubten, ich könnte ihnen im Lazarett helfen. Sofern sie noch konnten, riefen sie nach mir, wobei sie den Ausdruck »Pan« benutzten. Das wies sie als Westukrainer aus, vormals (bis 1939) polnische Staatsbürger. Der Ausdruck »Genosse« war in der Gefangenschaft ohnehin unüblich, eher rief man einander mit »He«, »Landsmann«, »Freund« bzw. »He, Schakal«.

Unerwartet traf ich im Lager auf meine ehemaligen Pharmazeutinnen Sverjako und Minovizkaja. Sie gingen zusammen, Sverjako nannte sie mit dem Vornamen »Tonja«. Ich war verdutzt, eigentlich hieß sie ja Esther. Aber mir wurde augenblicklich klar, dass diese Tarnung wichtig war, und nannte Minovizkaja ebenfalls Tonja. Sie teilten mir mit, dass sie Bekannte getroffen hatten, die gesehen hatten, wie General Novikov in Gefangenschaft geriet. Der Kommissar war zu diesem Zeitpunkt bereits verschwunden gewesen. Tags darauf wurde eine jüdische Familie (zwei Männer, eine Frau) in unser Lager eingewiesen. Das erregte große Aufmerksamkeit, den Juden wurde seitens der Lagerleitung befohlen die Latrine zu reinigen. Sie waren den ganzen Tag damit beschäftigt. Sie wurden von einem deutschen Soldaten beaufsichtigt, der stets einen Stock schwang, ihn aber nicht einsetzte. Dieser Anblick wirkte auf alle Gefangenen deprimierend, insbesondere aber auf Minovizkaja, die das Geschehen lange starr betrachtete. Am nächsten Tag verließen die beiden Pharmazeutinnen mit ihrer Kolonne das Lager und ich sah sie nie wieder.

Im Lazarett lernte ich wenig später eine Besonderheit in der Wundheilung kennen. Bei einem Wundverbandswechsel bemerkte ich, dass es in den Wunden vor Würmern nur so wimmelte. Gemeinhin aber bevölkerten die Würmer Gipsverbände, die nicht so häufig gewechselt wurden. Die Würmer entstammten den Fliegenlarven und Fliegen gab es im Überfluss. Die Würmer verursachten ein Gefühl des Brennens; insbesondere wenn man an den Wunden herumrieb, wurden sie zumeist zufällig entdeckt. An und für sich schadeten die Würmer der Wundheilung in keiner Weise. Im 19. Jahrhundert waren Würmer in Wunden, gerade im Sommer, nichts Besonderes. Einige Ärzte glaubten sogar, dass die Würmer eine Reinigung der Wunden betreiben würden und den Heilungsprozess beschleunigten. Während des Ersten Weltkrieges gab es hierzu auch experimentelle Forschungen.

Zweimal täglich gab es Essen, immer Balanda ohne Brot. Das Hungergefühl verstärkte sich bei allen Gefangenen. Eines Tages sah ich zur nahe gelegenen Kosakensiedlung hinüber, da dort Lastwagen eingetroffen waren. Plötzlich sprach mich von hinten ein deutscher Offizier an. Die Wache hatte ihm mitgeteilt, dass ich der deutschen Sprache mächtig war. Der Offizier stellte sich als Mitarbeiter der »ideologischen Abteilung« vor, war sozusagen ein deutscher Politkommissar, der mit mir über internationale Angelegenheiten zu plaudern wünschte. Zunächst wollte er wissen, weshalb die Rote Armee den doch offensichtlich sinnlosen Widerstand fortsetze. Ich erwiderte, dass der Krieg nun schon ein Jahr dauere und die deutsche Armee es nicht einmal geschafft habe, ein Fünftel des Landes zu erobern. Zudem bestünde stets die Gefahr der Eröffnung einer zweiten Front im Rücken der Deutschen. Das Gespräch ging noch eine Weile weiter und ich fragte nun meinerseits, warum die Deutschen ohne Kriegserklärung die Sowjetunion überfallen hätten. Die Antwort kam wie aus der Pistole geschossen – und ich sollte sie noch oftmals vernehmen dürfen: »Unsere Aufklärung hat uns zweifelsfrei gemeldet, dass die Sowjetunion uns in zwei Jahren angreifen wird. Also hatte der Führer keine andere Möglichkeit, wir mussten euch zuvorkommen!« Wir sprachen noch eine halbe Stunde, dann verabschiedete sich der Offizier und gab mir noch ein Brot mit Schinken mit. Am nächsten Tag aber war er schon wieder da und wollte nun über Weltanschauung und Philosophie diskutieren. Ich erwiderte, dass mich das auch interessiere, nur sei ich der deutschen Sprache nicht so mächtig, dass ich alle Fachausdrücke verstehen würde. Er fragte mich sogleich nach meiner Parteizugehörigkeit, worauf ich erwiderte, ich sei parteilos, den kommunistischen Idealen aber durchaus zugetan. »Der Materialismus ist schon seit langem besiegt«, war seine prompte Antwort. Zum Schluss teilte er mir noch mit, er werde nun nach Stalingrad fahren, das in den nächsten Tagen erobert würde. Sorgen bereite ihm nur der Einsatz seines Bruders auf der Krim (als Pilot). Zum Abschied gab er mir nochmals eine Stulle. Später habe ich es bedauert, ihn nicht nach seinen Idealen befragt zu haben. Was er wohl über die Zukunft dachte? Ob er wirklich nur seinem Führer vertraute? Mir hätte er ja alles erzählen können, ich hätte ihm nicht zu schaden vermocht. Wenn er in Stalingrad nicht gefallen war, so war er in Kriegsgefangenschaft geraten. Es wäre sicherlich reizvoll gewesen sich nochmals mit ihm zu unterhalten, ich als freier Mann und er als Kriegsgefangener. Wir hätten zum Beispiel über den Endsieg der Deutschen plaudern können, von dem er 1942 so restlos überzeugt gewesen war.

Am nächsten Tag jedoch marschierte ich mit einer Kolonne weiter. Es war eine riesige Menschenmenge und nur zwei deutsche Soldaten bewachten uns. Auf einmal kamen von der Seite Männer in seltsamer Kleidung, bewaffnet mit sowjetischen Gewehren auf uns zu. Sie trugen sowjetische Armeehosen und deutsche Feldblusen. Es waren Russen und Ukrainer, die mit den Deutschen kollaborierten. Diese Leute verhielten sich uns gegenüber gut, zumeist waren sie selbst erst einmal in Kriegsgefangenschaft gewesen. Die Ukrainer wurden Hiwis genannt, hilfswillige Truppen. Es gab junge Burschen, die von der Roten Armee nicht eingezogen worden waren, aber auch viele Fahnenflüchtlinge. Die meisten waren sich wohl bewusst, welches Schicksal sie erwartete, wenn die Deutschen den Krieg verloren. Doch zunächst sahen sie nur die Vergünstigungen und die deutschen Kriegserfolge im Sommer 1942. Die Hiwis begleiteten uns den ganzen September hindurch, zweimal schlug ihr russischer Kommandeur mir vor, zu ihnen überzutreten. Sie bräuchten Feldscher und Ärzte. Ich erwiderte jedoch, dass ich als Soldat der Roten Armee einen Eid geleistet hätte und solange die Rote Armee noch existiere, könne ich in keiner anderen Armee dienen. Weitere Kommentare verkniff ich mir aufgrund meiner damaligen Situation.

Zweimal begegneten wir deutschen Verbündeten, scheinbar waren es italienische Truppen, Kavalleristen (wahrscheinlich eher Bersaglieri, d. Hrsg.) die auf Maultieren ritten. Ich hatte diese Tiere vorher nie gesehen. Sie brüllten fürchterlich und schlackerten mit ihren langen Ohren. Die Kolonne versank in dichtem Staub, insgesamt war es ein höchst seltsames Schauspiel.

Unweit der Siedlung Bokovksaja hielten wir erneut an. Am Wegesrand stand ein abgeschossener T-34.

Das verschlechterte erneut unsere Stimmung. Plötzlich ertönte eine Explosion, alle warfen sich zu Boden. Es stellte sich heraus, dass inmitten der Kolonne eine Handgranate detoniert war. Wachpersonal war nicht verletzt worden, wohl aber sechs oder sieben Kriegsgefangene. Ich versorgte sie mit ihren eigenen Verbandspäckchen, die sie teilweise noch bei sich trugen. Die Deutschen berieten sich kurz, marschierten dann aber weiter. Ein Hiwi, ich und die Verletzten blieben am Wegesrand zurück. Nach einiger Zeit kam ein Kleinlaster vorbei, der uns am nächsten Gehöft absetzte. Der Hiwi fuhr weiter, wir blieben ohne Bewachung zurück. Die Deutschen glaubten ohnehin nicht, dass jemand entkommen könnte, alle litten ja unter Fußverletzungen. Außerdem waren überall deutsche Truppen stationiert. Die Bevölkerung versorgte uns mit Kürbisbrei und Äpfeln. Es gab nie Salz und als ich einmal doch gesalzenes Essen erhielt, erschien es mir versalzen. Nach fünf Tagen schließlich kam wieder mal ein Lastauto vorbei, um uns aufzusammeln. Wir wurden zur Kosakensiedlung Oblivskaja gebracht und in 1½ km Entfernung von der Siedlung in einer Schlucht abgeladen. Hier entstand ein kleines Lager. Unterwegs hielten wir in nahezu jedem Dorf, da das Begleitpersonal mit der Zivilbevölkerung über Lebensmittel verhandeln wollte. Ich wurde als Übersetzer eingesetzt und erstmals erhielten die Gefangenen auch Gemüse, Früchte und Milch. Einmal hielten wir nahe einer Meierei, wo sich auch ein Brunnen befand. Dort rastete gerade eine neu formierte deutsche Panzerkompanie. Die Soldaten, alles junge, kräftige Burschen, die bislang nicht in Russland gekämpft hatten, saßen oder lagen entlang der Zäune. Wir zogen sogleich ihre Aufmerksamkeit auf uns. Sie liefen heran und bombardierten unseren Chauffeur mit Fragen. Der verwies sie an mich weiter. Die Panzersoldaten waren in aggressiver Stimmung, sie meinten die Russen würden keinen ehrlichen Krieg führen, sondern die Deutschen mittels Partisanentaktik attackieren. Wege würden vermint und Brücken gesprengt. Ich antwortete, dass ich davon nichts wüsste. Tatsächlich gab es im Sommer 1942 im Don-Gebiet noch keine Partisanen.

Dann fragte ich die deutschen Soldaten, warum sie denn unter Bruch eines Freundschaftsvertrages die Sowjetunion attackiert hätten. Sie erwiderten stereotyp, Stalin habe einen Angriff auf Deutschland geplant. Die Propaganda hatte gute Arbeit geleistet: Die Soldaten glaubten an die Gerechtigkeit ihres Tuns und an die Notwendigkeit des Krieges. Später habe ich öfters an sie gedacht. Sie waren weitermarschiert nach Stalingrad, wo sie ihr Ende fanden. Ob sie wohl bis zuletzt an ihren Überzeugungen festgehalten hatten?

Endlich kamen wir am Abend in dem kleinen Lager (ein Vorwerk, drei Häuser) in der Schlucht an. Unweit befand sich ein kleiner Fluss, wo wir uns waschen konnten. Nach einer Woche marschierten wir kolonnenweise weiter Richtung Millerovo. Bis dahin wurden wir gut verpflegt. Zunächst erhielten wir leicht angeschimmeltes Schwarzbrot und Käse. Das Brot war eingeschweißt gewesen, auf der Verpackung war »Ausbackung 1939« aufgestempelt worden. Die Deutschen besaßen also die Technik zur Konservierung von Schwarzbrot – eine völlig neue Erfahrung für mich! Die Produkte galten für deutsche Soldaten als untauglich, wir aßen sie gerne, ohne dass sich negative Folgen zeigten. Nach einigen Tagen erhielten wir zusätzlich große Mengen an Marmelade und Kunsthonig, der in kubischen Hüllen verpackt war. Die Produkte waren an die Front geschickt, jedoch bei einem Eisenbahntransport beschädigt worden. Die Fässer platzten auf, die Marmelade ergoss sich auf den Boden und wurde mittels Schaufeln aufgesammelt. So war sie – ebenso wie der Honig – mit Erde vermengt, was uns aber nicht störte.

Während dieser Woche wurden wir zudem Zeugen einer gigantischen Explosion. An der nahe gelegenen Eisenbahnstation wurde Munition von den Zügen auf Lastwagen verladen. Rundherum waren zahlreiche deutsche Soldaten als Bewachung aufmarschiert. Plötzlich ereignete sich während des Tages zunächst eine, dann eine ganze Serie von Explosionen. Die Ursache blieb unbekannt, aber binnen fünf Minuten war der gesamte Bahnhof dem Erdboden gleichgemacht, überall brannte es. Wir waren außer Reichweite und begnügten uns mit der Zuschauerrolle. Nach der ersten Explosion stoben die deutschen Soldaten auseinander, die folgenden Erschütterungen wirbelten Teile der Waggons und Gebäude herum, gelbrote Rauchwolken stiegen empor. Sprengstücke flogen bis zu unserer Schlucht herüber. Das Feuer brannte noch drei Stunden lang. Die Kriegsgefangenen waren von Begeisterung und Schadenfreude erfüllt.

Hier im Lager traf ich zudem einen ersten richtigen Überläufer. Er hatte die Desertion schon lange geplant gehabt. Er war Oberleutnant gewesen und voller Hass auf den Kommunismus. Wahrscheinlich waren seine Angehörigen Repressalien unterworfen gewesen. Er prahlte auch, dass er bereits einen Kommissar verraten und ausgeliefert habe. Als Lohn hatte er sogleich neue Stiefel erhalten. Flugblätter hatten Überläufern Vergünstigungen ja versprochen. Jeden Tag betonte der ehemalige Offizier seine Sonderrolle, wurde aber sogar von den Hiwis herablassend behandelt. Der Mann war zudem durch eine Schusswunde an der rechten Hand verletzt worden, weshalb ich ihn behandeln musste. Die gute Wundheilung gab mir die Möglichkeit, ihn in eine Kolonne einzuweisen, die nach Millerovo abmarschierte. Am 5. September 1942 marschierte die letzte Kolonne ab, ich blieb mit etwa drei Dutzend geschwächten Kranken und Verwundeten zurück. Alle waren bereits wieder fast genesen, doch wusste niemand, was die Deutschen eigentlich vorhatten. Am 7. September schließlich erschien ein Lastwagen und wir verließen das Lager. Nach zwei Stunden Fahrt wurden wir an einer Kosakensiedlung unweit der Bahnstation Černyskovskaja ausgesetzt. Wir wurden in zwei leeren Häusern untergebracht, nebenan wohnten die ukrainischen Hiwis, die von einem deutschen Obergefreiten befehligt wurden. Er hatte eine schiefe Nase, Folge eines Boxunfalls. Der Obergefreite entstammte der Arbeiterschicht und stand sozialdemokratischem Gedankengut nahe. Mir offenbarte er seine Ablehnung gegenüber dem Nationalsozialismus. Er hatte den Winterkrieg mitgemacht und glaubte nicht mehr an einen deutschen Sieg. Gänzlich allein, nur von Ukrainern und Russen umgeben, deren Sprache er nicht verstand, suchte er stets Kontakt mit mir. Gerne sprach er vom Boxen, was mich nicht interessierte und so fragte ich ihn eines Tages, ob er Ernst Thälmann[3] kenne. Natürlich, aber den hätten die Nazis wohl schon umgebracht. Später erfuhr ich, dass dem nicht so war. Auch an einen jungen Hiwi namens Lovinenko erinnere ich mich. Er war Ukrainer, wurde nicht zur Roten Armee eingezogen und verlebte mit seiner Mutter den schwierigen Winter 1941/42. Dann kamen die Werber, kündeten vom baldigen Sieg der Deutschen und lockten mit Lebensmitteln für die Familie. Der ehemalige Komsomolze Lovinenko trat nun in ihre Dienste ein. Er machte sich keinerlei Gedanken über die Folgen dieses Schrittes. Unter den Kranken, die ich zu betreuen hatte, gab es auch einen völlig demoralisierten Major, der sich als gemeiner Soldat auszugeben suchte. Er hatte nicht vor zu fliehen, fürchtete aber gleichzeitig eine schwere Bestrafung, falls die Sowjetunion den Krieg gewann. So glaubte er an einen deutschen Sieg, weigerte sich aber auch den Hiwis beizutreten.

Nebenan waren deutsche Soldaten in einer Siedlung einquartiert. Die ebenfalls angeschlossene Kolchose hatten sie aber nicht aufgelöst, sondern den ältesten Bürger zum Vorsitzenden gemacht. Aus der Kolchose erhielten wir auch eintönige, aber nahrhafte Verpflegung (Kürbisbrei). Ich erinnere mich hier an eine Episode. Eine Frau wollte ein Schwein schlachten, benötigte dazu aber Hilfe. Daher wandte sie sich an Lovinenko, der aber auch nicht genau wusste, wie das ging. Also nahm er mich mit. Im Schweinestall angekommen empfahl ich das Tier doch einfach mit dem Gewehr zu erschießen. Doch benötigte Lovinenko zwei Schüsse und sogleich kam der aufgeregte Obergefreite herangelaufen, den ich jedoch zu beruhigen vermochte. Für unsere Dienste erhielten wir ein großes Stück Leber.

---

[3] Ernst Thälmann (1886–1944) stammte aus ärmlichen Verhältnissen, sein Vater war Gemischtwarenhändler in Hamburg. 1903 wandte sich der junge Thälmann der SPD zu. Zugleich arbeitete er als Werftarbeiter. Seine sozialistischen Aktivitäten machten ihn rasch polizeibekannt. 1913 tat er sich als Gegner der revisionistischen Parteilinie hervor. 1914–18 Soldat. 1918 Eintritt in die USPD, 1919 in die Kommunistische Partei Deutschlands (KPD), deren Chef er in Hamburg wurde. 1925 Wahl zum Vorsitzenden der KPD im Deutschen Reich. Engagierter Kampf gegen Nationalsozialisten und Deutschnationale, zugleich aber bedingungslose Ausrichtung des Parteikurses auf Stalin. Daher konzentrierte die KPD ab Ende der 1920er Jahre ihre Kräfte auf die Bekämpfung der SPD. Nach dem Verbot der KPD 1933 wurde Thälmann inhaftiert, zunächst bis 1937 im Gefängnis Berlin-Moabit, danach bis 1943 im Gerichtsgefängnis Hannover. Anschließend Verlegung nach Bautzen und im Sommer 1944 in das KZ Buchenwald. Dort Ermordung Thälmanns auf Befehl Hitlers am 18. August 1944.

Nach drei Wochen stellte der deutsche Obergefreite fest, dass alle Gefangenen gesund seien und verfrachtete uns zur Bahnstation. Wir erhielten Verpflegung für einige Tage Bahnfahrt. Vor der Abfahrt wurde jedoch durchgezählt und es stellte sich heraus, dass zwei Gefangene fehlten. Das wunderte uns nicht, einige Frauen aus dem Dorf hatten sich mit ihnen verabredet. Die anschließende Suche blieb erfolglos. Der Obergefreite nahm es gelassen. Er vermerkte die beiden Fehlenden als verstorben.

Wir wurden in zwei Güterwaggons verladen. Einer der Waggons war leer und hier mussten die Gefangenen Platz nehmen. Ich hingegen landete mit der Wachmannschaft im zweiten Wagen, der auch einige Kisten Transportgut enthielt. Nach einigen Stunden wurden wir an einen westwärts fahrenden Zug angekoppelt. Das bedeutete, dass wir nicht nach Millerovo verbracht würden, was uns sehr freute. Diese Fahrt bedeutete aber auch das Ende der ersten Phase unserer Gefangenschaft. Bislang hatten wir uns in der Frontzone befunden, juristisch unterstanden wir der Wehrmacht. Manche glaubten, es würde so ähnlich weitergehen. Das war ein Irrtum, die »echte« Gefangenschaft begann mit unserer Ankunft in Charkov. Der Zug rollte langsam und blieb an sämtlichen Haltepunkten stehen, stets waren die Perrons dicht gefüllt mit Frauen und Kindern. Sie alle schienen zu warten. Ohne ein Zuhause vegetierten sie auf den Bahnhöfen. Wovon lebten sie? Wenn gerade kein Deutscher in der Nähe war, rannten sie herbei und fragten uns aus, ob wir vielleicht ihrem Mann oder Sohn begegnet waren. Nie gaben sie die Hoffnung auf.

Uns fiel rasch auf, dass im Zugverband ein Waggon gänzlich leer war. Doch an einer der nächsten Stationen stieg eine große jüdische Familie zu. Sie umfasste etwa acht bis neun Personen. An der Spitze stand der mit einem hellen Hemd und Weste bekleidete, dunkelhaarige und kleinwüchsige Vater, der etwa 45 Jahre alt sein mochte, aber gealtert wirkte. Seine Frau war etwas jünger, neben ihr stand eine weitere Frau und eine Schar von Kindern zwischen zwei und zwölf Jahren. Sie machten einen erschöpften, abgemagerten und schmutzigen Eindruck. Ihre Kleidung war von einer dicken Staubschicht bedeckt, Gepäck hatten sie keines. Kaum waren sie eingestiegen wurde ihre Wagentür plombiert. Der Zug fuhr weiter. Die Fahrt dauerte etwa vier bis fünf Tage. An den Haltepunkten verließen die Hiwis den Zug und holten Wasser, die Gefangenen ernährten sich aus ihren Beständen. Die jüdische Familie bekam nur etwas Wasser.

In Charkov hielt unser Zug am Zentralbahnhof, alle anderen Gleise waren leer. Wir wurden bereits von einer Wache erwartet. Zunächst öffnete man die Tür des »Judenwagens«. Es war ein furchtbarer Anblick. Der Familienvater lag auf dem Rücken mit zurückgebogenem Kopf, sein starrer Blick war nach oben gerichtet. Offenbar lag er schon im Sterben. Ein mir unbekannter Unteroffizier stieß ihn verächtlich mit einem Stock und brüllte ihn an, er solle aufstehen. Ich wurde zum Übersetzen gerufen, doch sogleich wurde auch ich angebrüllt.

»Einen Dolmetscher brauche ich nicht – alle Juden verstehen deutsch. Ich weiß, Du verstehst alles, was man Dir sagt.«

Die ganze Familie drängte sich aneinander im gegenüberliegenden Winkel des Waggons. Pure Verzweiflung blickte mich aus ihren Augen an. Ich wurde genötigt, doch zu übersetzen, sagte aber dem Unteroffizier ins Gesicht, der Familienvater sei kein Simulant, er sterbe wirklich. Rasch wurden die Juden in ein Lastauto verladen, Hiwis trugen den alten Mann. Ich nahm an, dass sich in Charkov ein Getto befinden musste.

Nach etwa 20 Minuten erschienen seltsame Fuhrwerke, Kastenwagen ohne Gabeln. Sie wurden von Menschen gezogen, vorne und hinten zogen und schoben sieben bis acht Kriegsgefangene. Doch unsere Kranken waren schon wieder gesundet, es gab also keinen Grund die Wagen zu benutzen.

Der Bahnhof in Charkov schien unbeschädigt zu sein. Es waren aber nur wenige Menschen zu sehen, Eisenbahner, deutsche Offiziere und drei oder vier Frauen in Zivil. Der große Platz vor dem Bahnhof war öde und leer, auf den Trottoiren waren nur einzelne Fußgänger zu sehen. Eine kleine Bude hatte geöffnet, Kunden aber waren nicht in Sicht.

Charkov – Poltava

Die Leute, welche die Kastenwagen geschoben hatten, waren Sanitäter im Kriegsgefangenspital, das sich unweit des Bahnhofs im ehemaligen Frauengefängnis befand. Es handelte sich um ein typisches Gefängnisgebäude, vier Stockwerke hoch mit dicken Wänden und Türen. Die kleinen Fenster waren vergittert und spezielle Außenverkleidungen ließen nur Licht von oben in die Zellen fallen. Die Zellen wiederum waren verschieden groß, aber nicht abgeschlossen, so dass man im ganzen Gebäude herumgehen konnte.

Der Hof war klein und von einer hohen Mauer umgeben. In einer Ecke des Hofes befand sich die Küche. Die Kanalisation funktionierte nicht und so behalf man sich mit einer Latrine. Immerhin war die Wasserleitung unbeschädigt. Die innere Ordnung hielt eine Lagerpolizei aufrecht, die aus Kriminellen bestand. Sie terrorisierten die Gefangenen und stahlen ihnen alles, vornehmlich Schuhwerk und Kleidung. Die Sanitäter machten es nicht anders, gingen aber subtiler vor. Sie schlugen einem Gefangenen beispielsweise einen Handel vor: gute Schuhe gegen schlechte Schuhe. Lehnte der Gefangenen verständlicherweise ab, so erwiderten sie: »Du bist sehr dumm. Morgen nehmen wir dir die Stiefel sowieso weg und dann läufst du barfuss umher. Aber alte Schuhe wird dir niemand klauen.« Dann wurde getauscht und als Zugabe erhielt der Gefangene noch einen Laib Brot. Dieses Brot aber war tags zuvor von den Sanitätern aus der Gesamtration der Gefangenen entwendet worden, in anderen Fällen hatten sie einfach die Portionen bereits verstorbener Gefangener einbehalten. Die Nahrungsmittelversorgung wiederum lag in den Händen der Lagerpolizei, die zudem sämtliche konfiszierten Gegenstände auf dem Schwarzmarkt in Charkov versilberte bzw. gegen Spirituosen eintauschte. Häufig prügelten die Polizisten auf Gefangene ein, z.B. bei Befehlsverweigerung. Ich sah wie ein Mann geschlagen wurde, weil er sich eine zweite Portion Balanda erschleichen wollte. Der nächststehende Polizist schlug ihn und brüllte ihn an: »Man sagte dir doch, du solltest dich nicht in Gefangenschaft begeben. Du hast den Eid gebrochen, du hast dich nicht erschossen. Vielleicht bist du sogar freiwillig desertiert? Du wolltest die Sowjetmacht nicht verteidigen? Dann empfange jetzt deine Strafe!«

Während der Gespräche mit Polizisten erklärten sie mir, eine nützliche Aufgabe zu erfüllen. Schließlich schafften sie durch diese unerträglichen Verhältnisse geradezu vorzügliche Vorbedingungen, um die Gefangenen zur Flucht zu animieren. Oder aber man sagte mir, diese Verräter verdienten kein Mitleid. Diese Überlegungen besaßen alle eine gefährliche Logik, die Gefangenen wurden für vogelfrei erklärt.

Die Deutschen hielten sich aus der inneren Lagerorganisation heraus und verlangten nur täglich über die Vorgänge unterrichtet zu werden. Der Chefarzt war nominell dem Oberpolizisten unterstellt, besaß aber eine gewisse Selbständigkeit. Das Spital wurde gleichzeitig von zwei Instanzen kontrolliert, der Kommandantur und dem Sanitätsdienst. Bisweilen erschien ein deutscher Militärarzt, der die Lagerpolizei gar nicht zur Kenntnis nahm. Der Chefarzt hatte also die Möglichkeit ihm persönlich mitzuteilen, was er für wichtig hielt.

Sofort nach meiner Ankunft wurden wir alle desinfiziert. Gerade hier war der Tauschhandel in vollem Gange, nur mir wurde weder etwas angeboten noch weggenommen. Ich trug nur die alte Sommeruniform, die Kunstlederstiefel waren geflickt, der Militärmantel zerschlissen. Anschließend wurden wir auf die Krankenzimmer verteilt, nur ich landete direkt bei den Ärzten. Wir bewohnten zusammen eine Großraumzelle im obersten Stockwerk. Es gab eiserne Kojen, einen kleinen Tisch und ein paar Schemel. Es wohnten bereits sechs Ärzte und ein Pharmazeut dort, Letzterer kam aus Moskau. Ein Arzt hatte früher in Stalingrad gewohnt, wo noch immer seine Angehörigen lebten. Alle anderen waren schon länger in Gefangenschaft als ich. So konnte ich ihnen einige Neuigkeiten mitteilen, allein die neueste Meldung, dass Stalingrad von den Deutschen erobert worden sei, wollten sie nicht so recht glauben. Und sie behielten Recht mit ihrer Skepsis.

Die Situation von Ärzten und Kranken war hier die gleiche wie auch in anderen Lagern. Doch gab es nur wenige Verwundete, einige Männer mit Knocheneiterungen nach Schussverletzungen waren die einzigen Kriegsverletzten. Ihre Kameraden waren entweder schon wieder gesund – oder bereits tot. Wir alle hatten Hunger, bekamen wir doch nur zweimal täglich Essen. Am Morgen »Tee«, 300 g Schwarzbrot minderer Qualität und 10 g undefinierbaren Muses. Am späten Nachmittag gab es dann noch 500 g wässriger Balanda. Sie wurde zwar aus Abfällen gekocht, schmeckte aber besser als die in anderen Lagern. Bei solch einer Verpflegung konnte man – vorausgesetzt, man musste nicht schwer arbeiten – drei bis vier Monate durchhalten. Wenigstens funktionierte die Heizung noch, was wir insbesondere im Winter zu schätzen lernten. In der Küche und der daneben befindlichen Wäscherei/Desinfektionsabteilung arbeiteten Frauen, gefangen genommene Krankenschwestern. Sie mussten nicht hungern, wohnten zudem abgetrennt von den Männern. Sie waren alle erst vor kurzem in Kriegsgefangenschaft geraten. Im Lager lief das Gerücht um, alle vorher gefangen genommenen Frauen seien bereits freigelassen worden.

Ich bekam zwei Krankenzimmer, d.h. zwei Zellen ohne Möbel. Die Kranken mussten direkt auf dem Steinfußboden schlafen. Eigentlich gab es nur zwei wirklich Kranke, einen Augen- und einen Hautkranken, doch konnte ich keinem von ihnen helfen. Daneben gab es einige genesende Verwundete und mehrere Leute mit Hungerödemen, insgesamt 40 Mann. Doch konnte ich ihnen nicht wirklich helfen, der Rundgang dauerte nur zwei Stunden, 22 Stunden blieb ich unbeschäftigt. Ich besprach mich mit anderen Ärzten, vor allem über drei Themen.
1. Das Essen, ein ideales Thema für Hungernde
2. Lebenserinnerungen
3. Die Kriegslage.

Letzteres war wohl das interessanteste Thema, doch verhinderte der Informationsmangel tiefergehende Diskussionen. Gelegentlich erhielten wir ukrainische Zeitungen, die von den Nationalisten in Kiev und Charkov herausgebracht wurden. Ihren Meldungen schenkten wir aber keinen Glauben. Insgesamt lebten im Spital 300 bis 400 Menschen. Die Untätigkeit während des Tages verstärkte nur das Hungergefühl, während der Arbeit spürt man bisweilen gar keinen Hunger. Lästig war auch, dass wir keine Bücher besaßen. Die ukrainischen Zeitungen verstand ich kaum und musste mir immer von Kollegen helfen lassen. Aus den Berichten war zu entnehmen, dass Stalingrad schon gefallen sei und nur an einzelnen Punkten noch gekämpft werde. Es gelte nur noch »wilde Horden« am linken Wolga-Ufer zu zerschlagen.

Der bemerkenswerteste Ort im Spital war aber zweifellos die Latrine. Niemals habe ich früher oder auch später eine solche Sauberkeit gesehen. Der Grund war offensichtlich, die Deutschen fürchteten den Ausbruch von Seuchen (Ruhr, Typhus, Cholera) und verlangten daher unbedingte Sauberkeit der Latrinen. Zu diesem Zweck wurde eigens ein Polizeiposten abgestellt. Bei der kleinsten Missachtung der Hygienevorschriften schlug er sofort zu.

Nach der Befreiung kam mir mehrmals der Gedanke, dass ein Polizist mit Schlagstock in den öffentlichen Bedürfnisanstalten Russlands sicherlich von großem Nutzen sein würde ...

Die Latrine wurde nur während des Tages benutzt, nachts schloss man das Gebäude einfach ab. Stattdessen mussten die Gefangen Fässer (Paraschen) benutzen, was insbesondere für geschwächte und durchfallgeplagte Kranke schwierig war. Weitere Probleme bereiteten die Läuse, denen auch mit mehrmaligen Desinfektionsfeldzügen nicht beizukommen war. Die Folgen ließen nicht lange auf sich warten.

Der Chefarzt des Lagers, N.N. (der Name ist mir entfallen) war offenbar ein Helfershelfer der Deutschen. Möglicherweise war auch der Name, den er uns nannte, falsch. Er benahm sich wie ein Polizist, brüllte die Kranken an und schlug sie manchmal mit seinem breiten Gürtel. Stets trug er eine Offiziersuniform der Roten Armee ohne Litzen. Alle Aufträge und Befehle der Deutschen erfüllte er mit großer Gewissenhaftigkeit, wodurch er sich das Vertrauen der Besatzer erschmeichelte. Später, als ich schon in einem anderen Lager war, erfuhr ich, dass er kein Arzt, sondern nur Feldscher war. In Charkov war dies ohne Bedeutung, wir konnten ohnehin keine Operationen durchführen. Er wohnte abgesondert von den anderen Gefangenen in einem Gebäude, in dem auch Frauen wohnten, wir aber keinen Zutritt hatten. Auch nahrungstechnisch hatte N.N. keine Probleme.

Viele Soldaten waren schon 1941 in Kriegsgefangenschaft geraten, gerade sie befanden sich in einem besonders schlimmen Zustand. Ihre Kleidung und die Schuhe zerfielen. Eines Tages wurden im Spital Holzschuhe aus Westeuropa (Holland) verteilt. Dort benutzt man im Herbst und Winter solche Schuhe bis heute. Das wussten die Gefangenen aber nicht und glaubten, das Schuhwerk sei von den Deutschen speziell für Gefangene konzipiert worden, so dass sie ihm den Spitznamen »Fußblöcke« verpassten. Wenn eine Gefangenenabteilung eine Treppe hinaufmarschierte, veranstaltete sie einen Krach, der dem einer Kavallerieeinheit auf Kopfsteinpflaster gleichkam. Da meine Stiefel noch nicht völlig zerfallen waren, erhielt ich keine Fußblöcke.

Seltsam, aber wir besaßen im Lazarett eine Laienkunstabteilung, Freizeit hatten wir genug und elektrisches Licht gab es auch noch. Ich kannte die Gruppe nicht, aber einige Ärzte, die daran teilnahmen. Ihre Instrumente – Gitarre und Balalaika – lagerten in unserem Zimmer. Fast täglich war das Spiel zu vernehmen. Die Zeit verging rascher und so auch das Hungergefühl. Zudem erhielten die Teilnehmer nach jedem Auftritt etwas zu essen.

Ich verstand langsam, dass man auf die Dauer in Charkov dem Untergang geweiht war und sagte darum N.N., dass ich verlegt werden wollte. Er hatte nichts dagegen und drei Tage später erhielt ich die Genehmigung samt der Anweisung, mich am nächsten Morgen bereit zu halten. Ich sah am nächsten Morgen, wie die Lagerpolizei eine Kolonne zusammenstellte, die nach Deutschland verbracht werden sollte. Mir war es egal. Doch im letzten Moment stellte sich heraus, dass ich nicht auf der Transportliste stand.

Bald nach unserer Ankunft machten sich erste Fälle von Flecktyphus bemerkbar, die Zahl nahm zu. Auch einer der Ärzte erkrankte, doch blieb er bei uns. Läuse als Überträger fehlten in unserem Raum. Der Kollege erkrankte schwer, verlor nach drei Tagen das Bewusstsein und starb kurz darauf. Sein Geld wurde geteilt, die Taschenuhr gegen 1½ Laib Brot getauscht. Die Typhusepidemie aber breitete sich aus, auch zwei der mir anvertrauten Patienten erkrankten. Die Deutschen begannen nun hektisch mit Aktivitäten. Das alte Kaiser-Alexander-Spital wurde zum Infektionskrankheitsammelpunkt erklärt und alle Kranken dorthin geschafft. Wachen und Polizei gab es nicht, die Kranken waren ohnehin zu schwach für eine Flucht.

Am 10. November 1942 empfand auch ich Kopfschmerzen und Schwächegefühle, erstere verstärkten sich am folgenden Tag. Ich blieb im Bett, ohne jeden Appetit. Ich nahm an, keinen Flecktyphus zu haben, da ich ja lausfrei war. Die Kopfschmerzen dauerten an, ich schlummerte über zwei Tage dahin. Am vierten Tag erschien ein deutscher Arzt in Begleitung von N.N. Dieser bedeutete seinem deutschen Kollegen, dass auch ich betroffen sei. Ich wunderte mich darüber, schließlich litt ich doch nur an Kopfschmerz, Schwächegefühl und Taubheitsgefühlen. Erst später erfuhr ich, dass ich im Zusammenhang mit dem Typhus einen Hörsturz erlitten hatte. Noch am gleichen Tag wurde ich nachmittags mit zwei anderen Kranken ins Alexanderhospital verbracht. Unterwegs verlor ich das Bewusstsein und als ich erwachte stellte sich heraus, dass ich etwa eine Woche lang geschlafen hatte. Ich konnte dies an den Brotrationen erkennen, die neben meinem Bett lagen. Verwundert betrachtete ich das Krankenzimmer: gute Betten, reine Laken, Kissenüberzüge, Handtücher. Zudem gab es Nachttische und Krankenschwestern. Noch immer war ich schwach und hörte schlecht. Der Hunger aber kehrte rasch zurück. Innerhalb von zwei Tagen aß ich das gesamte Brot auf, der Geschmack der Balanda entzückte mich. Doch nach jedem Essen steigerte sich das Hungergefühl noch mehr. Sehr langsam kehrten meine Kräfte zurück. Nach zwei Tagen vermochte ich mich wieder aufzusetzen. Die beiden Krankenschwestern, die uns im Schichtdienst umsorgten, halfen mir dabei und machten Übungen mit mir. Ich schloss daraus, dass eigentliche Arzneien nicht zur Verfügung standen. Leitende Ärztin war eine etwa 50-jährige, völlig kahlköpfige Frau. Sie war zweimal (1920, 1942) an Flecktyphus erkrankt und hatte dabei ihre Haare verloren. Auch ich verlor meine Haare, die nur langsam nachwuchsen. Langsam verbesserte sich mein Gehör, doch eines Tages erlitt ich einen Rückschlag. Am nächsten Morgen bemerkte ich Flecken auf den Kissen: Eiter, der sich aus den Ohren absonderte. Die Ärztin verordnete Ohrentropfen, bestehend aus 2%iger Wasserstoffsuperoxydlösung, die ich mir alle drei bis vier Stunden selbst verabreichte. Nach etwa sieben bis zehn Tagen verschwand die Eiterung völlig und nach fast vier Wochen war das Gehör wieder ganz normal.

Später las ich, dass heftiger Hunger eine Begleiterscheinung des Genesungsprozesses bei Bauchtyphus sei. Die Kriegsgefangenen, die nicht so gut verpflegt wurden wie ich, litten daher umso mehr. Deshalb versuchten einige Kranke den noch geschwächten Kameraden das Brot im Krankenhaus zu stehlen. Auch bei mir versuchte dies einmal ein hagerer, hochgewachsener Bursche, doch ich war kräftiger. Zu einer Prügelei kam es nicht, ich komplimentierte ihn nur mit Worten hinaus, um ihn anschließend noch zu bemitleiden. Endlich wurde ich wirklich gesund, ich war imstande auf dem Korridor herumzulaufen. Am 14. Januar 1943 schließlich marschierte ich mit anderen Ausgeheilten unter Bewachung zurück ins Frauengefängnis. Noch geschwächt und der ungewohnt kalten Luft ausgesetzt, wankten wir durch die öde Stadt zurück. Es dämmerte, einige beleuchtete Kioske hatten schon geöffnet.

Im Spital des Gefängnisses war alles wie früher. Mit Freude setzte ich mich neben den warmen Ofen und erzählte von meinen Erlebnissen. Mein Bett stand bereit. Beim Auskleiden jedoch bemerkte ich eine Schwellung auf meinem rechten Fuß. Auch der linke Fuß wies die gleiche Absonderlichkeit auf. Da drückte ich auf den inneren Bereich meines Unterschenkels und eine Einkerbung blieb bestehen: Wasser in den Beinen, Folge des Hungers – das Zeichen des baldigen Todes. Doch ich hatte noch einmal Glück. Nach vier Tagen erhielt ich den Befehl, im Hof zu erscheinen. Mit einem Dutzend anderer Gefangener wurde ich in das Lager »Kalter Berg« bei Charkov verlegt, das uns nur dem Namen nach als verrufenes Lager bekannt war. Auf dem »kalten Berg« befand sich schon lange ein Gefängnis, das in sowjetischer Zeit mehrmals erweitert worden war. Denn die bolschewistische Regierung hatte die Zahl der Gefangenen verhundertfacht. Es gab mehrere große, dick gemauerte Gebäude, die von einer Mauer umgeben waren. Das Lazarett besaß ein eigenes Haus, wohin auch meine Gruppe verwiesen wurde. Während des Auskleidens bemerkte der Sanitäter sogleich meine grünen Litzen und brachte mich zu den anderen Ärzten. In der mir zugewiesenen Zelle schlief ein Feldscher, zwei Betten waren noch frei. In der Mitte des Raumes stand ein Tisch, Licht drang nur durch ein kleines, hoch gelegenes Fenster herein. Aber wir hatten elektrisches Licht. Vor Müdigkeit und allgemeiner Schwäche sank ich sofort ins Bett. Bald jedoch kam der Feldscher und wir machten uns bekannt. Er schien wohlgenährt zu sein – und tatsächlich erhielten die medizinischen Funktionshäftlinge in diesem Lager genügend zu essen. Ganz im Gegensatz zu den Kranken übrigens. Dreimal täglich gab es Nahrung und ich erhielt sogleich eine große Schüssel dickflüssiger Balanda mit beigekochter Hirse. Der Feldscher lachte über meine Gier beim Essen und brachte mir sogleich eine zweite Schüssel ...

Der Aufenthalt auf dem kalten Berg hatte für mich lebensrettende Bedeutung, die kurze Zeit dort genügte um mich zu stabilisieren. Es gab auf Wunsch mittags und abends doppelte Portionen. Mein Zimmergenosse begnügte sich stets mit einer halben Portion, d.h. 0,5 Liter Balanda, ich aber konsumierte etwa zwei Liter am ersten Abend. Und selbst diese Menge konnte mich nicht satt machen. Morgens erhielt das Personal 250 bis 300 g Schwarzbrot, dazu »Tee«, ansonsten gab es stets die dickflüssige und nahrhafte Balanda. Die Kriegsgefangenen und Kranken erhielten morgens die gleiche Portion wie wir, aber später nur noch einmal etwas zu essen, etwa 0,5 l Balanda. Dies führte jedoch zum langsamen, aber sicheren Tod.

Chefarzt des Lazaretts war ein junger Berufsoffizier und Absolvent der militärmedizinischen Akademie Leningrad, K.R. Serov. Erst nach vielen Jahren habe ich erfahren, dass er Jude war. Er war von lebhaftem Geist, aktiv und besaß Charme. Auf diese Weise vermochte er vorzüglich mit den Besatzungsbehörden umzugehen und sich zugleich das Wohlwollen seiner Untergebenen zu sichern. Sogar mit der Lagerpolizei kam er aus, so dass diese sich nur außerhalb des Lazaretts betätigte. Serov kooperierte mit einer antifaschistischen Organisation und versteckte gelegentlich Oppositionelle unter den Kranken. Zudem ermöglichte er einigen Gefangenen die Flucht aus dem Lager. Wir bemühten uns, völlig normal mit ihm zu verkehren.

Ich selbst arbeitete auf dem kalten Berg nicht als Arzt, vielmehr unternahm ich Rundgänge durchs Lager um Kranke herauszufiltern und ins Lazarett zu schaffen. Auf diese Weise lernte ich auch das Lager kennen. Man konnte ja überall herumgehen, da die Zellen nicht abgeschlossen wurden. Das war der Unterschied zwischen einem gewöhnlichen Gefängnis und dem Kriegsgefangenenlager. Gleichwohl gab es auch ein Gefängnis in Charkov, das ich ebenfalls aufsuchen musste. Die kleinen Fenster aller Gebäude wiesen weder Rahmen noch Scheiben auf, die Räume wurden nicht geheizt und das bei −8 bis −12° Celsius. Desto überraschter war ich, wenn ich ins Innere trat. Die Zellen waren völlig überfüllt, die Luft schwülwarm. In den Räumen standen sechs bis achtstöckige Pritschen, alle voller Gefangener. Bei jedem Rundgang fand ich etwa zehn kranke Gefangene, die ich umgehend in das Lazarett überführen ließ. Das geschah im Einklang mit der Lagerleitung, gestorben werde sollte nicht im Lager, nur im Lazarett. Zehn Tote pro Tag, das war die Norm. Polizisten sah ich im Lager nie, wohl aber im Gefängnis. In dessen innerem Bereich wurden »Verbrecher«, d.h. Flüchtlinge und Partisanen gefangen gehalten. Hier gab es nur kleine Zellen, doch die zwei bis vier Insassen konnten sie nicht mit ihrer Körperwärme erwärmen. Es gab zwar Fensterscheiben, doch waren diese völlig vereist. Wie lange konnte man unter solchen Umständen überleben? In einer Zelle befanden sich vier »Partisanen«, darunter eine Frau. Sie trugen warme Zivilkleidung, aber schlafen konnten sie trotzdem kaum. Man sagte mir, dass diese Partisanen aus Weißrussland nach Charkov deportiert worden seien, um jeden Kontakt zur Außenwelt zu unterbinden. Bald wurden sie abgeführt, wahrscheinlich erschossen. Nur wer in deutsche Dienste wechselte, hatte die Möglichkeit zu überleben und als Spitzel zu arbeiten. Eine einzige Zelle wurde beheizt, darin befanden sich drei sowjetische Fliegeroffiziere in voller Montur. Einer trug den Lenin-Orden und den goldenen Stern eines Helden der Sowjetunion. Sie waren frei von Beschwerden, froren nicht. Sprechen konnte ich aber nicht mit ihnen, da ich stets in Begleitung von zwei Lagerpolizisten war. Einige Tage später befanden sich in den Zellen schon wieder andere Leute.

Zehn Tage hatte es nur gedauert, bis meine Wasserschwellungen wieder verschwunden waren. Auch das dauernde Hungergefühl ging vorüber und ich überließ den Großteil meiner Portionen einem geschwächten jungen Soldaten im Krankenzimmer. Wäre ich länger am kalten Berg geblieben, so hätte ich ihm auf diese Weise das Leben retten können. Doch mittlerweile entwickelte sich die Lage an der Front ganz anders, als dies im Sommer 1942 den Anschein gehabt hatte. In Stalingrad waren die Deutschen vernichtend geschlagen worden und im Januar eröffneten sowjetische Armeen eine Offensive in Richtung Voroneš und Brjansk. Die Front näherte sich Charkov und die Deutschen begriffen, dass sie die Stadt aufgeben mussten.

Als Erstes wurden die Kriegsgefangenen evakuiert. Dadurch verging uns rasch die Freude über den Sieg unserer Armeen. Zudem sollten alle kranken und daher nicht transportfähigen Soldaten erschossen werden. Ende Januar 1943 verließen wir in langen Marschkolonnen unser Lager. Im Lazarett harrten wir ahnungslos der weiteren Dinge. Doch plötzlich kam der Befehl, dass alle, die sich nur auf den Beinen halten konnten, sofort mit abziehen sollten. Auch ich musste mit marschieren. Später erfuhren wir, dass die zurückgebliebenen Kranken nicht erschossen, sondern von der Roten Armee befreit wurden. Aber auch nach der Befreiung starben viele von ihnen.

Vom Abmarsch erfuhren wir einen Abend zuvor, wir mussten uns reisefertig machen. Die Fröste erreichten −10 bis −12° Celsius. Ich besaß keine Wintermütze, die Kunstlederstiefel boten keinen ausreichenden Schutz vor der Kälte. Am Morgen stand ich daher schon um sechs Uhr auf und schnitt mir von meiner Decke zwei Streifen ab. Sie waren etwa 1,7 Meter lang und 18 Zentimeter breit. Hieraus machte ich mir wärmende Fußlappen bzw. einen Schal. Meine Reserve an Wäsche zog ich ebenfalls an, den Rucksack leerte ich bis auf den Feldkessel. Im Ganzen hatte ich in Charkov fast vier Monate verbracht, auf dem kalten Berg immerhin drei Wochen. Erst vor zehn Tagen waren die Wasseranschwellungen aus meinen Beinen verschwunden, noch war ich geschwächt. In diesem Zustand sollte ich bei Winterstürmen 150 Kilometer bis Poltava laufen. Hinsichtlich der Nachtlager waren keine Vorbereitungen getroffen worden. Sollten wir auf freiem Feld schlafen? Für Gepäck wurde ein Schlitten mitgenommen, auf dem weniger die Gefangenen als vielmehr die Lagerpolizisten ihr Hab und Gut aufluden. Sie mussten allerdings den Schlitten auch selbst ziehen. Der Weg nach Poltava führte zunächst über Ljubatin und dann weiter durch Kovjagi und Artemovka. Während der ersten Etappe bemerkten wir reges Treiben auf den Straßen, in beiden Richtungen bewegten sich Lastautos und Autokonvois. Zweimal sahen wir Hasen, die ohne Erfolg von der Wache beschossen wurden. Ljubatin erreichten wir gegen Abend. Wegen der Übernachtungen wurden meine Befürchtungen zunächst noch nicht bestätigt, Ljubatin wies ein eigenes kleines Lager auf, das wir bezogen. Ein Haus, ein kleiner umzäunter Hof und ein Wachturm. Wegen der Enge schliefen wir auf dem Boden übereinander. Wer nachts zur Latrine musste, trampelte unfreiwillig auf den anderen herum, was zu Schimpfereien führte. Vor allem aber war es nahezu unmöglich bei der Rückkehr die alte Schlafstätte wieder zu finden. Außerdem bestand die Gefahr unterwegs erschossen zu werden, da im Dunkeln die Latrine schwer zu erkennen war und die Wache das Herumirren leicht als Fluchtversuch interpretieren konnte. Vielen Gefangenen, auch mir, fiel es wieder schwer, auf den nackten Dielenbrettern zu schlafen.

Nach dem Frühstück gingen wir weiter. Plötzlich ertönte aus der Ferne ein dumpfes Artilleriefeuer, unverkennbares Zeichen für das Vorrücken der sowjetischen Armeen. Später erfuhr ich, dass gerade zu dieser Zeit die sowjetischen Verbände eben bei Ljubatin den Kessel um Charkov geschlossen hatten. Gegen Abend wurde es still rund um uns herum. An diesem Tag begann sich mein rechter Stiefel aufzulösen, an das zweite Nachtlager kann ich mich schon nicht mehr erinnern. Am Morgen des dritten Tages gab es kein Frühstück, dafür erhielten wir als Marschverpflegung 200 g gezuckertes Gebäck, das ich sogleich mit Schneeklumpen vermengte, um meinem Magen den Genuss von Speiseeis vorzugaukeln.

Wir marschierten den ganzen Tag, ein junger Bursche in meinem Glied begann zu wanken und musste gestützt werden. Nach Androhung der Erschießung schaffte er es gerade noch bis zum Abendquartier. Ich lief mir meinen rechten Fuß wund und auch meine linke Schuhsohle begann sich zu lösen. Die Nacht verbrachten wir in zwei Getreidespeichern der Siedlung Artjemovka. Es war bequem, die Räume enthielten zwar kein Getreide, dafür aber reichlich Stroh. Es war jedoch recht eng und so stiegen einige Leute nach oben auf den Dachboden, wo ebenfalls Stroh lag. Dort war es bequemer als unten, so dass schließlich etwa 30 Leute nach oben stiegen. Kaum waren wir alle eingeschlafen, brach die Decke ein, Menschen, Stroh und dicke Balken stürzten nach unten. Zwei Gefangene starben. Nur einen halben Meter von mir entfernt fiel ein schwerer Balken zu Boden, ich blieb unverletzt, wurde aber durch Mulch und Stroh verschüttet. Es war ein schreckliches Erlebnis: Die Dunkelheit, das Schreien der Menschen, das Herabstürzen der Balken, alles stolperte durcheinander, trampelte auf den Liegenden herum. Als alles vorbei war, begannen die gegenseitigen Schuldzuweisungen. Die Wache kam angelaufen, konnte aber keine Ruhe stiften. Am Morgen marschierten wir weiter, die Verwundeten blieben unter Aufsicht eines Feldschers zurück. Der vierte Tag war der vorletzte unserer Reise. Ich erlitt eine Verletzung durch die Reibung zwischen dem linken Fuß und der Sohle, die rechte Ferse war aufgerissen und schmerzte. Selbst die Fußlappen konnte ich nicht mehr richtig anlegen. Zwischen Artjemovka und Poltava gab es kaum Dörfer, so nächtigten wir in einem geräumigen Vorwerk. Am nächsten Morgen wachte ich mit schmerzenden Füßen auf, am rechten bildete sich sogar schon ein Geschwür. Am Tag zuvor hätte ich bei den Verletzten bleiben können, doch nun drohte mir im Falle einer Marschunfähigkeit die sofortige Erschießung. Mit Mühe und sehr langsam zog ich die Stiefel an und ging hinkend und unter großen Schmerzen weiter.

Am Nachmittag des 15. Februar 1943 erreichten wir schließlich unser Ziel. Das Gefangenenlager von Poltava war halb leer und wir fanden genügend Platz für alle vor. Das einzige Krankenzimmer war groß und nur mit 15 Patienten belegt. Alle lagen – auf Stroh gebettet – am Boden. Glücklich legte ich mich zu ihnen und alsbald erschien ein Arzt und sein Feldscher. Sie nahmen mich, sobald sie mich als Kollegen erkannt hatten, sehr gut auf. Die Versorgung war überhaupt besser als in Charkov. Wir litten noch etwas Hunger aufgrund des Marsches. Meine Füße heilten langsam, vom Geschwür blieb nur eine Narbe zurück. Der gesamte Aufenthalt dauerte aber nur fünf Tage. Die Deutschen hatten es noch nicht vermocht, die sowjetische Offensive zu stoppen und wussten nicht, wohin sie zielte. Doch immerhin bestand keine Gefahr, Poltava in nächster Zeit zu verlieren. Infolgedessen verlegte man uns ohne Hast und geordnet weiter nach Westen. Wir wurden am 20. Februar mit der Eisenbahn abtransportiert, der Bahnhof befand sich nicht ganz 1½ Kilometer vom Lager entfernt. Meine Füße waren gut verbunden und schmerzten nur wenig. Das Tauwetter hatte eingesetzt, der feuchte Wind durchblies meine Kleidung.

Wir bestiegen einen flachen, dachlosen Güterwaggon und froren während der Fahrt derartig, dass wir nicht schlafen konnten. Auch die Wache fror mit uns. Am nächsten Tag bestiegen wir endlich einen vollwertigen Güterwagen, der auch Stroh enthielt. Dies kam auch der Wache zugute, die bei dem Flachwagen stets auf Fluchtversuche gefasst sein musste. Keiner wusste, wohin die Fahrt ging. Erst bei der Ankunft erfuhren wir, dass wir in der Kleinstadt Smela angekommen waren. Sie befand sich westlich des Dnepr, etwa 25 Kilometer südlich von Čerkassy. Vier Tage waren wir unterwegs gewesen, als Verpflegung gab es nur 400 g Brot pro Tag. Nicht einmal Trinkwasser erhielten wir. Der Durst wurde entsetzlich, schließlich leckten wir den Reif von den Wänden ab. Aufgrund des Durstes konnten wir am dritten Tag auch unsere Brotration nicht mehr herunterbringen. Während der Fahrt sahen wir aus dem Fenster, außer an Stationen bemerkten wir keine Deutschen. Die Eisenbahner auf den Bahnhöfen trugen eine elegante Uniform, sie hatte keine Ähnlichkeit mit der Militärbekleidung. Fluchtversuche unternahm in unserem Waggon im Übrigen niemand.

Smela

Aus Poltava war ich mit einer Gruppe von Kranken abgefahren. Deswegen wurde unser Waggon in Smela direkt bis zum Lazarett geschleppt, hier befand sich das »Groß-Lazarett-Ukraina« (GLU). Bis zu diesem Zeitpunkt hatte ich noch nicht einmal geahnt, dass es so etwas überhaupt gab. Für die Organisation des Kriegsgefangenlagers könnte man die Deutschen sogar fast loben, wenn nicht die Verpflegung so mangelhaft gewesen wäre. Gesunde und Kranke erhielten die gleiche winzige Portion, die keine Aussicht auf längeres Überleben zuließ. Bei solchen Verhältnissen war es auch sinnlos einen kranken Gefangen zu behandeln, er starb sowieso nach kurzer Zeit. Im Lazarett hatten sie nur eine Vergünstigung, sie konnten in Ruhe sterben, sie lagen auf weichen Unterlagen, manchmal sogar in Betten. Sie mussten nicht täglich zum Appell in den Hof rennen, die Nahrung erhielten sie ans Krankenbett gebracht. Das verlängerte das Leben ein wenig, im Lager starb es sich ansonsten schnell. Verstanden die Deutschen eigentlich das Ergebnis ihres Tuns, waren ihnen die Folgen ihrer Handlungen klar? Zweifellos, es gab genügend deutsche Ärzte, welche die Sterberaten verfolgten, die wir ihnen vorlegten. Im Ganzen war es nur die Fortsetzung der Vernichtungspolitik gegenüber den sowjetischen Kriegsgefangenen. Das »Groß-Lazarett-Ukraina« wurde für propagandistische Zwecke benötigt, ausländische Delegationen wurden durchgeführt und machten Photos. All das erfuhr ich erst später.

Unser Güterwagen wurde zunächst bis zum Gelände des Lazaretts geschleppt, die Wache entfernte sich und wir sollten auf die Sanitäter warten. Doch wurde uns gestattet, frei umherzugehen. Unweit der Schienen entdeckte ich eine Scheune und darin ein Fass voller eisbedeckten Wassers. Das Fass war zur Hälfte in die Erde eingegraben. Mir schien das Wasser von guter Qualität zu sein und ich trank etwa zwei bis drei Liter. Das war ein schrecklicher Fehler, dessen Folgen ich alsbald zu spüren bekam.

Das GLU war selbständig und unterstand nicht der Lagerkommandantur. Außerdem befand es sich in beträchtlicher Entfernung vom übrigen Kriegsgefangenlager und wir hatten infolgedessen keine Lagerpolizei zu fürchten. Die Ordnung wurde vom Personal des Lazaretts aufrechterhalten, die Sanitäter übernahmen die Durchführung. Die Leitung des Lazaretts oblag dem Chefarzt und dem Hauptdolmetscher Savelij, einem Ingenieur. Eine halbe Stunde nach Ankunft erschienen die Sanitäter und brachten uns zur Entseuchungsstation, die aus zwei steinernen Gebäuden bestand und durch welche die Gefangenen blockweise durchgeschleust wurden.

Das GLU war auf viele Räumlichkeiten verteilt und umfasste etwa 250 Quadratmeter. Von allen Seiten war es von Stacheldraht umgeben, nachts wurde dieser angestrahlt. Die Wache befand sich außerhalb auf Wachtürmen und setzte sich aus deutschen und ukrainischen Soldaten zusammen. Das Drahtgitter war knapp drei Meter hoch. Dies ermöglichte es einem Gefangenen, ehemaligem Stabhochspringer, den Zaun zu überwinden und zu entkommen. Das Lazarett bestand aus verschiedenen Gebäuden, zumeist zwei- und einstöckige Steinhäuser, aber auch Scheunen. Letztere standen gewöhnlich leer. Im Ganzen gab es etwa 1000 Sanitäter/Ärzte und Patienten. Es existierten mehrere Abteilungen, Allgemeinchirurgie, Neurochirurgie, die therapeutische Abteilung, Ärzte für Haut- und Geschlechtskrankheiten und Ophtalmologen. Es gab OPs, das Verbandsmaterial war ein Sammelsurium aus deutschen, französischen und sowjetischen Beständen. Auch Gipsverbände wurden angelegt. Die Hälfte der Ärzte wohnte zusammen in einem kleinen Holzhaus mit vier Zimmern, von denen jedes vier Betten enthielt. Die Ärzte nahmen mich als Kollegen gut auf, ich war der Jüngste. Jeder war auf ein bestimmtes Gebiet spezialisiert. Die Verpflegung war identisch mit der in Charkov, die Funktionshäftlinge wurden ausreichend versorgt, die Kranken hungerten. Für mich reichte die Nahrung vollständig aus, da ich immer etwas weniger aß als meine Alterskollegen. Die Balanda, die ich zum Mittagessen erhielt, erschien mir köstlich. Aber ich konnte die Mahlzeit nicht beenden, plötzlich setzter heftiger Bauchschmerz mit Durchfall ein. Letzterer dauerte an und ich wurde immer schwächer, zehn bis zwölf Tage erhielt ich nur Kohle, Salol mit Belladonna und Zwieback. Ich lag im Bett und lauschte den Gesprächen der Ärzte um mich herum.

Als ich schließlich abgemagert und völlig ausgezehrt wieder aufstehen konnte, musste ich mich entscheiden, welches Fachgebiet ich bearbeiten wollte. Am besten kannte ich mich – in der Theorie – auf dem Gebiet der Hals-Nasen-Ohrenheilkunde aus. Dies erfreute den Chefarzt, genau diese Abteilung war noch unbesetzt. Ich erhielt umgehend ein eigenes Behandlungszimmer, zudem zehn Schlafstellen für Patienten. Gleich daneben wurden die Augenkranken behandelt, gegenüber die Haut- und Geschlechtskranken. Von diesen war ein Drittel an Syphilis erkrankt. Sie wurden mit Neosalvarsan und Quecksilbersalbe behandelt. Der zweite Stock des Gebäudes war für die therapeutische Abteilung und die Rekonvaleszenten bestimmt. Obwohl wir nicht zur chirurgischen Abteilung gehörten, besaßen wir ein eigenes Verbandszimmer und einen kleinen OP. Dort wurden Augenoperationen durch den erfahrenen Arzt Šutov durchgeführt.

Schon am folgenden Tag wurden mir die ersten Hals-Nasen-Ohren-Kranken (HNO) überwiesen, aber ich konnte nicht einmal die gängigsten Untersuchungen durchführen. Die Larynogoskopie (Kehlkopfuntersuchung) wollte mir nicht gelingen. Glücklicherweise war das nicht so problematisch, aber außer Kehlkopf- und Nasenrachenbeschwerden gab es noch ganz andere Fälle.

Im Lazarett fanden sich medizinische Bücher aller Art und auch die dazugehörigen Instrumente. Die Bibliothek war früher Eigentum des Krankenhauses gewesen, das offenbar im 19. Jahrhundert errichtet worden war. Nach den ersten Untersuchungen legte ich vor mir Rechenschaft über meine Unfähigkeit ab und vertiefte mich in die Lehrbücher. Zunächst las ich die Therapie-, Chirurgie- und Tuberkulosehandbücher, dann aber vor allem HNO-Bücher. Vor allem das weltberühmte Handbuch von Denker und Brünings kam mir sehr gelegen[4]. Es war noch während des Ersten Weltkrieges vom Deutschen ins Russische übertragen worden. Zudem enthielt das Gesamtverzeichnis eine kurze Anleitung für den praktischen Arzt. Gerade mit diesem Kapitel begann ich meine Fortbildung. Zudem verfügte ich über eine große Zahl von Instrumenten: Stirnspiegel, Ohrtrichter, Stimmgabeln, Nasenspeculumi, Pinzetten, Kehlkopfspiegel und vieles mehr. Nur Sonden fehlten. Ich aber fertigte sie selbst aus Kupferdraht. Hieraus konstruierte ich auch kleine Ohrenhaken für Fremdkörperentfernung. Befestigt wurden diese Häkchen am Griff der Kehlkopfspiegel. Nun besaß ich alles, was ich zur Behandlung von Kranken benötigte, sogar einige chirurgische Instrumente. Zur Not konnte mir Šutov aushelfen.

In Smela verfügten wir über elektrische Beleuchtung, die aber erst abends eingeschaltet wurde. Daher musste ich während des Tages andere Lichtquellen nutzen. Vorwiegend arbeitete ich mit Sonnenlicht. Daran gewöhnte ich mich derartig, dass ich nach dem Krieg Schwierigkeiten hatte, mit normalen Praxislampen zu arbeiten.

Die meisten meiner Kranken litten an Ohreiterungen, die als Folge von Kontusionen entstanden waren. Ich entfernte die Ohrpolypen mit kleinen Gefäßklammern oder Ohrschlingen. Zur Unterdrückung der Eiterungen benutzte ich die deutschen Sulfonamide. Nach ihrer Lokalanwendung verschwanden die Ohreiterungen rasch. Damals wirkten alle antibakteriellen Mittel besser als heutzutage. Ich lernte auch Ohrpfropfen zu entfernen. Am Anfang habe ich aus Unerfahrenheit beim Durchspülen zweimal Trommelfelle durchrissen, glücklicherweise ohne Komplikationen. Eines Tages wurden aus dem Lager zwei Generäle zur HNO-Untersuchung überwiesen. Eigentlich benötigte nur der eine von ihnen

---

[4] Alfred Denker/Wilhelm Brünings: Lehrbuch der Krankheiten des Ohres und der Luftwege einschließlich der Mundkrankheiten, Jena 1914.

meine Dienste, der andere war wohl aus Langeweile mitgekommen. Ich entdeckte beidseitige Ohrverstopfung durch sehr harte Epidermismassen, die schon lange Zeit vorhanden waren und beträchtliche Beschwerden verursachten. Aufgrund der engen und gekrümmten Gehörgänge erwies sich die Entfernung als sehr schwierig. Ich brauchte eine ganze Stunde für beide Ohren. Das Einsetzen des Ohrhakens war sehr schmerzhaft für den Patienten, aber er besaß vortreffliche Selbstbeherrschung. Zur Belohnung kehrte augenblicklich die Hörfähigkeit zurück. Das Äußere des Generals habe ich heute völlig vergessen, an die Form seiner Ohren vermag ich mich immer noch zu erinnern. Dem Zustand der Kleidung nach befanden sich beide Generäle schon sehr lange in Gefangenschaft, sie zeigten aber kein Anzeichen von Erschöpfung oder Hunger. Ich weiß nicht, weshalb sie sich in Smela befanden, gemeinhin gab es für sie spezielle Lager.

Unter den Ärzten des Lagers befanden sich auch einige Juden, die den Deutschen durchaus bekannt waren. Sie wussten, dass sie früher oder später hingerichtet würden. Einer von ihnen, der in der Roten Armee den hohen Rang eines Brigadearztes inne gehabt hatte, war außer sich ob dieser ständig drohenden Gefahr. Ununterbrochen marschierte er durch alle Zimmer und nahm keinen Anteil an unseren Gesprächen. Schon nach kurzer Zeit war er »verschwunden«. In meinem Zimmer wohnte ein sehr angenehmer etwa 40-jähriger Hautarzt, Krivzov. Er war ein Karaite[5], was man ihm aber nicht ansah, und er wäre ohne Probleme als Russe durchgegangen, hatte aber die Dummheit begangen, sich den Deutschen als Jude erkennen zu geben. Seine Lage blieb lange unsicher und damals hoffte er noch, nicht abtransportiert zu werden. Doch nach einigen Monaten verschwand auch er. Unter den Gefangenen gab es auch kaukasische Juden, die jedoch die landesüblichen Sprachen beherrschten und sich so als Angehörige der entsprechenden Nationalitäten ausgeben konnten. Die Deutschen hielten sich selbst für großartige Spezialisten auf dem Gebiet der Rassenfragen. Doch meiner Beobachtung nach irrten sie sich sehr häufig. Bisweilen bezeichneten sie Personen anderer Nationalitäten als Juden und behandelten sie entsprechend. Manche Juden gaben sich als Moslems, Tartaren oder Mittelasiaten aus. Für jene, die in ihrer Kindheit beschnitten worden waren, schien dies die ideale Lösung zu sein. Die Deutschen aber zogen eigene »Experten« hinzu. In den Lagern wurde in periodischen Abständen die Geschlechtsteile untersucht – wir nannten das spöttisch »Schwanzparade«. Im GLU arbeitete der Usbeke Israilov als Experte und bestimmte, wer

---

[5] Die Karaiten stellen eine Minderheit innerhalb der hebräischen Religionsgemeinschaft dar. Sie glauben, dass es nur eine einzige wahre Thora gebe, nämlich die, welche Moses am Berg Sinai von Gott erhalten habe. Jeder Diskurs über eine eventuelle Neuauslegung der Thora erscheint den Karaiten als Frevel.

nach muslimischen und wer nach jüdischen Regeln beschnitten worden war. Es sei noch angemerkt, dass damals die meisten Juden unbeschnitten waren. Gab sich ein unbeschnittener Mann als Kaukasier aus, wurde eine Expertise von einem Angehörigen der entsprechenden Minderheit eingeholt. Gab sich ein Jude als Russe aus, war jede Überprüfung unmöglich. Bald nach meiner Ankunft in Smela wurden alle Kranken meines Blocks, die aufrecht stehen konnten, nach draußen gerufen. Es kam ein Deutscher, Repräsentant der »Organisation Todt« (OT) in uns unbekannter Uniform[6]. Er trat als Werber auf und suchte Maurer, Zimmerleute und Fahrer zu überzeugen, in die OT einzutreten. Vielen erschien dies als Rettung vor dem Hungertod. Zudem wurden im Lager Smela Freiwillige für verschiedene Militärformationen angeworben, vornehmlich Georgier und Mittelasiaten. Unter unseren Ärzten gab es einige Georgier, einer von ihnen willigte in den Übertritt ein. Uns sagte er, er sehe dies als gute Gelegenheit, das Lager zu verlassen um zu fliehen. Bald verließen die Angeworbenen das Lazarett und anschließend das Lager.

Wie schon erwähnt, hungerten wir nicht. Aber unsere Ärzte fürchteten, dass die Balanda zu wenig Vitamine enthielt. Als dann Ende April der Frühling Einzug hielt, sammelten die georgischen Ärzte Kräuter und bereiteten eine Art Salat zu. Wir mengten die Kräuter auch in die Balanda. Alsbald freundete ich mich mit einem jungen georgischen Arzt an. Er sprach russisch mit einem gräulichen Akzent und verstand oft nicht, was ich sagte. Nicht selten kam es zu komischen Situationen. Er gab mir seine Adresse und ich schickte ihm nach dem Krieg einen Brief nach Tiflis, erhielt aber niemals eine Antwort.

Der deutsche Arzt, der das Lazarett beaufsichtigte, erschien einmal wöchentlich in unserem Block, machte seinen Rundgang und verließ uns nach etwa 40 Minuten wieder. Ich kann mich weder an sein Aussehen noch den Namen erinnern, so wenig Eindruck machte er auf mich. Doch ich wirkte auf ihn, schließlich besetzte ich die letzte vakante Facharztstelle und sprach außerdem noch deutsch. Es wunderte ihn, dass so viele Russen deutsch verstanden. Er wusste nicht, dass vor dem Krieg an allen sowjetischen Schulen mindestens eine Fremdsprache unterrichtet wurde; 85–90% der Schüler wählten deutsch. Ich erzählte ihm auch kurz von der deutschsprachigen Wolga-Republik, nicht ahnend, dass ihre Bewohner längst nach Sibirien verschleppt worden waren. Der deutsche Arzt interessierte sich dafür, welche Literatur ich kannte. Ich erinnerte mich gut an die Auszüge der Werke Goethes, Schillers, Lessings und

---

[6] Die OT war 1938 von Fritz Todt als Organisation zur raschen Fertigstellung wehrwichtiger Projekte gegründet worden. Nach seinem Tod bei einem Flugzeugabsturz 1942 übernahm Albert Speer die Leitung der OT. In den besetzten Gebieten war die OT für die Instandhaltung/Instandsetzung der Infrastruktur verantwortlich.

Heines, die ich gelesen hatte. Auch die Gegenwartsliteratur, vorwiegend aus der Antifa-Sparte, kannte ich gut. Einige Verse hatten wir auch auswendig lernen müssen und so verfiel ich auf die Idee einige Verse aus Heines »Die Weber« zu deklamieren. So entsann ich mich der Formel »Ein Fluch dem falschen Vaterlande, wo nur gedeihen Schmach und Schande« sowie »Deutschland wir weben Dein Leichentuch, wir weben hinein den dreifachen Fluch.« Das waren nicht die Werke deutscher Dichtkunst, welche die Stimmung meines Gegenübers zu heben vermochten. Seine Miene verfinsterte sich und nach einer Pause meinte er, er habe nichts gehört. Er war ungefähr zehn Jahre älter als ich und kannte daher den im Dritten Reich verfemten Heinrich Heine durchaus.

Der eigentliche Chef in meinem Block war aber der medizinische Unteroffizier Kappeller, ein magerer, mittelgroßer Mann von etwa 45 Jahren. Er hinkte auf einem Bein und war deswegen für den Truppendienst untauglich geschrieben worden. Seine linke Gesichtshälfte war seit der Jugend von Lupusnarben entstellt. Zunächst machte er einen guten Eindruck auf mich, mehrmals unterhielten wir uns über verschiedene Themen. Er missbilligte einerseits viele Taten der Nazis, war aber doch ihrer Propaganda erlegen. Er kam aus einem Kaff unweit der Schweizer Grenze. Gegenüber den Kranken verhielt er sich freundlich, so verzichtete er während des Appells darauf, die Kranken zum Aufstehen zu zwingen. Plötzlich verwandelte sich Kappeller in ein rasendes Monster. Dies erschreckte uns umso mehr, als wir uns schon an seine Gutmütigkeit gewöhnt hatten. Bei jedem Anlass brüllte er nun aus vollem Halse und ließ seine Wut an den Kranken aus. Auch ich wurde anders behandelt, nun war ich nur noch ein gefangen genommener Feind. Nach einigen Tagen erfuhren wir den Grund für den Stimmungsumschwung. Das Haus seiner Familie war bombardiert worden. Eigentlich war klar, dass dies im Sommer 1943 nur englische oder amerikanische Flugzeuge gewesen sein konnten, unsere Luftwaffe flog nicht so weit. Aber es ist die Natur des Menschen, die Rache ist stets blind. Dies geschah, wie gesagt, alles während des Sommers 1943.

Meine Tätigkeit in Smela hatte schon im März ihren Anfang genommen, im April lernte ich den deutschen »Kollegen« kennen und wurde zum Blockarzt ernannt. Ich sollte die Sanitäter befehligen, was kein Problem war. Alle wollten gerne im Lazarett bleiben, wo sie genügend Nahrung erhielten, und verhielten sich daher folgsam. In jedem Block gab es einen Dolmetscher, auch wir hatten einen, dessen Dienste ich aber nicht benötigte. Dennoch bestand ich darauf, dass er bei uns verblieb, da ich seine Hilfe bei der Bewältigung des Verwaltungskrams zu schätzen wusste. Er erzählte mir, dass sein Onkel während des russischen Bürgerkrieges General unter Denikin gewesen sei.

Ich assistierte zudem dem Augenarzt als Assistent. So nahm ich an Tränenwegseingriffen, Fremdkörper- und Augapfelentfernungen teil. Die Augenkrankheiten lagen sozusagen neben meinem Forschungsgebiet. Zudem fand ich in der Bibliothek ein kurzes Lehrbuch, das ich interessiert las und analysierte. Später waren mir die gemachten Notizen noch von großem Nutzen. In meinen Block wurden mehrere Kehlkopfverwundete verlegt, die wegen Narbenverwachsung des Luftweges über Trachealkanülen atmen mussten. Sie bedurften plastischer Operationen, deren Durchführung aber niemand im Lazarett wagte, wir besaßen ja nicht einmal die notwendige Röntgenapparatur. So war es unmöglich, den Zustand der Nasennebenhöhlen oder des Schläfenbeines einzuschätzen, eine Oberkieferhöhlenpunktion wagten wir ebenfalls nicht auszuführen. Bald kamen neue Kranke, dieses Mal mit typischen Warzenfortsatzentzündungen (dabei handelt es sich um Entzündungen des Schläfenbeinfortsatzes hinter dem äußeren Gehörgang). Auch Verdachtskranke, die an Mittelohrentzündungen litten, wurden zu mir verlegt. Eigentlich hätte ich in solchen Fällen eine Röntgenaufnahme machen müssen, um Klarheit für eine Operation zu gewinnen. Da dies nicht möglich war, operierte ich allein nach einer gründlichen Anamnese.

Eines Tages entwickelte sich bei einem jungen Soldaten, dem man schon beide Beine amputiert hatte, eine beidseitige Warzenfortsatzentzündung mit unter der Knochenhaut sich entwickelnden Eiterbeulen. Ein chirurgischer Eingriff war angezeigt, doch musste ich das Problem der Narkose lösen. Zudem war der Kranke Traumatiker, benötigte also eine wirksame Narkose, um die doppelseitige Operation gut zu überstehen. In der Apotheke entdeckte ich Avertin – ein Rektalnarkotikum. Die Mastdarmnarkose erschien mir geeignet und mittels eines Einlaufes (Klysma) wurde sie dem liegenden Patienten eingeführt, nach 15 bis 20 Minuten setzte die Wirkung voll ein. Einschlafen und Aufwachen findet ohne Probleme statt, auch wenn die Wirkung des Narkotikums verschieden ist. Avertin ist aber heute nicht mehr in Gebrauch, die Mortalitätsrate (ein Fall pro 400–800 Narkosen) ist zu hoch.

Es war meine erste Operation und ich furchtbar aufgeregt. Da ich eine Blamage fürchtete, lud ich alle Ärzte aus und ließ nur einen Feldscher als Assistenten mitwirken. Er bereitete die Instrumente vor, der schlafende Kranke wurde gebracht und ich sperrte den OP zu. Ansonsten war noch ein Sanitäter ohne jede medizinische Ausbildung zugegen. Er sollte nur den Kopf des Kranken ruhig halten. Die Operation war leicht, nach einem Schnitt durch das weiche Gewebe begann sofort der Eitererguss. Die Entzündung hatte den Knochen derartig angegriffen, dass ich ohne Hammer und Meißel, nur mit einem chirurgischen Löffel, das beschädigte Gewebe entfernen konnte. Glücklicherweise ergab sich keine Blutung. Der Kranke sollte sich alsbald erholen. Nach der Operation brachte ich ihm zusätzliche Portionen Balanda, so dass er bald gesünder wirkte als vor dem Eingriff.

Die günstige Heilentwicklung meines ersten Operationspatienten ermutigte mich, zudem bekam ich das Gefühl, dass auch ich mich in der Gefangenschaft nützlich machen konnte. Dafür gab es reichlich Gelegenheit, auch jenseits des OP. So verlangten die Deutschen von uns, dass wir ihnen jeden uns bekannten Juden meldeten. Nicht nur, dass wir das nicht taten, wir versuchten auch möglichst viele von ihnen im Lazarett – wo sie weniger gefährdet waren als im Lager – unterzubringen. Zu diesem Zweck unternahm ich eine weitere Warzenfortsatzoperation an einem jungen Ingenieur aus Moskau, der nach einer Kontusion nicht sprechen konnte. So wurde er operiert und verblieb bis zur Evakuierung bei uns. Dies war möglich, da ich die Wunde absichtlich nicht zunähte. Kappeller bemerkte nichts. Der junge Mann nannte mir auch seine Adresse, doch habe ich sie leider verloren. Daneben gab es noch einen anderen jungen Juden mit Namen Šapiro, der früher in Tartarstan und Mittelasien gelebt hatte und sich daher Šakirov nannte. Zudem war er beschnitten, was die Bereitstellung einer Expertise zum Nachweis seiner Herkunft erforderlich machte. Šakirov war blond und verstand sowohl tartarisch als auch usbekisch. Da aber jeder Usbeke ihn sofort als Schwindler enttarnt hätte, behauptete er Tartare zu sein. Tartaren kannten häufig ihre Muttersprache nicht oder nur teilweise. Er wurde im Lazarett von unserem Nervenarzt Babenko wegen einer in Wirklichkeit gar nicht vorliegenden Nervenerkrankung behandelt. Wir behielten ihn drei Monate, dann wurde er wieder ins Lager entlassen. Ich bekleidete also im Lazarett einen Posten und arbeitete dort hart. Aber viele neu ankommende Kollegen wurden alsbald weiter in Richtung Westen verlegt. Nur ein bis zwei Wochen blieben sie bei uns, einige kannte ich. So traf ich auch N.N., den vormaligen Chefarzt aus Charkov wieder. Er hatte sich sehr verändert, jeder Ehrgeiz hatte ihn verlassen und bald fuhr er ab.

Eines Tages erschien in unserem Lazarett ein Arzt namens Kalpakči. Dieser Name war selten und ich vermutete gleich, dass er ein Verwandter des vormaligen Befehlshabers der 62. Armee sein musste. Dem war so, es handelte sich um den jüngeren Bruder. Er war hochgewachsen und wohlgenährt. Aus diesem Grunde wandte er sich auch dreist an die Lagerleitung und beanspruchte die doppelte Portion Balanda für sich. So ein Fall war ohne Beispiel! Zu meinem Erstaunen erhielt er sogar die zusätzliche Portion zugebilligt, wurde aber bald darauf verlegt. Und noch an einen anderen Arzt erinnere ich mich gut. Es handelte sich um den etwa 45–50 Jahre alten Georgier Tatadse. Er hatte ganz schwarze Haare, war sehr umgänglich und mitteilsam. Früher bekleidete er den Posten eines Volkskommissars für Gesundheitsschutz in Georgien. Ich riet ihm, diesen Werdegang künftig zu verschweigen. Solch einen Posten konnte ja nur ein aktiver Kommunist erhalten haben. Wenn die Deutschen das erfuhren, würde er sein geliebtes Tiflis nie wiedersehen.

Eines Tages wurde ein einfacher Soldat in meinen Block aufgenommen. Er war ungefähr so alt wie ich, kleinwüchsig und gebrechlich. Der Bursche war immer heiter und gesellig, die Gefangenschaft schien ihm seine Laune nicht verderben zu können. Er suchte meine Gesellschaft und fragte, woher ich stammte. Alle wussten, dass ich aus Moskau war. Um ihn loszuwerden nannte ich ihm meinen Geburtsort, Ranenburg, voll der Hoffnung, dass er dieses abgelegene Landstädtchen nicht kannte. Zu meinem Erstaunen beschrieb der Junge in einigen Worten die Eigentümlichkeiten meines Geburtsortes. Ich glaubte einen echten Landsmann vor mir zu haben. Abends nach der Arbeit begab ich mich auf die Suche nach meinem neuen Bekannten. Es stellte sich im weiteren Gespräch heraus, dass er sein ganzes Leben herumvagabundiert war. Mehrmals hatte er das gesamte Land durchkreuzt und mochte nicht länger als ein paar Wochen an jedem Ort verweilen. Ich bat ihn, mir alle ihm bekannten Städte zu beschreiben und er vermochte sich vorzüglich an alles zu erinnern. So habe ich erfahren, dass es in der UdSSR tatsächlich noch Landstreicher gab. Diese Leute wurden von der Obrigkeit jedoch als Tagediebe und Müßiggänger diffamiert und zu fester Arbeit gezwungen, manchmal sogar verhaftet.

Wenn mir langweilig war, las ich irgendwelche medizinischen Bücher. So fand ich in der Bibliothek auch ein Rezepturnachschlagewerk. Da ich nicht der Einzige war, der es brauchte, beschloss ich den für mich relevanten Teil abzuschreiben. Allerdings hatte ich kein Schreibpapier. Infolgedessen fledderte ich ein mittelgroßes Märchenbuch. Etwas später erhielt ich die Leitung der Bibliothek und kontrollierte die Buchausgabe.

Eines Abends glaubte ich aus unbekannter Richtung wunderschönen Gesang zu vernehmen. Er war deutlich zu hören, nur verstand ich kein Wort. Es stellte sich heraus, dass der Sänger Georgier war und vor dem Krieg am Opernhaus in Tiflis angestellt gewesen war. Nun streifte er unter den Fenstern entlang und hoffte für seinen Gesang etwas zu essen zu bekommen. Freilich konnten ihm die Kranken nichts abgeben, doch lauschten sie seiner Stimme.

In Smela sah ich auch zum ersten Mal in meinem Leben Fledermäuse. Als ich auf den Dachboden unseres Blocks stieg, entdeckte ich eine große Zahl von ihnen, die dort mit dem Kopf nach unten an der Decke hingen. Sie schliefen und man konnte sie sogar berühren. Keiner ahnte, dass sie zur Zeit der großen Hungersnot als Nahrung gedient hatten. Dies schildere ich vor allem deswegen, weil zu dieser Zeit einige Gefangene im Lager wegen Kannibalismus verurteilt wurden. Sie wurden gehängt, verantwortlich für dieses Verbrechen aber war die mangelnde Ernährung durch die deutschen Bewacher.

Eines Tages verließ der Augenarzt Šutov auf eigenen Wunsch hin das Lazarett, sogleich wurde mir sein Posten angeboten. Ich willigte ein, schließlich hatte ich schon Erfahrung gewonnen. Der größte Teil der Patienten litt an entzündlichen Erkrankungen des äußeren Augenbereichs. In einem kleinen Schrank verwahrte ich die zur Behandlung nötigen Tropfen und Salben. Gelegentlich entfernte ich auch Fremdkörper, die in den Lidern oder der Hornhaut steckten. Zur örtlichen Betäubung nutzte ich Kokainlösung. Verwundert musste ich feststellen, dass zahlreiche Soldaten – und zwar alle aus den südlichen Gebieten der UdSSR – an Trachom litten. Zur Behandlung nutzte ich Ätzungen mit Kupfervitriol, wobei ich das Granulat vorher zerkleinerte. Zudem begann ich mich für den Augenhintergrund zu interessieren; nur langsam vermochte ich diesen Bereich zu analysieren. Einmal kam ein Verletzter mit einem Splitter im Auge zu mir. Daher hatte sich eine Panophtalmie (Inflamation aller Augenteile) entwickelt. Das andere Auge war bereits bedroht, zudem litt der Mann unter großen Schmerzen. Eine Operation war dringend angezeigt. Zwei- oder dreimal hatte ich einer Augapfelexstirpation beigewohnt und wusste, wie ich vorgehen musste. Mit Hilfe eines Feldschers wagte ich die Operation – mit örtlicher Betäubung unter Novokain. Der Eingriff gelang gut. Ich legte das entfernte Auge in Formalin ein und zeigte es stolz allen Kollegen. Die nächste Augapfelentfernung nahm ich mit anderer Narkosetechnik (Mastdarmnarkose und zusätzliche Novokaininfiltration) vor und hatte ebenfalls Erfolg.

Abends wurden wir in unseren Blockhäusern eingeschlossen, der Aufenthalt im Freien war uns untersagt. Aber wir besaßen einen eigenen kleinen, umzäunten Hof, der etwa 35–40 Schritte lang und 15–20 Schritte breit war. Dort befand sich auch die Latrine. Hier durften wir uns immer aufhalten. In den lauen Sommernächten saßen wir dort bis spät in die Nacht, lasen, redeten und diskutierten. Außerdem konnten wir dort Knüttel (im Russischen: Gorodki) spielen; die Deutschen hatten nichts dagegen. Als mein Gegner fungierte meist der Arzt Jurenič, dessen Namen ich hier nicht zufällig erwähne. Aber im Ganzen spielte ich selten, lieber bildete ich mich mit medizinischen Büchern fort. Außerdem schämte ich mich des Spiels wegen, da die hungernden und geschwächten Kranken zusehen konnten.

Der Sommer des Jahres 1943 brach an, die Kampfhandlungen nahmen wieder an Stärke zu. Aber die Lage der Deutschen verschlechterte sich und sie begannen den rückwärtigen Frontraum zu evakuieren. Ein großes Gefangenenlager in Barvenkovo wurde rasch aufgelöst und ein Trupp Kranker und Feldscher wurde zu uns verlegt. Letztere wurden nicht benötigt und landeten im Lager, wo sie Hunger litten. Plötzlich ereignete sich ein Fluchtversuch mehrerer Gefangener, was zu großer Aufregung im Lager und Lazarett führte. Der Versuch scheiterte, ein Flüchtling wurde erschossen, die anderen verschwanden in der Dunkelheit. Der tote Gefangene erwies sich als jüdischer Arzt, den ich nie zuvor gesehen hatte, weil er in einem anderen Block beschäftigt gewesen war. Die Nachforschungen der Deutschen ergaben hinsichtlich der anderen Flüchtlinge nichts, wohl aber stellten sie fest, dass eine Anzahl Gefangener verbotene Beziehungen zur Außenwelt unterhielt. Hierzu zählte auch der junge Arzt Jurenič. Er hatte an der

Flucht nicht teilgenommen, in der entscheidenden Nacht schlief er neben mir in einem Raum. Aber ganz unwissend war er wohl nicht. Gemeinsam mit anderen wurde er in das Lager überstellt. Nach einem Monat erfuhren wir, dass er stark abgemagert sei und Holzschuhe tragen müsse. Zur Abschreckung wurde zudem verordnet, dass die Leiche des getöteten Arztes an Ort und Stelle liegen bleiben sollte. Und das eine ganze Woche lang im Sommer. Von meinem Block aus konnte ich die Leiche, die mit leicht erhobener rechter Hand vor dem Stacheldraht lag, gut erkennen. Blut war nicht zu sehen. Der deutsche Arzt schwieg, als sei nichts vorgefallen, Kappeller gebärdete sich schadenfroh. Immer wieder deutete er auf die Leiche und betonte, wie gut der Posten gezielt habe. Eine andere Phrase, die er uns täglich vorhielt, lautete: »Es ist ein prachtvoller Schuss gewesen, nicht wahr?!«

Am 5. Juli 1943 begann die gigantische Panzerschlacht in der Gegend Kursk/Belgorod. Gerade während der ersten Woche wurde eine große Zahl sowjetischer Soldaten gefangen genommen. Die Verwundeten wurden sofort zu uns verlegt. Mitte des Monats handelte es sich hierbei bereits um einige hundert Verletzte. Alle bisher leerstehenden einstöckigen Gebäude und Scheunen waren überfüllt. Ich begab mich dorthin um HNO-Verletzte herauszusuchen und zu behandeln. Das Aussehen der Gefangenen verwunderte mich, alle trugen Schulterstücke, die ich bislang nur von zaristischen Uniformen kannte. Ich entdeckte nur einen Verletzten mit Mittelohreiterung, der nach einer Kontusion einen Trommelfellriss erlitten hatte. Als ich schon gehen wollte, sah ich auf der Schwelle des Hauses einen Jungen in Militäruniform sitzen. Sein Hals und die linke Kopfhälfte waren verbunden, der Verband endete in einer Schlinge, die riemenartig um den Hals gezogen und an die rechte Hand angebunden war. Dadurch wurde ein ständiger Druck auf die Oberfläche des Verbandes erzeugt. Das linke Ohr und der gesamte linke Teil der Militärbluse waren blutdurchtränkt. Auch diesen Jungen nahm ich mit. Es stellte sich heraus, dass ein MP-Geschoss in die Jochbeinregion eingedrungen und unter dem Warzenfortsatz des Schläfenknochens wieder ausgetreten war. Dort befand sich eine große Wunde. Das Blut im Ohr stammte aus einem Trommelfellriss. Die Verletzung war fünf Tage alt. Während dieser Zeit wiederholte sich die Blutung aus der hinteren Wunde und deswegen musste der Verband stets unter Druck gehalten werden. Ich fand bei der Anamnese das verletzte Blutgefäß nicht, die Blutungen dauerten an. Offenbar war die Gehirnarterie verletzt worden und so schaffte ich den Jungen in den chirurgischen Block, wo man die Ader freilegte und mit Seidenfaden verband. Sogleich hörten die Blutungen auf. Der Junge – Šurka, wie er sich nannte – kam in meine Abteilung zurück. Ich gab ihm viel Balanda zu essen und päppelte ihn auf. Gerne setzte ich mich zu ihm ans Bett und sah zu, wie er durch das Essen zunehmend genas. Er gefiel mir und wir freundeten uns an. Nach der vollständigen Ausheilung der Wunde veranlasste ich, dass er zur Untersuchung seiner Ohrenverletzung bei mir auf der Station bleiben konnte. Šurka war der jüngste Sohn einer Bauernfamilie aus Mittelrussland. Seine älteren Brüder waren schon 1941 einberufen worden, als er erst 14 war. Mit 17 war nun auch er eingezogen worden und in Gefangenschaft geraten.

Wenig später unternahm ich an einem anderen Patienten eine Operation wegen einer Warzenfortsatzentzündung. Die Operation misslang, ich löste eine Venenblutung aus und beinahe wäre der Patient gestorben. Mir wurde schlagartig meine Unerfahrenheit in chirurgischen Belangen klar. Seit dieser Zeit empfand ich vor allen Operationen eine gewisse Furcht. Dieses Ereignis regte mich zu Operationen an Leichen an. Hierzu gab es genügend Möglichkeiten. Aber mir wurde bald klar, dass Operationen an Leichen viel leichter waren als an lebenden Personen. Ich brauchte einen Gehilfen und lud Šurka ein. In der Leichenkammer befand sich stets eine große Anzahl verstorbener abgemagerter Häftlinge. Mein Gehilfe und ich legten die Leichen auf den Seziertisch, dann musste Šurka mir noch mit Metallhaken die Operationswunde freihalten. Aber er empfand ebenso wie die Sanitäter einen unglaublichen Ekel vor diesen Operationen und folgte mir daher nur unwillig in die Leichenkammer.

Unter den Gefangenen gab es auch zahlreiche Fälle von Krätze, Heilmittel besaßen wir aber nicht. Die Krankheit verbreitete sich. Unter unseren Feldschern gab es einen ehemaligen Veterinär. Er schlug ein Mittel aus seiner früheren Praxisarbeit vor. Es handelte sich um Schwefelausräucherung. Man errichtete hierzu an einer Blockwand zwei kleine Räume, Telefonzellen ähnlich, aber niedriger. Sie reichten einem aufrecht stehenden Menschen bis zur Schulter. Von oben wurde jede Zelle mit Zeltplane abgedeckt, wobei in der Mitte Platz für einen Kopf gelassen wurde. Auf den Boden jeder Zelle wurde eine Büchse mit Schwefel gestellt, dieser dann entzündet. Es breitete sich umgehend Schwefelgas aus. Die Beräucherung dauerte etwa eine Stunde. Der giftige Qualm drang auch nach außen, so dass der Kranke eine Gasmaske aufsetzen musste. Es war eine sehr sonderbare Vorstellung, die gleichwohl viele Zuschauer, darunter auch Deutsche anzog. Die Methode war sehr erfolgreich, die Krätze wurde völlig geheilt.

Nach dem Durchbruch in der Schlacht um Kursk rückte die Rote Armee nach Westen vor. Lager und Lazarett Smela mussten geräumt werden. Im August wurde Šurka mit einer Gruppe genesender Patienten abtransportiert, an ein Wiedersehen glaubten wir beide nicht. Ende des Monats wurde auch das gesamte medizinische Personal evakuiert. Glücklicherweise blieben Ärzte und Feldscher zusammen in einem Waggon. Der Aufenthalt im »Groß-Lazarett-Ukraina« bedeutete für mich einen Wendepunkt in meiner medizinischen Biographie. Bis dahin war ich einfacher Arzt, Militärarzt ohne entsprechendes Dienstalter. Aber dort wurde ich HNO-Arzt, der auch von der Augenheilkunde eine gewisse Vorstellung besaß und kleinere Operationen durchzuführen vermochte.

Der Weg nach Deutschland

Wie gewöhnlich blieb uns das Ziel unserer Fahrt unbekannt. Einige glaubten sogar, man würde uns nach Deutschland verbringen. Der Zug bewegte sich langsam mit zahlreichen Zwischenstopps nach Westen. Einmal täglich gab es Essen, es herrschte bald wieder Wassermangel. Am Morgen des 1. Septembers 1943 erreichten wir Slavuta, eine kleine Ansiedlung nahe Šepetovkas. Wir befanden uns also in der Nähe der alten sowjetisch-polnischen Grenze. In Slavuta war ein großes Kriegsgefangenenlager, zu dem auch ein Lazarett gehörte. Vor dem Krieg war hier eine Armee-Einheit stationiert gewesen und wir bezogen nun die alten, zweistöckigen Kasernengebäude. Es gab sehr viel medizinisches Fachpersonal, alle Arztstellen waren bereits besetzt. Ein ganzer Block wurde nur mit Ärzten und Feldscher belegt – analog zu einem Offizierslager. Deren Eigentümlichkeit – das Arbeitsverbot – teilten auch wir. Das bedeutete langfristig verhungern. Uns wurde ein großer Raum im zweiten Stock der Kasernen gezeigt. Dort standen sechsstöckige Pritschen, die mit ungefähr 200 Ärzten und Feldschern belegten waren. Aber es gab genügend Raum für alle. Das erschien uns günstig, der Platz beugte Krawallen vor. Unangenehm waren die zahlreich herumhüpfenden Wanzen, die in den Spalten der Pritschenbretter hausten und uns jede Nacht attackierten. Manche konnten deswegen gar nicht schlafen. An den Block angeschlossen war ein mit Stacheldraht umzäunter Hof. Ein Gitter versperrte uns den Zugang zu den andern Blöcken. Ein Polizist in grellroter Hose – Relikt des Bürgerkrieges? – bewachte uns. Die Gesichtszüge des Polizisten, der am häufigsten Wache schob, habe ich deutlich in der Erinnerung bewahrt. Nachts wurde der Hofzugang abgeschlossen, nur während des Tages durfte man sich dort aufhalten. Hier wurde auch die Balanda verteilt und der Appell abgewickelt.

In Slavuta gab es – wie auch in allen anderen Lagern – einen Schwarzmarkt, der sich von den ansonsten in Russland üblichen »Gedrängemärkten« durch das völlige Fehlen von Bargeld unterschied. Als Werteinheiten galten Brot und Tabak. Ganze Laibe von Brot besaßen nur Polizisten und Küchenbullen. Getauscht wurde Schuhwerk, Kleidungsstücke, Messer, Faden und allerlei ähnliche Dinge. Gelegentlich besuchte ich die Märkte aus reinem Interesse heraus. Ich konnte feststellen welch ungeheure Macht der Tabak auf gewisse Leute ausüben konnte. Mehrmals habe ich Tauschgeschäften Brot gegen Tabak beigewohnt. Mit Verwunderung bemerkte ich wie ein abgemagerter, verschwollener, halb verhungerter Gefangener die Hälfte seiner täglichen Brotration gegen Tabak eintauschte. Mir wurde dies so erklärt: Mit dem winzigen Stück Brot wird man eh nicht satt. Das Rauchen aber ist ein Vergnügen, man stillt die Gier nach Tabak und vermindert gar das Hungergefühl. Man könnte auch sagen, die Raucher verkürzten ihr Leben selbst.

Nach einigen Tagen wurde ich plötzlich an den Blockzaun gerufen, es war Šurka. Ich meldete sofort dem deutschen Blockleiter, ich hätte meinen Bruder im anderen Block entdeckt und wenig später war ich drüben. Ich riet Šurka sich meinen Familiennamen anzueignen. Tags darauf legte er sich zu mir auf die Pritsche und wir führten ihn ab sofort in unserer Liste als Sanitäter. Mehr als einen Monat konnten wir nun zusammenbleiben.

Der Blockdolmetscher war ein hochgebildeter Mann, Philologe von Beruf und überzeugter Antikommunist. Er erzählte mir viel von der Gesetzlosigkeit und den Repressalien, welche in der UdSSR herrschten. Damals konnte ich noch nicht alles begreifen, nahm seine Ausführungen eher unbewusst zur Kenntnis. Im Lager Slavuta habe ich aber erstmals das Gefühl einer inneren Freiheit empfunden, die mir vor und nach der Gefangenschaft fehlen sollte. Gerade hier besaß ich die Möglichkeit, alle Gedankengänge ohne Furcht auszusprechen und niemand forderte von mir ein Verhalten, das meinen Gedanken widersprach. Wenn man nur mehr Balanda hätte bekommen können!

In Slavuta begegnete ich noch einem weiteren Landsmann, zufällig vernahm ich in einem Gespräch das Wort »Ranenburg«. Ein junger Bursche, der nicht dem Medizinerstand angehörte, hatte es verwendet. Es erwies sich, dass er von dort stammte und sogar mit meinem Vetter Leo die Schulbank gedrückt hatte. Seine Adresse hatte ich mir nicht notiert, es erschien mir klar, dass wir uns wieder begegnen würden. Aber er kam nicht zurück.

Kurz vor meinem Eintreffen war eine größere Anzahl Gefangener aus dem Lager geflohen und zwar durch einen unterirdischen Gang, den sie vom Lazarettblock aus gegraben hatten. Daraufhin wurde die Bewachung verstärkt und intensiviert. Unser Block wurde von mit den Deutschen kollaborierenden Kosaken bewacht, die sich sehr schlecht uns gegenüber benahmen. Fast bekamen wir den Eindruck, dass sie uns hassten.

Wie immer und überall in Gefangenschaft litten die Raucher an Tabak- und Papiermangel. Als Papier wurde Toilettenpapier verwendet. Einmal sah ich auf der Pritsche eines Feldschers ein Stück eines deutschen Buches liegen. Es handelte sich um ein Soldatenliederbuch, bzw. ein Fragment von etwa 20 Liedern. Ich las sie alle durch, zwei besonders pessimistische lernte ich gar auswendig und übertrug sie ins Russische. Ich glaubte, sie seien nach der Schlacht von Stalingrad geschrieben worden. Im Lager litten wir nicht nur an Hunger, sondern auch an Langeweile. Das Schachspiel brachte uns gewisse Erleichterung; vor dem Krieg war ich ein recht guter Spieler gewesen und hatte mich bis in die dritte Leistungskategorie vorgespielt. Die Figuren schnitzten wir aus Holz, das Brett wurde aus einer Keramikplatte gemacht, die vom Dach gefallen war. Die Hälfte der Figuren wurde mittels Manganlösung dunkel eingefärbt. Täglich spielten wir stundenlang, die Zeit verging.

Eines Tages erschienen in unserem Hof zwei Männer mittleren Alters. Auf den Ärmeln ihrer Uniformen waren Abzeichen aufgenäht, ein Ring mit den Buchstaben »POA«. Ich nahm an, es seien lateinische Lettern und versuchte vergeblich ihren Sinn zu deuten. Doch sie sollten russische Buchstaben darstellen, waren also »ROA« zu lesen und das Kürzel bedeutete »Russische Befreiungsarmee«. Die Offiziere waren Russen und kamen als Emissäre einer sich gerade formierenden Armee, die von General Andrej A. Vlasov[7] befehligt wurde.

Nachdem die Gefangenen bemerkt hatten, dass die Neuankömmlinge keine Deutschen, sondern Russen waren, sammelten sich bald viele Zuschauer. Einer der Offiziere hielt eine Rede, deren Inhalt ich bereits vergessen habe. Die Anrede begann fatalerweise mit »Meine Herren«, was in unseren Ohren einfach schrecklich klang. Alle, die in der Sowjetunion aufgewachsen waren, verbanden mit dem Begriff »Herren« ganz negative Erfahrungen und Gedanken. Die beiden Emissäre hätten bei der Anrede »Brüder« sicherlich mehr Erfolg gehabt. Es folgten noch zahlreiche Fragen, doch wurde ich abgedrängt, so dass ich nicht gut zuhören konnte.

Das Ziel der ROA war die Befreiung Russlands von der kommunistischen Regierung. Ein Eintritt in die ROA war verbunden mit dem Ende des Hungerns und sie bedeutete für viele die Rettung vor dem Hungertod. Trotzdem war der Werbeaktion kein großer Erfolg beschieden, von 600 Gefangenen willigten gerade mal fünf oder sechs ein. Diese hohe Zahl an Absagen wie auch an späteren Desertionen hatte seinen Grund. Das Jahr 1943 ging zu Ende, die Deutschen

---

[7] Andrej A. Vlasov (1900–1946) stammte aus Lomakino/Gebiet Nishnij Novgorod. Mit 19 Jahren Eintritt in die Rote Armee. Rascher Aufstieg, 1930 Eintritt in die KP. 1938–39 Stabschef bei der sowjetischen Militärdelegation in China. 1939 Divisionskommandeur, Juni 1940 Ernennung zum Generalmajor. Nach erfolgreichen Angriffen auf die vorrückende deutsche Armee Verleihung des Lenin-Ordens im Sommer 1941. Januar 1942 Generalleutnant. Nach der Niederlage von Volchov Gefangennahme durch deutsche Truppen. Alsbald diente er sich den Deutschen an, die ihn – nach langem Zögern – mit der Aufstellung von Hilfswilligen-Einheiten betrauten. Die Aufstellung einer wirklichen »Armee« erfolgte erst 1944. Nach der deutschen Kapitulation 1945 Auslieferung Vlasovs an die UdSSR und Hinrichtung als Hochverräter am 1. August 1946.

befanden sich auf dem Rückzug. Unter diesen Umständen schien ein Eintritt in die ROA unsinnig zu sein. Der Tod in Kämpfen, Gefangenschaft und vor allem Verbannung zu 25 Jahren Sibirien schienen unvermeidlich. Bei anderer Frontlage hingegen hätten die Werber eine viel höhere Freiwilligenquote erzielt.

Ich bewohnte damals im Lager eine untere Pritsche, neben mir lagen Šurka, ein Sanitäter aus Smela und ein uns unbekannter Feldscher. Dieser war schon lange Zeit in Slavuta und hatte infolge des Hungers und der Untätigkeit einen Lagerkoller erlitten. Die meiste Zeit verbrachte er mit der Konstruktion einer kleinen Balkenwaage, mit der er auch unsere tägliche Brotration abwog. Er fürchtete nämlich, wir würden ihn bei den Portionen übertölpeln. Bis zu einer halben Stunde täglich wog er alle Krumen und Brotstücke ab. Ich glaube nicht, dass er die Lagerzeit überlebt hat. Eines Tages hatte ich Glück. Durch Zufall wurde ich zu Küchenarbeiten eingeteilt. Dort verbrachte ich einen ganzen Tag, vorwiegend mit der Reinigung von Gemüse befasst. Als Lohn erhielten wir Balanda soviel wir wollten. Nur mitnehmen durften wir nichts, es fand eine strenge Durchsuchung statt. Doch auch Šurka hatte etwas von meinem Kommando, da er meine Balandaportion an diesem Abend aufessen durfte, ich war schon gesättigt. Der deutsche Küchenaufseher aber hatte bemerkt, dass ich seine Sprache verstand. Als sich dann der Küchendolmetscher etwas hatte zuschulden kommen lassen und versetzt wurde, fragte er mich, ob ich nicht dessen Stelle einnehmen wollte. Es wäre die sichere Rettung vor Hunger und zugleich der sicherste Weg zur eigenen Diskreditierung gewesen. Daher lehnte ich ab. Und noch eine Episode erregte unsere Aufmerksamkeit. Eines Tages kam ein Hauptmann der Fallschirmjäger in voller Uniform in unseren Block. Er stand unter Schock und glaubte, alles um ihn herum sei nur ein übler Traum. Er war beim Absprung genau über der Stellung einer deutschen Kompanie gelandet und sofort gefangen genommen worden. Wir aber ließen uns von ihm die Frontlage schildern und bewunderten zudem seine uns noch unbekannte Uniform.

Im November 1943 begann man das Lager zu evakuieren. Als Erstes gingen die Sanitäter und mit ihnen Šurka ab. Alle Ärzte blieben noch zurück und verabschiedeten sich, wir sollten uns die nächsten Jahre nicht wiedersehen. Die Tage verstrichen, die ersten Fröste setzten ein. Die deutschen Truppen zogen sich immer weiter zurück, die Rote Armee rückte vor, überquerte den Dnepr, eroberte Kiev zurück und drang immer weiter nach Westen vor. Das weitere Verweilen in Slavuta erschien den Deutschen gefährlich und so wurden wir rasch verlegt. Am 4. Dezember 1943 bestieg ich mit den letzten Bewohnern unseres Lagers einen Güterzug. Vorher aber mussten wir alle unsere Privatgegenstände mit Ausnahme der Löffel, des Essgeschirrs, einiger Nahrungsmittel und Ersatzwäsche abgeben. Für unser Papiergeld (Rubel) erhielten wir eine Quittung, wonach wir nach dem deutschen Endsieg unser Geld wiederbekommen würden. Wer hatte sich nur so etwas ausgedacht? Die Quittung habe ich leider verloren, sie wäre ein hübsches Schaustück für eine Ausstellung.

Die Deutschen drängten, es mangelte an Zügen und jeder Waggon wurde mit Gefangenen nur so vollgestopft, die Türen anschließend plombiert. Die letzte Zeit vor der Abreise hatten wir noch alle in einem großen Lager zusammen verbracht, so dass bei der Abfertigung in meinem Waggon lauter mir unbekannte Leute saßen. Viele von ihnen waren junge Leutnants, die 1941/42 in Gefangenschaft geraten waren. Der Zug fuhr ab und nach etwa zwei Stunden passierten wir die alte, bald auch die 1939 neu festgelegte sowjetische Westgrenze. Als dies einem der Leutnants klar wurde, erlitt er einen hysterischen Anfall. Er klagte, nicht nach Deutschland zu wollen, zog ein Messer – das offenbar bei der Kontrolle nicht bemerkt worden war – aus seiner Tasche und begann die Wagenwand anzukratzen mit dem Ziel zu entfliehen. Man schleppte ihn von der Wand weg und wir versuchten ihn zu beruhigen. Doch eine Gruppe von Offizieren gedachte den Fluchtgedanken ihres Kameraden fortzuspinnen. Es wurde die planmäßige Durchsägung der Dielenbretter begonnen. Die Flucht sollte in Polen stattfinden, z.B. bei Stopps oder Langsamfahrten. Doch etwas Ähnliches wurde auch in anderen Waggons versucht, von den Deutschen aber bemerkt. Daraufhin wurden alle Waggons gründlich durchsucht und natürlich auch die angesägten Bretter in unserem Wagen bemerkt. Als der zuständige Gefreite dies seinem Vorgesetzten meldete, empfahl dieser sogleich einmal in den Wagen zu schießen. Ich verstand als Einziger, was er sagte, und drängte mich in den toten Winkel des Schützen. Nach einer Weile des Schimpfens und Drohens jedoch entschloss sich die Wachmannschaft auf das Schießen zu verzichten. Aber wir wurden genauestens durchsucht und auch die Löffel fortgenommen. Als ich darauf hinwies, dass diese aus Aluminium seien und keinesfalls als Fluchtwerkzeug verwendbar waren, wurde ich nur beschimpft. Wenigstens durften wir den Essnapf behalten. Auf der weiteren Fahrt gab es keine Zwischenfälle mehr, aber wir wurden noch zweimal durchsucht.

Nach zwei Tagen trafen wir in Chelmo, einer recht großen polnischen Stadt ein, wo sich auch ein Gefangenenlager befand. Es war wahrscheinlich noch vor 1941 eingerichtet worden. Von weitem konnte man die Mauern des örtlichen Schlosses sehen. Die Gefangenen wohnten in baufälligen Baracken mit doppelstöckigen Pritschen. Ein kalter Wind durchzog alle Räume. Die kleinen Öfen vermochten die Baracken nicht zu erwärmen. Die Pritschen waren schon voll und die Dielenböden kalt. Ich saß in der ersten Nacht am Ofen, hielt das Feuer mit Presskohle am Brennen und ging nur gelegentlich nach draußen, um mir die Beine zu vertreten. Am nächsten Tag verließ ich als Erster die Baracke, Raureif bedeckte den Boden, aber es taute schon. Plötzlich sah ich auf dem Boden einen kleinen runden Gegenstand liegen. Ich bückte mich, hob ihn auf und hielt eine kleine Kartoffel in der Hand. Phantastisch! In diesem Lager voller verhungernder Gefangener hatte noch niemand einen solchen Fund gemacht. Ich packte die Kartoffel ein und entfernte mich, da ich fürchtete, der vormalige Eigentümer könnte nach dem Gemüse zu suchen beginnen.

Nach einer Stunde gab es die nächste Überraschung. Gegen neun Uhr wurde das Frühstück ausgegeben und ich musste es ohne Löffel konsumieren. Da betrachtete ich die ungewöhnliche Kleidung der Küchenarbeiter. Woher kannte ich diese Uniformen nur? Es fiel mir rasch ein, ich hatte Italiener vor mir. Italien war zwar mit Deutschland verbündet gewesen, doch nach dem Debakel der gemeinsamen Armee in Afrika und der Landung der westlichen Alliierten in Italien war Mussolini gestürzt worden. Italien trat aus der Koalition mit Deutschland aus, Marschall Badoglio erklärte Hitler den Krieg. Sofort erklärten die italienischen Truppenkommandeure ihre Treue zur neuen Regierung, was die Deutschen zu Gegenmaßnahmen veranlasste. So wurden die italienischen Soldaten gefangen genommen, entwaffnet und als Verräter beschimpft. Massenhaft landeten sie – auch in unserem – Kriegsgefangenenlager. Ungeachtet der Küchenarbeit, die reichlich Ernährung versprach, wirkten die Italiener verhärmt. Sie machten den Eindruck, sich von dem gerade erlebten Trauma noch nicht erholt zu haben. Die Sprachbarriere verhinderte auch die Kontaktaufnahme, sie verstanden zwar deutsch, sprachen es aber nicht.

In Chelmo verbrachte ich auch die folgende Nacht, zunächst buk ich meine Kartoffel im Ofen, sie schmeckte vorzüglich. Am nächsten Tag aber wurden wir in einen Güterzug verladen und nach Deutschland transportiert. Vorsichtshalber wurde uns das gesamte Gepäck abgenommen. Im Waggon waren nur mir gänzlich unbekannte Männer, was mich verstörte. Innerhalb des Wagens wiederum sonderte sich eine Gruppe von acht bis neun Kasachen von den anderen ab. Acht Tage blieben wir in unserem Wagen, doch aufgrund der Menge der Insassen konnte uns die Kälte nichts anhaben. Die Reisebedingungen möchte ich noch kurz schildern. Ein Güterwagen war gemeinhin für acht Pferde oder 40 Menschen bestimmt. 40 Menschen waren kein Problem, wenn im Wagen entsprechend Pritschen aufgebaut waren, doch wurden wir ohne Pritschen transportiert und so gab es Platzmangel. Zudem wurden häufig noch mehr Gefangene in einen Waggon gepfercht. Die Wagentüren waren verschlossen und wurden meist erst am Zielbahnhof wieder geöffnet. Die Verbindung mit der Außenwelt beschränkte sich auf die Fenster, die wiederum mit Gittern versehen waren. Brot und Wasser wurden über die Fenster ins Wageninnere gereicht. Nur wenn es galt, eine Leiche zu entsorgen, wurde die Tür kurz geöffnet. Als Toilette fungierte ein Fass, meist ohne Deckel, das im Waggon stand. Zudem gab es keine Möglichkeit sich zu rasieren oder auch nur die Hände zu waschen. Das spielte aber keine Rolle, alle Gedanken drehten sich um Wasser, da wir stets Durst litten. Ferner konnten wir nicht liegen, wir mussten sitzen. Die schlechtesten Plätze befanden sich in der Nähe des Fasses, hier stank es fürchterlich. Doch mit der Zeit gewöhnte man sich daran, der menschliche Organismus besitzt die Fähigkeit zur Aneignung der Geruchsunempfindlichkeit. Nur beim Verlassen der Waggons war man dann von der Frische der Luft überrascht. So ein Gefühl habe ich mehrmals gehabt.

Als Nahrung erhielten wir nur Brot, Wasser gab es nur zweimal. Als wir einmal einen Eimer Wasser hereingereicht bekamen, brach ein solcher Streit aus, dass fast alles verschüttet wurde. Der Wassermangel machte wiederum das Essen unmöglich, die Harnproduktion sank ab. Am Ende der Reise füllte sich meine Harnblase innerhalb von 36 Stunden nur einmal. Die Gier nach Wasser nahm immer mehr zu.

Die Träumer sahen zum Fenster hinaus. Die polnischen Landschaften unterschieden sich nicht von den russischen. Am fünften Tag der Reise wurde alles anders. Man sah hübsche, mit Dachziegeln gedeckte Steinhäuser, die Wege waren ausnahmslos gepflastert oder asphaltiert. Wir waren in Deutschland. Der Zug fuhr immer schneller, Endpunkt unserer Reise war ein kleiner Bahnhof in Westfalen, nahe der Stadt Paderborn. Von dort aus mussten wir noch eine kleine Strecke zu Fuß zu unserem neuen Lager marschieren. Nach dem Aussteigen bemerkte ich, dass mir mein angespartes Brot gestohlen worden war. Es war das vierte Mal, dass ich bestohlen wurde.

Solchermaßen ausgestattet, halb verdurstet und ohne Nahrung betrat ich den Boden des Dritten Reiches im ersten Jahrtausend seiner Existenz ...

Abb. 10: Kriegsgefangene am Bahnhof Hövelhof (1942)

Das letzte Lager

Das Lager war vom Bahnhof etwa zehn bis zwölf Kilometer entfernt. Es herrschte Schneeregen. Wir marschierten eine schmale Chaussee entlang durch einen Wald hindurch, gingen an Feldern und einzelnen Gehöften vorbei und abermals durch Wald. Plötzlich, nach Passieren eines Gehöftes, wurden wir von deutschen Soldaten umzingelt. Ein Teil von ihnen richtete ihre Gewehre auf uns. Die Soldaten lagen teilweise in Deckung am Wegesrand, andere pirschten sich entlang der Bäume vor. Manche von ihnen glichen eher Kindern als Männern, es waren eben Halbwüchsige, die man gerade einer Grundausbildung unterzog. Wir musterten sie, sie starrten uns an, hasserfüllte Blicke auf beiden Seiten. Wahrscheinlich sollten diese Jungen bald zur Front abrücken, eventuell an die Ostfront.

Nach dreistündigem Marsch bogen wir nach rechts auf einen Landweg ab und sofort erblickten wir die Lagerwachttürme. Nach 15 Minuten standen wir vor dem Tor des Stammlagers Stukenbrock 326 VI/K. Vor Kriegsbeginn hatte es hier nur sumpfiges Brachland gegeben, doch dann wurde bereits Ende 1941 – so glaube ich – das Lager von ankommenden Gefangenen selbst errichtet. Als wir eintrafen, lebten hier Kriegsgefangene aus aller Herren Länder, vier Fünftel der Gefangenen aber waren ehemalige Rotarmisten. Ihr Wohnbereich war vom übrigen Lagerkomplex abgetrennt und diese Abschottung war derartig perfektioniert, dass ich einen ganzen Monat brauchte, um überhaupt die Anwesenheit anderer Gefangener wahrzunehmen.

Zu Beginn des Jahres 1944 war das Lager noch einmal erweitert worden und erstreckte sich nun über eine Länge von zwei Kilometern und eine Breite von 700 Metern. Es gab auch ein Lazarett mit vierstöckigen Pritschen. Das Lazarett war durch Stacheldraht von den anderen Gebäuden getrennt, zudem befand es sich in der Nähe des Lagertors an der langen und breiten Hauptstraße. Direkt daneben lagen die Badeanstalten, Entseuchung und die Küche, alles auf der linken Seite des Lagers. Rechts gegenüber residierte die Wachmannschaft nebst einigen Funktionshäftlingen. Anschließend erstreckten sich auf beiden Seiten der Lagerstraße die Baracken der Gefangenen. Außerhalb des Lagertores befanden sich noch zwei weitere Gebäude, die Kommandantur und das »Arbeitsamt«. Im Letzteren wurden die verschiedenen Arbeitskolonnen zusammengestellt.

Ingesamt gab es im Lager 15 000 Gefangene, doch blieben viele nicht lange hier, Stukenbrock diente eher als Durchgangsstation für sie, bevor sie auf die verschiedenen Arbeitskommandos verteilt wurden. Nur wenige Deutsche hielten sich im Lager auf, die innere Ordnung wurde von einer starken Lagerpolizei aufrechterhalten. Diese Dinge sind mir alle im Gedächtnis geblieben, schließlich blieb ich fast 1½ Jahre in Stukenbrock.

Die Nahrungsmittelversorgung war die gleiche, die ich schon kannte. Brot erhielten wir täglich etwa 250 bis 300 g, die Balanda gab es zweimal täglich. Die Ärzte versuchten eine Kalorientabelle zu konstruieren und kamen zu dem Schluss, dass die Gefangenen täglich nur 900 Kalorien erhielten, obwohl 1400 Kalorien als absolutes Minimum erachtet wurden. Hart arbeitende Menschen sollten noch mehr erhalten.

Abb. 11: Lebensmittelausgabe im Lager

Zunächst kamen wir zur Entseuchung in die Badeanstalt, wo wir 90 Minuten lang nahezu erfroren. Erst mussten wir uns mit alten stumpfen Rasierklingen komplett rasieren. Zum Waschen wurde Kriegsersatzseife verwendet. Sie bestand aus Ton mit irgendwelchen Beimischungen, Schaum konnte man damit kaum gewinnen. Anschließend wurden wir auf einen Block, bestehend aus drei Baracken, verteilt. Außen herum war ein Drahtzaun gezogen. Zunächst versammelten wir uns in zwei Blöcken, hier erhielten wir unsere Rucksäcke zurück, die man uns einfach über den Zaun herüberwarf. Sie wurden allerdings willkürlich verteilt, so fand ich meinen Rucksack mit den medizinischen Fachbüchern nicht wieder. Viel schwerer wog der Verlust meiner eisernen Nahrungsration, bestehend aus einem Kilogramm zerstoßenen schwarzen Zwiebacks. Dies entsprach dem Gegenwert von vier bis fünf täglichen Brotrationen. Bereits seit der Fahrt hungerte ich, nun hatte ich überhaupt nichts mehr zu essen.

Hungernd begab ich mich in meine Baracke. Doppelstöckige Pritschen waren um einen eisernen Ofen herumgruppiert. Es gab kein Stroh, wir mussten auf den harten Brettern schlafen, die Essnäpfe stets als Kopfkissen benutzend. Hier allerdings war es kälter als in Chelmo oder Slavuta, der Ofen wurde nur abends beheizt. Jeden Morgen mussten wir in aller Frühe zum Appell antreten, ein Polizist und ein deutscher Soldat überwachten die Prozedur. Der Soldat war ein posttraumatischer Psychopath, äußerlich gezeichnet von den Folgen einer schweren Gesichtsverletzung und mehreren plastischen Operationen. Er litt ferner an nervösen Zuckungen im Gesicht, Folge des Kampfeinsatzes an der Ostfront. Äußerlich machte er einen kräftigen Eindruck, aber für den Frontdienst war er völlig ungeeignet nach seinen Verwundungen. Infolgedessen sorgte er in einem Lager für sowjetische Kriegsgefangene für Zucht und Ordnung. Beim Antreten löste dieser Gefreite stets seinen Riemen und drosch mit der Schnalle auf die Gefangenen ein, sobald es Unordnung in der Marschordnung gab. Waren alle angetreten, die noch laufen konnten, stürzte er schreiend in die Baracken, um zurückgebliebene Gefangene herauszuprügeln. Ich persönlich beachtete die Disziplin, blieb nicht zurück und wurde daher von ihm nicht attackiert. Ohne äußeren Anlass wurde im Übrigen nicht geprügelt. Wer sich krank meldete, wurde von einem Polizisten ins Lazarett geführt. Bisweilen machten die Feldscher des Lazaretts selbständige Rundgänge, um den Gesundheitszustand der Gefangenen zu kontrollieren und bei Bedarf Kranke gleich mitzunehmen.

In diesem Block verbrachte ich zunächst drei Tage, fand aber keinen Gefallen an diesem Leben. Der Hunger steigerte sich, ich wurde zusehends schwächer. Abends kontrollierte ich meine Füße, um erste Anzeichen von Wassersucht feststellen zu können. Vorläufig jedoch entdeckte ich nichts dergleichen. Am Morgen des vierten Tages erschien ein Vertreter des Lazaretts und rief alle Angehörigen der medizinischen Berufe zu sich. So stellte sich heraus, dass außer mir noch ein Arzt und zwei Feldscher in meinem Block gewohnt hatten. Wir marschierten zusammen zum Lazarett. Ich glaube, es war am 20. Dezember 1943. Damit war die schlimmste Zeit für mich in Stukenbrock bereits vorbei.

Das Lazarett des Lagers 326 VI/K konnte selbständig agieren, ungefähr so wie in Smela. Das medizinische Personal unterstand dem Chefarzt, der die Gesamtleitung innehatte und der zunächst zwei, dann drei deutschen Ärzten unterstand. Insgesamt umfasste das Lazarett 20 oder 22 Baracken, sechs davon dienten als Behandlungsräume, in den übrigen waren die Kranken untergebracht. Jede Baracke wies drei Räume auf, für je 22 Personen. Für jeweils 66 Patienten waren also ein Feldscher und ein Sanitäter verantwortlich, ihnen assistierte ein Gefangener, der die Kranken mit Wasser versorgte und den Ofen beheizte. Das Personal wohnte separat, Ärzte, Feldscher und Sanitäter jeweils unter sich.

Die Deutschen verfügten im Lager neben den Ärzten noch über einen Sanitätsobergefreiten, zwei Dolmetscher und drei Sanitäter. Die Dolmetscher waren auch für das übrige Lager zuständig. Die deutschen Sanitäter hatten meist nichts zu tun, sie begleiteten allenfalls das Begräbniskommando. Für die Verwaltungsangelegenheiten war Obergefreiter Könkels verantwortlich. Von den Dolmetschern stammte einer aus der Wolga-Republik, war aber 1941 gefangen genommen worden. Sodann hatte er sich rasch seiner Zugehörigkeit zum deutschen Volkstum besonnen und war als »Volksdeutscher« in die Wehrmacht eingetreten. Er war noch relativ jung und mir völlig unsympathisch. Der deutsche Chefarzt hatte bereits am Ersten Weltkrieg teilgenommen, war etwa 55–60 Jahre alt und avancierte noch 1945 zum Oberfeldarzt. Nur ein- bis zweimal die Woche kam er ins Lazarett. Ich betrachtete ihn nur aus der Ferne, ebenso wie er unsere Kranken.

In jeder Baracke, die vom ärztlichen Personal bewohnt wurde, gab es einen eigenen Sanitäter als Raumbesorger. Zudem organisierten die Sanitäter den Betrieb in der Wäscherei. In den Krankenzimmern und Wohnräumen gab es Strohmatratzen und Strohkissen, die Verhältnisse waren also erheblich besser als im Stammlager. Die Temperatur sank sogar im Winter nicht unter +18° Celsius. Die Verpflegungsunterschiede zwischen Arzt- und Stammlager glichen denen in Smela. In den ersten Tagen hatte ich nur Balanda aus ungeschälten Steckrüben erhalten, sobald ich aber als Arzt ins Lazarett gewechselt war, erhielt ich eine Balanda, in der die Steckrübe nur ein unwesentlicher Zusatz war. Hauptbestandteile waren weiße Rüben, Kartoffeln, Mehl, manchmal Rote Bete. Sogar Fleischfasern verirrten sich gelegentlich in mein Essgeschirr. Zudem war die Balanda dickflüssig. Zum Frühstück gab es 300 g Schwarzbrot und sogar 15 g Margarine und süßlich schmeckenden Ersatzkaffee. Später erfuhr ich, dass er hauptsächlich aus getrockneten Möhren bestand. An meinem Ankunftstag führte mich ein Arzt in meine Wohnbaracke, sie war für die Reserveärzte vorgesehen. Sofort legte ich mich auf eine der freien Pritschen – und schlief ein. Erst nach 24 Stunden erwachte ich wieder und stand auf, da ich Hunger verspürte. Am nächsten Tag lernte ich den russischen Chefarzt

I.G. Alexeijev kennen. Vor der Gefangenschaft war er als leitender Chirurg in einer Divisionssanitätsstelle tätig gewesen. Er sah gut aus, war hochgewachsen, schwarzhaarig, klug und verfügte über alle Qualitäten einer Führungspersönlichkeit. In erster Linie interessierte er sich für meine Spezialdisziplin und es stimmte ihn glücklich, als ich ihm sagte, dass ich HNO-Arzt sei. In Stukenbrock wurden die Kranken noch erheblich besser behandelt als im »Groß-Lazarett-Ukraina«. Hier gab es einige Internisten, Chirurgen, einen Stomatologen, einen Neurochirurgen, der auch Augenarzt war, einen Hautarzt, Nervenarzt, Psychiater und einige Dentisten. Der OP-Raum befand sich in einer normalen Baracke. Die Operationen wurden meist unter örtlicher Betäubung durchgeführt, anstelle einer OP-Schwester agierte ein noch sehr junger Arzt. Die Allgemeinnarkose machte einer der Chirurgen selbst. Chirurgische Bestecke und Nahtstoffe waren genügend vorhanden. Zur Sterilisation der Geräte benutzten wir allerdings einen Dampfkochtopf. Mit Verwunderung betrachtete ich Papierbinden, die Toilettenpapier zu ähneln schienen. Zudem verwendeten wir zusammen mit Mullbinden Papier, das eine größere Saugfähigkeit besaß.

Am folgenden Tag wurde mir ein eigenes Behandlungszimmer für HNO-Kranke zugewiesen und ich siedelte umgehend zu den Stammärzten über. Die meisten von ihnen waren hocherfahrene Fachleute, fünf von ihnen waren in früherer Zeit klinische Assistenten gewesen. Einer der Chirurgen, Anatoli Konstantinovic Šveikin (*19.04.1907)[8], der sich A.E. Belizkij nannte, war getaufter Jude, was damals aber keiner ahnte. Einer der Internisten, N.M. Guščin hatte ebenfalls in der 307. Infanteriedivision gedient. Doch er war einige Monate vor meiner Ankunft bereits in Gefangenschaft geraten. Im Lagerlazarett betreute er in einer eigenen (vierten) Baracke die Tuberkulosekranken. Dies war eine unangenehme und gefährliche Arbeit. Hier befanden sich die aussichtslosen Fälle. Die Deutschen betraten diese mit Gitterfenster versehene Baracke nie. Dies ermöglichte es uns dort einige Menschen zu verstecken, welche die Deutschen im übrigen Lager suchten. Über Monate konnte man sie verbergen und bei Bedarf auch auf die Liste der Verstorbenen setzen. Die Tuberkulosekranken blieben nicht lange in der kleinen vierten Baracke, sondern wurden – zum Sterben – in das Lazarett Staumühle verlegt. Man sagte, dass es dort nur einmal täglich Balanda gebe.

---

[8] Dokumentationsstätte Stalag 326 VI/K, Camo-Datenbank: 311012, Erkennungsmarke VI K 326, 130427. Vor der Gefangenschaft hatte er dem 965. Infanterieregiment angehört. CAMO bedeutet, dass es sich hierbei um digitalisierte Kopien der Akten des russischen Verteidigungsministeriums handelt.

Abb. 12: Tbc-Station des Lagers Stukenbrock

Kurz nach mir traf noch ein Chirurg aus dem Baltikum mit Namen Michail Michailovič Esmont (*13.03.1911)[9] ein. Er verfügte über eine ausgezeichnete Ausbildung und bestand die ihm von I.G. Alexeijev und Oberarzt Vasilij Ivanovič Rasumovskij (leitender Chirurg, auch im Zivilberuf, geboren 20.02.1898)[10] vorgelegten Aufgaben vorzüglich. Ich bekam sogar das Gefühl, dass Esmont den beiden Vorgesetzten mindestens gleichwertig war. Ich glaube, dass auch die Prüfer dieses Gefühl beschlich. Auch mir wurde klar, dass ich einer inoffiziellen Prüfung unterzogen worden war, doch war diese für mich leicht gewesen. Zum einen hatte ich keine Ahnung, dass das einleitende Begrüßungsgespräch mit dem Chefarzt keine Höflichkeitsfloskel, sondern eine Prüfung war und zum anderen war ohnehin offensichtlich gewesen, dass ich bei meinem jungen Alter noch keine langjährige Erfahrung besitzen konnte. Ferner hatte ich kurz vorher das beste greifbare Handbuch zur HNO-Heilkunde studiert, so dass ich meine Thesen sogar verteidigen konnte.

In unserem Lazarett wimmelte es von Flöhen, was mir nichts ausmachte. Die Flöhe drangen durch die Bodenbretter direkt zu uns in die Betten, die Baracken hatten ja kein Fundament. Einer unserer Hautärzte ekelte sich aber gewaltig vor diesen Tieren. Jeden Abend verschloss er hermetisch seine Kleidung, band sich einen Schal um den Hals und legte sich steif ins Bett. Doch es half alles nichts, die Flöhe suchten auch ihn heim.

Ich schlief in einem zweistöckigen Bett und zwar unten. Über mir lag ein schon älterer Internist, Oberarzt, mit Namen Konstantin Maksimovič Druškov[11]. Vor dem Krieg hatte er dem Obersten Sowjet angehört. Nur in der Gefangenschaft konnte man also Repräsentanten der Regierung begegnen!

Jeden Abend um 22 Uhr ertönte ein Signal und das elektrische Licht wurde ausgeschaltet. Neben Stromanschluss verfügten wir auch über ein Hydrantensystem, wie man es heute noch in vielen Städten besitzt. Man drückte einen Hebel nach unten und schon floss das Wasser.

Ein Fachkollege, der einen tiefen Eindruck auf mich machte, war V.M. Moro-

---

[9] Camo-Datenbank: 321506, Erkennungsmarke 336 (Kovno): 7653, war zusammen mit Druškov im Laufe der Gefangenschaft in ein Straflager verbracht worden.
Geboren wurde er allerdings in Irkutsk, damit Widerspruch zu den Angaben Čumakovs. Könnte aber vom Namen her Balte sein.

[10] Camo-Datenbank: 2131088, 352/14304. 16. August 1941 in Gefangenschaft bei Smolensk, kommt ins Stalag Minsk. Am 10. September 1943 Verlegung nach 326.

[11] Camo-Datenbank: 1140938 VI K 164102. Am 28. Juli 1941 gefangengenommen. Zeitweise strafverlegt nach Hema (Straflager im Bereich Stukenbrock), kam im Dezember 1944 ins Stammlager zurück.

sov[12], der Dozent in Moskau gewesen war. Er beherrschte sowohl die deutsche als auch die englische und französische Sprache. Sein Vater, ein Virologe, zählte zu den bekanntesten Medizinern in der Sowjetunion. Nach 1945 sollte Morosov junior nach Moskau zurückkehren, sich habilitieren und als Professor in die Fußstapfen seines Vaters treten. In Stukenbrock leitete er zwei Baracken mit psychisch kranken Menschen. Bisweilen wurden dort auch Leute versteckt, die man als Schizophrene tarnte. Diese Verlegungen besorgte der Chefarzt Alexeijev selbst, so dass niemand davon erfuhr. Einige Gefangene suchten durch Vortäuschung von Geisteskrankheiten ins Lazarett zu gelangen. Meiner Meinung nach war das nicht ungefährlich. Die Deutschen töteten schon ihre eigenen Geisteskranken, was würden sie erst mit unseren anstellen? Aber es gab auch echt psychisch Kranke. Einige von ihnen versuchten zu fliehen, reagierten nicht auf Anrufe vom Wachturm und wurden erschossen. Morosov stellte auch über seine Fachkollegen psychiatrische Diagnosen an. Dem Chefarzt teilte er z.B. nebenbei mit, er sei ein Fallsuchtpsychopath. Ich durfte erfahren, dass ich schizoidpsychopathisch sei. Seltsamerweise focht niemand seine fachliche Autorität an. Als ich ankam, lag Morosov auf seiner Pritsche und stand nicht auf. Er war wegen eines Magenulkus operiert worden und erholte sich einen Monat lang davon. Bald nach meiner Einquartierung wurde in unserer Wohnbaracke ein großes, farbiges Porträt von Adolf Hitler aufgehängt. Darunter stand auf russisch: »Hitler – Befreier«. Etwas Dümmeres hätten sich die Deutschen kaum ausdenken können. Wahrlich, da saßen wir Tausende von Kilometern von zu Hause entfernt im Lager und jeden Morgen durften wir einem »Befreier« ins Gesicht schauen.

Wenn ich nicht gerade im Krankenzimmer arbeitete, erledigte ich gleich noch ambulante Aufgaben. Dann saß ich direkt neben dem Lazaretteingang. Hier befand sich auch die Krankenkartei, die von drei Übersetzern stets auf den neuesten Stand gebracht wurde. Name, Vorname, Geburtsjahr, Lagernummer, Beschwerden, Anamnese, allgemeiner und örtlicher Befund wurden erfasst. Anschließend die verordnete Behandlung und alle drei Wochen ein Vermerk über Gesundung oder Ableben. Und das alles zweisprachig. In meiner Ambulanz verfügte ich über deutsches HNO-Gerät. Der Stirnspiegel bestand aus poliertem Metall. Am Eingang des Ambulatoriums stand ein langer Tisch, an dem ich und der Chirurg G.N. Speranskij sowie ein junger Feldscher saßen. Kittel trugen wir keine, schließlich operierten wir ja nicht. Mit der Zeit lehrte ich den jungen Feldscher den Stirnspiegel zu benutzen und die Krankheiten der HNO-Patienten zu diagnostizieren. Sollte er später einmal Arzt in der Provinz werden, so konnten ihm diese Kenntnisse nur nützen. Täglich kamen neue

---

[12] Camo-Datenbank: 270800, Erkennungsmarke: VI K 326, 19864

Kranke zur Untersuchung ins Lazarett, aber unsere Hauptaufgabe bestand in der Direktbetreuung der Patienten in den einzelnen Kommandos. Diese wurden unter Bewachung zu uns geschickt, doch mussten sie dazu erst einmal bis zu zwölf Kilometer laufen. Denn Stalag 326 VI/K Stukenbrock war ein Stammlager, das zahlreiche Außenkommandos mit Arbeitskräften versorgte, wobei die Arbeitsorte bisweilen weit entfernt lagen. Im Lager gab es auch Schneider-, Schuster- und andere Werkstätten. Die Außenkommandos arbeiteten in Betrieben, Gruben und in der Landwirtschaft. In der Letzteren gab es die Möglichkeit zur zusätzlichen Nahrungsmittelversorgung, infolgedessen waren diese Jobs sehr begehrt. Nur so konnten viele Gefangene überhaupt den Krieg überleben. Im Lager selbst verhungerten die Gefangenen binnen weniger Monate. Also mussten sie rasch Arbeit finden, solange sie noch kräftig genug waren. Eine längere Krankheit mit Lazarettaufenthalt war hier nur ungünstig, da die Kranken nur die übliche Lagerkost erhielten. Wenn ein schon sehr geschwächter Gefangener in ein Kommando kam, wurde er umgehend ins Lazarett gebracht, um dort ein wenig aufgepäppelt zu werden. Oft kam aber jede Hilfe zu spät und der Mann starb. Nun durften wir aber als Todesursache auf gar keinen Fall »allgemeine Dystrophie« (verhungert) auf den Totenschein schreiben, das war verboten. Ein typischer Fall von Heuchelei. Also lautete die Todesursache zumeist Herzschwäche. Bekam der Invalide kurz vor seinem Tod noch Durchfall, starb er offiziell an Darmentzündung, hustete er hingegen, so lag unzweifelhaft eine Lungenentzündung vor. Stets war das Lazarett voller hungernder, geschwächter Menschen. Zwischen 1941 und 1945 starben etwa 50 000 bis 65 000 Gefangene im Lager, pro Tag etwa 40 Kranke. Als ich ins Lazarett eintrat, war die Quote etwas niedriger, so starben »nur« 15–20 Menschen jeden Tag. Die Beerdigungsmannschaft hatte stets viel zu tun und füllte den etwa einen Kilometer vom Lager entfernten Friedhof.

Bereits lange vor Kriegsausbruch hatten die Nationalsozialisten Konzentrationslager bzw. Vernichtungslager angelegt. Während des Krieges wurden weitere errichtet, ihre Namen sind heute wohlbekannt: Buchenwald, Dachau, Auschwitz, Maidanek, Treblinka und andere. Hier gab es Gaskammern, Krematorien und die Häftlinge trugen gestreifte Uniformen. Viel Literatur wurde geschrieben, aber in diesen Konzentrationslagern waren insgesamt nur wenige Kriegsgefangene. Die überwiegende Mehrheit der gefangenen Soldaten kam in Arbeitslager, eine planmäßige Vernichtung im Stile von Auschwitz fand nicht statt. Die Kranken wurden bisweilen geheilt, doch aufgrund der ungenügenden Versorgung starben massenhaft Menschen. Es mangelte an ausreichender Verpflegung, die Kleidung war schlecht, die allgemeinen Lebensbedingungen katastrophal. So stieg z.B. die Rate der an Tuberkulose erkrankten Gefangenen stets an. In unserem Lager war zumindest die Kleidung nicht ganz schlecht. Unsere abgetragenen und zerrissenen sowjetischen Uniformen tauschten wir gegen die Uniform, welche die Deutschen im Ersten Weltkrieg getragen hatten. Es war fast unglaublich, aber diese Kleidungsstücke waren seit 1918 aufbewahrt worden. An Schuhen erhielten wir Produkte aus den geschlagenen europäischen Ländern, bisweilen aber auch nur Holzschuhe. Ich trug eine graue Militärjacke mit vier Außentaschen und eine blaue Hose. Die Schuhe bestanden aus Zelttuch, die Sohle war hölzern. Schon nach einer Woche waren mir die Schuhe unbequem, doch ich gewöhnte mich an sie. Auf den Rückseiten unserer Lagerkluft prangten die Buchstaben »SU« für Sowjetunion, am Kragen der Jacken waren zudem Funktionsbezeichnungen aufgenäht (Arzt, Feldscher, Sanitäter), auf der einen Litze in deutscher, auf der anderen in russischer Sprache.

Bereits während der ersten Arbeitstage bemerkte ich einige wunderliche Dinge. So kam nachmittags in Begleitung eines Arztes gelegentlich ein deutscher Unteroffizier in die Privaträume der Ärzte. Aber niemand stand stramm oder grüßte. Vielmehr begrüßte der Unteroffizier in gebrochenem Russisch die Anwesenden und sogleich begann ein lebhaftes Gespräch mit dem Hilfsdolmetscher und Unteroffizier Anton Liebl[13] aus Prag. Er bemühte sich stets, das Russische zu erlernen und suchte den Kontakt mit uns. Er war nicht übermäßig groß, hatte blonde Haare, war wohlgenährt und freundlich. Bald lernten wir uns näher kennen, freundeten uns an. Liebl sah sich selbst nicht als Deutschen, sondern als Tschechen. Er war zwar deutscher Herkunft, seine Familie lebte aber seit Generationen in Prag. Nach der Okkupation 1939 wurde er als Deutscher einberufen und zum Dolmetscher bestimmt, da man annahm, er würde russisch einfach so verstehen. Schließlich war seine Muttersprache ja tschechisch. Und Liebls Russisch enthielt auch nicht den deutschen Akzent. Liebl hatte stets ein offenes Ohr für die Anliegen der Gefangenen, später erfuhr ich, dass er sogar zweien zur Flucht verholfen hatte. Das war ganz einfach, man musste eigentlich nur die Nummer eines toten Gefangenen annehmen. Um dies zu unterbinden hatten die Deutschen doppelte Metallplättchen (»Hundemarken«) an uns ausgegeben, die aber gleichwohl einem lebhaften Tauschhandel unterlagen. In einem Todesfall wurde das Plättchen zerbrochen, ein Jeton landete im Grab, der andere in der Statistik. Um wenigstens innerhalb des Lazaretts den permanenten Austausch von Personen zu verhindern, wurden wir im Sommer 1944 alle photographiert, die Photos dann mit den persönlichen Nummern der Gefangenen versehen und katalogisiert.

---

[13] Anton Liebl wurde am 23.11.1908 geboren. In der Wehrmacht bekleidete er über längere Zeit den Posten eines Unteroffiziers in der Dolmetscher-Kompanie des Wehrkreises IV (Münster/Westfalen). Erst im März 1945 wurde er zur Armee-Kriegsgefangenenstelle 60 versetzt, doch dürfte dieser Befehl aufgrund der Entwicklung der Frontlage keine Bedeutung mehr erlangt haben. Siehe Bundesarchiv-Zentralnachweisstelle: Akt Liebl, Anton.

Kurz nach der überraschenden Begegnung mit Liebl lernte ich noch den jungen deutschen Sanitäter Franz kennen. Er war wohl noch nicht einmal 18 Jahre alt, trug seine Haare relativ lang und machte einen positiven Eindruck auf uns. Stets hielt er sich bei unseren Sanitätern auf, pflegte einen engen Umgang mit ihnen. Ganz offen gestand er uns, dass er im Falle einer Versetzung an die Front sogleich desertieren würde. Tatsächlich wurde er am Ende des Frühlings 1944 an die Westfront versetzt, wo er sogleich desertierte. Im Januar 1945 bekamen wir erste Post von ihm aus England, dem internationalen Roten Kreuz sei Dank.

Ich hatte die Aufgabe, unser Lazarett gegenüber einem eleganten jungen, etwa 30-jährigen deutschen Stabsarzt zu vertreten. Er hieß Damann. An der Front war er am Unterschenkel verletzt worden. Trotz der Entfernung des Splitters hatte sich eine stets eiternde Osteomyelitis entwickelt. Infolgedessen war er für den Frontdienst untauglich und nach Stukenbrock versetzt worden. Man konnte nichts Schlechtes über ihn sagen, seinen Dienst versah er gewissenhaft. Alexeijev und er standen sogar so gut miteinander, dass der Deutsche ihm gestattete, in seinem Namen zu handeln.

Gelegentlich untersuchte Damann in der Ambulanz auch selbst Kranke. Seine Aufgabe war es, die von den russischen Ärzten absichtlich nicht erkannten Simulanten auszusondern und ins Lager zurückzuschicken. Doch ließ er hierbei durchaus mit sich reden. Damann war Nichtraucher und hasste alle Raucher. Wenn ein Gefangener wegen eines Magengeschwürs aufgenommen werden sollte und Damann dies zu Ohren kam, so beschnupperte er zunächst den Patienten. Stellte sich heraus, dass dieser rauchte, so brüllte ihn Damann an.

»Du hast selbst die Geschwürentstehung gefördert. Rauche nicht und es heilt von selbst!« Ich stand daneben und durfte übersetzen. Eine weitere Szene mit Damann werde ich sicherlich auch nie vergessen. Ein schon älterer Feldscher mit Namen Manukian, Armenier, der ansonsten als Physiotherapeut arbeitete, zerbrach eines Tages in Damanns Beisein die Solluxlampe. Damann tobte. Manukian wollte seine Schuld nicht einsehen und versuchte – trotz der Tatsache, dass er weder richtig russisch geschweige denn deutsch sprach – sich zu rechtfertigen. Als er merkte, dass Damann ihn nicht verstand, begann er russisch zu reden und ich übersetzte flugs: »Der Mensch stirbt ... er stirbt viele Male ... warum kann nicht die Lampe ein einziges Mal sterben?« Damann war nicht in der Lage, die Frage zu beantworten, sondern lächelte, drehte sich um und ging.

Im Jahre 1944 war die Russische Befreiungsarmee ROA eine bedeutende Macht geworden. Sie gab eine eigene Zeitschrift, »Zarja« (Morgenröte) heraus. In einem der ersten Hefte war der Aufruf Vlasovs veröffentlicht, der mit den Worten »Die Sowjetmacht hat mir nichts zuleide getan« begann. Er schilderte seinen Übertritt von der Roten zur Deutschen Armee, seine Gründe und äußerte Kritik an der Kriegsführung der Sowjetunion. Seiner Meinung nach bestand das Oberkommando nur aus tatenlosen Statisten. Wir lasen sämtliche Ausführungen von vorne bis hinten. In der Zeitschrift wurden auch die Offiziere Vlasovs vorgestellt. Hierzu zählte z.B. Oberst Malzev, der lange Zeit in sowjetischen Gefängnissen verbracht hatte und dort zum Antikommunisten geworden war. Im Stab der ROA war auch der Flieger Byčkov tätig.

Abb. 13: Die Führungsspitze der ROA-Luftwaffe bei einer Einsatzplanung, März 1945

Als ich es las, erinnerte ich mich sofort seiner Person, im Gefängnis zu Charkov war ich ihm begegnet. Viele ehemalige Offiziere, Generäle der Roten Armee dienten in der ROA. Warum taten sie das? Niemals zuvor hatte es so etwas gegeben, dass Russen in einem Krieg mit dem Feind zusammen gegen ihre eigene Regierung und ihr Land kämpften. Es gab gewichtige Gründe dafür und vieles erfuhren wir aus dieser Zeitung (Zarja), so auch ein Gespräch zwischen Vlasov und Stalins Sohn. Von der Frontlage aber schrieb man in der Zarja wenig, die Deutschen eilten ja von Niederlage zu Niederlage. Aber im Vorlager gab es Radio und an einem Pfosten hing ein Lautsprecher, 50 Meter vom Lazarett entfernt. Leider schaltete man ihn nicht oft ein, doch hörte man von Zeit zu Zeit Neuigkeiten, vornehmlich aber Goebbels-Reden. Ich kann nur bestätigen, dass er ein vorzüglicher Redner war, die eigentliche Frontlage aber hörten wir mittels »Bi-Bi-Si« (BBC). Die Deutschen hörten insgeheim den Sender und wir erfuhren auch, was sich wirklich abspielte. Zwar bedrohten die Deutschen jeden Feindhörer mit der Todesstrafe, aber insgeheim hörten auch die Militärs in der Lagerleitung den englischen Sender. Liebl teilte uns stets mit, was gerade aktuell war.

Ich verbrachte nun die meiste Zeit im Ambulatorium, wo ich die Gelegenheit nutzte, alle Angestellten kennenzulernen. Da gab es zwei Dolmetscher, die vor dem Krieg in der UdSSR an Schulen Deutsch unterrichtet hatten. Der Dritte, V.M. Kassatkin, war gar promovierter Philologe an der Universität Kasan. Manchmal kam er in unsere Baracke und erfreute uns mit stundenlangem Deklamieren berühmter Schriftsteller und Dichter – sein Gedächtnis war hervorragend. Anfang 1945 beschloss er zu fliehen. Er verließ das Lager über eine Arbeitskolonne und türmte. Nach einiger Zeit wurden alle Flüchtlinge wieder gefasst und Kassatkin kam letztendlich wieder zu uns zurück. Seine Flucht schien mir unbegreiflich, es ging ihm im Lazarett nicht schlecht und das Kriegsende war absehbar. Vielleicht wollte er seine Biographie ein wenig aufbessern.

In dem Teil des Lagers, in dem nichtrussische Gefangene untergebracht waren, gab es zwar auch Ärzte, doch ich war der einzige HNO-Spezialist. Eines Tages wurde ein italienischer Gefangener mit schweren Warzenfortsatzentzündungen am Schläfenbein eingeliefert. Er wurde von einem italienischen und einem französischen Arzt begleitet. Eine Operation war dringend angezeigt und mit Sondererlaubnis des Lagerkommandanten durfte der Mann zu uns verlegt werden. Sogleich begannen wir mit den Vorbereitungen für die Operation. Ich jedoch war erschrocken – und Gründe gab es genügend. Ich hatte noch nie im Stalag 326 operiert, die letzte derartige Operation war schiefgelaufen und zudem blickten sämtliche Fachkollegen – gerade die Ausländer im Nachbarlager – auf mich. Außerdem war mein Chefarzt zugegen. Auch er fürchtete einen Misserfolg und eilte hektisch umher. G.N. Speranskij assistierte mir. Während die Kollegen den Operationsraum vorbereiteten, musste ich eine Anamnese durchführen. Jedoch sprach ich kein italienisch und der Patient weder russisch noch deutsch. Aber der begleitende italienische Arzt sprach französisch, das ich auch einigermaßen beherrschte. Die Operation selbst musste unter örtlicher Betäubung durchgeführt werden, die sich als ungenügend erwies. Auch eine Verabreichung von Morphium zeigte nicht den gewünschten Erfolg. Alle Weichteile waren entzündet, schon beim ersten Nadelstich heulte der italienische Patient laut auf und versuchte zu fliehen. Alle Anwesenden mussten ihn mit Gewalt festhalten und ihn schließlich anbinden. Wegen meiner Ungeschicklichkeit und der Aufregung dauerte der Eingriff länger als eine Stunde.

Der Knochen war schwer entzündet und aufgeweicht, der Erweichungsprozess hatte bereits auf die umliegenden Teile übergegriffen und bedrohte den Hirnsinus. Mühsam und ohne topographische Orientierung arbeiteten wir uns vor. Die Operationswunde wurde zunächst offengelassen, aber tamponiert und verbunden. Ich war völlig erschöpft. Während der gesamten Operation hatte das Geheul des Patienten angedauert, wenigstens verstand ich kaum ein Wort außer »piano, piano«. Einige Zeit später schilderte mir aber der italienische Arzt, was mir sein Landsmann auf dem OP-Tisch alles an den Kopf geworfen hatte. Zunächst habe er vor Schmerz geschrieen, dann nach seiner Mutter verlangt, um Erbarmen gefleht und Gott um Hilfe angebettelt. Als dies alles nutzlos erschien, änderte er seine Taktik und beschimpfte den italienischen Arzt, da ihn dieser den russischen Scheusalen ausgeliefert habe. Schließlich folgten die übelsten italienischen Schimpfwörter, die sich gegen Gottvater, die heilige Maria und mich richteten. Die letzte Szene machte er uns, als er begriff, dass er bis zur Ausheilung allein bei den Russen verbleiben musste. Und von diesen konnte man doch bekanntlich nichts Gutes erwarten!

Das war meine erste Begegnung mit einem italienischen Patienten mit Namen Alberti. Später jedoch wurde er mein Freund und der Freund aller Russen im Lager. Einige Zeit danach nahmen wir zwei weitere italienische Patienten auf, die sich allerdings nicht derartig anstellten wie Alberti. Ich begann mich für Land und Sprache zu interessieren, wenig später erhielt ich aus dem Nachbarlager zwei Wörterbücher (deutsch-italienisch, italienisch-deutsch). Allmählich gelang es mir so, mich mit meinen neuen Patienten zu verständigen. Zwei Stunden täglich übte ich mit Alberti und schon nach etwa drei Wochen konnten wir uns verständigen. Alberti begann auch russisch zu verstehen, konnte aber die Sprache nicht aussprechen.

Die absichtlich offengelassene Operationswunde heilte nur langsam zu und er verblieb 1½ Monate in unserem Lazarett. Bald verließ er die Baracke und lief außen auf und ab, wodurch er gewisses Aufsehen erregte. Einige Russen näherten sich ihm, deuteten mit dem Finger auf ihn und sagten »Du Mussolini?« Alberti schüttelte empört den Kopf, schlug sich mit der Hand auf die Brust und brüllte »Io Badoglio«. Das verstanden alle. Alberti besaß überhaupt ein geselliges Wesen und war ein wenig impulsiv. Öfters erschien er in unserem Lazarett unter dem Vorwand, sein Ohr müsse untersucht werden. Diese Besuche wurden aber allein zum Tauschhandel genutzt. Er schenkte mir ein rundes Metallkästchen, wo er vorher Zigaretten aufbewahrt hatte und einen aus braunem Kunststoff gefertigten Rasierapparat. Beide Geschenke bewahre ich bis heute auf.

Einmal begleitete ich unseren Chefarzt Alexeijev in den Komplex der anderen Gefangenen, da er dort an einem Konsilium teilnehmen musste. Ich ging als Dolmetscher mit, da der Patient Franzose war. Der »ausländische« (d.h.

nicht-russische) Teil des Lagers ähnelte unseren Baracken nur äußerlich. Gitter, Wachtürme, Baracken. Aber die Gefangenen wirkten gut genährt und trugen die Uniformen ihrer Armeen, die Offiziere sahen auch wie solche aus und mussten sich nicht zwecks besserer Überlebenschancen als Soldaten ausgeben. In den Baracken gab es alle nötigen Wohnaccessoires: Laken, Kissenbezüge, Handtücher, Betten statt Pritschen. Bisweilen konnte man auf den Tischen Reste von Speisen erkennen. Die Essensration war besser, zudem wurden Sendungen des Roten Kreuzes durchgelassen. Wir bekamen keine Sendungen, die sowjetische Regierung hatte in der Vergangenheit eine entsprechende Konvention des Völkerbundes nicht unterzeichnet.

Im »Ausländerlager« besuchten wir die Baracken der französischen und jugoslawischen Kriegsgefangenen. Letztere waren bereits im Frühjahr 1941 in Kriegsgefangenschaft geraten, nachdem deutsche und italienische Truppen gemeinsam ihr Land besetzt hatten. Nicht weit davon gab es Baracken für Polen – und Engländer. Dorthin gingen wir aber nicht. Ich sprach ein wenig mit dem jugoslawischen Dolmetscher, unsere Sprachen sind sich ja sehr ähnlich und so verstanden wir einander. Zum Abschied erhielt ich noch drei Fisch- bzw. Fleischkonserven als Geschenk. Sie schmeckten vorzüglich. Hinsichtlich der Polen ist anzumerken, dass dieses Land ja bereits 1939 von deutschen, aber auch sowjetischen Truppen besetzt worden war.

Infolgedessen betrachteten die Polen auch uns als Okkupanten. Zudem hatten die Deutschen unter den polnischen Gefangenen die Neuigkeiten über die massenhafte Ermordung polnischer Offiziere und Ärzte durch den sowjetischen Geheimdienst (Katyn) publik gemacht[14]. Oftmals stand ich am Lagerzaun um die vorbeimarschierenden Kolonnen zu mustern. Wenn Franzosen oder Jugoslawen an sowjetischen Gefangenen vorbei marschierten, gab es stets neugierige Blicke, auch warfen sie Zigaretten zu uns herüber. Sie litten daran keinen Mangel. Eines Tages verfolgte ich die Begegnung zwischen einer polnischen und einer russischen Kolonne. Beide marschierten langsam aufeinander zu, eine sollte an der anderen vorbeiziehen. Als die Polen nur noch wenige Schritte entfernt waren, drehten alle Gefangenen ihre Gesichter von uns weg. Diese Szene kann ich bis heute nicht vergessen.

Nach Alberti kamen noch weitere italienische Gefangene mit Warzenfortsatzentzündungen. Ich operierte sie alle mit Erfolg. Aber einer von ihnen, ein

---

[14] Am 13. April 1943 entdeckten deutsche Soldaten in der Nähe des Dorfes Katyn riesige Massengräber mit insgesamt 4005 Leichen. Diese erwiesen sich als 1940 vom sowjetischen Geheimdienst erschossene polnische Offiziere, die 1939 gefangen genommen und anschließend in die UdSSR verschleppt worden waren. Es sollte bis 1989 dauern, dass die sowjetische Führung sich zu diesen Verbrechen bekannte.

noch ganz junger Bursche, wurde nach einigen Wochen wieder in unser Lazarett verlegt. Er litt an Schwindelgefühlen, Kopfschmerzen und körperlichen Schwächezuständen. Doch Operationswunde und Ohr waren völlig verheilt. Unser Neurochirurg, S.I. Sdriljuk, vermutete einen Hirnabszess. Er war ein sehr erfahrener Arzt und hatte vor dem Krieg als Assistent am Lehrstuhl für Anatomie und Chirurgie der Universität Kiev gearbeitet. Als gebürtiger Ukrainer sprach er Russisch ohne Akzent, zudem vermochte er sich auf Deutsch und Englisch verständlich zu machen. Er war bei Kriegsbeginn zum Landsturm eingezogen worden, geriet aber bald in Gefangenschaft und arbeitete zunächst in einem Kriegsgefangenenlazarett in Minsk.

Gemeinsam operierten wir den italienischen Patienten erneut, öffneten den Schädel, punktierten die Hirnhaut, fanden aber keinen Eiterherd. Auch zwei weitere Lokalisationsversuche schlugen fehl. Dann starb der Mann und wir führten eine Obduktion durch. Hierbei stellten wir fest, dass der Eitersack sich zwischen Großhirnbereich und Genick befand, eine gänzlich untypische Stelle. Zudem fehlten sämtliche neurologischen Anzeichen. Wir hatten getan, was wir unter damaligen Umständen leisten konnten, das Leben des Mannes aber hatten wir nicht retten können.

Später sah ich, wie Sdriljuk bei anderen Patienten Lumbalpunktionen unternahm. Als ich einen Patienten mit Hirnhautentzündung zugewiesen bekam, unternahm ich ebenfalls solche Stiche und brachte dadurch die Kopfschmerzen des Mannes zum Abklingen. Insgesamt führte ich 13 solcher Lumbalpunktionen durch. Ansonsten nutzte ich meine Freizeit, um meine chirurgischen Fertigkeiten zu verbessern. Mir fiel auf, dass der Chefarzt Alexeijev während seiner Operationen sang. Šveikin hingegen suchte die Patienten durch Gespräche abzulenken. Die häufigste Operation im Lager war die Blinddarmentfernung. Es gab Wetten, wer am schnellsten war. Der Rekord eines Chirurgen lag bei sieben Minuten pro Eingriff. Einmal wohnte ich auch einer Operation wegen Mastdarmvorfalls bei. Häufiger wurden eitrige Geschwulste oder Phlegmonen entfernt, auch im Gesichtsbereich. Sdriljuk wagte es sogar, Operationen an der Wirbelsäule durchzuführen. Wenn die Aussichten auf Heilung gut schienen, wurden auch Operationen im Brustbereich und in der Bauchhöhle durchgeführt. Die häufigsten Operationen galten aber Knochenbrüchen und Hämorrhoiden. In unserer Apotheke besaßen wir auch einige Medikamente zur Unterdrückung innerer Krankheiten. Es handelte sich meist um Beutebestände früherer – damals noch erfolgreicher – deutscher Feldzüge.

Der Krieg aber ging weiter und die Deutschen zogen sich immer weiter zurück. Und je schlechter sich der Krieg entwickelte, desto besser wurden die Gefangenen behandelt. Wir nahmen an, dass sich die Deutschen vor der Zukunft fürchteten und bereits die totale Niederlage vor Augen hatten. Und die BBC meldete andauernd, dass die deutschen Verbrechen vergolten würden. Doch es gab auch noch einen anderen Grund für die Verbesserung unserer Behandlung. 1944 wurden alle jungen Männer an die Front geschickt, unsere Bewachung übernahmen ältere Landsturmmänner, die den Nationalsozialisten negativ gegenüberstanden. Manche bemitleideten die Kriegsgefangenen, andere erwiesen sich als verkappte Freunde des Kommunismus. Im Herbst 1944 kam der Befehl zum Pilzesammeln, mehrere Mitarbeiter des Lazaretts sammelten unter Aufsicht im Wald Pilze. Allerdings landeten die meisten gesammelten Exemplare in den Küchen der Deutschen, nur ein kleiner Teil verblieb bei uns. Auf jeden Fall war es Entspannung und Erholung vom Lager. Einmal beobachtete ich auf einem Waldweg eine seltsame Szene: Etwa ein halbes Dutzend Gefangener wurde von nur einem Wachsoldaten beaufsichtigt. Die Männer eilten weit verstreut durch den Wald, nur zwei von ihnen blieben in der Nähe des deutschen Soldaten – und trugen sein Gewehr und die Munition, damit auch er ausspannen konnte. Kurz vor dem Lager nahm der Deutsche dann die Ausrüstung wieder an sich und die Kolonne marschierte ordentlich zurück. Dieses Ereignis verfolgte ich interessiert im Herbst 1944. Bis dahin dauerte es allerdings noch. Ich vertrieb mir im Frühjahr dieses Jahres die Zeit mit dem Lesen von Büchern. Unsere Bibliothek enthielt eine ganze Menge schöngeistiger Literatur. Die russischsprachigen Titel waren in Frankreich oder Deutschland nach 1918 gedruckt worden. Es handelte sich hierbei u.a. um die Memoiren der Generäle Kraznov[15] und Vrangel[16]. Ferner studierte ich die Erinnerungen eines ehemaligen Sängers aus Odessa. Alle Bücher waren in der Sowjetunion als konterrevolutionär verboten. Außerdem schmökerte ich in den (auf Deutsch geschriebenen) Erinnerungen des Kronprinzen Wilhelm, einer Biographie über Sophie-Auguste von Anhalt-Zerbst (besser bekannt als Katharina die Große) und einem Buch über die Schlacht bei Tannenberg. Auch Krimis, z.B. »Der gestohlene Eiffelturm« wurden verschlungen. Mühsam arbeitete ich mich durch das französische Werk »Cyrano de Bergerac« hindurch. Einen besonderen Eindruck hinterließ bei mir die Autobiographie eines jungen russischen Pfadfinders, der in den 1920er Jahren auf das Solovki-Archipel verbannt worden war[17]. Von dort war ihm die Flucht nach Finnland geglückt. In diesem Buch war all das beschrieben, was in der Sowjetunion jahrzehntelang vertuscht wurde: Verhaftungen, Lager, Repressionen. Nach dem Studium dieses Buches begann ich zu begreifen, was sich

---

[15] Alexander Nikolaevič Kraznov: Kazačja samostijnost, Berlin 1921.
[16] Petr Nikolaevič Vrangel: Zapiski, Berlin 1928 (enthalten in: Beloe Delo).
[17] Auf dieser Inselgruppe im Polarmeer entwickelte das sowjetische Innenministerium im Laufe der 1920er Jahre das System von Straflagern, das unter der Bezeichnung »GULag« später das gesamte Land überziehen sollte.

seit 1917 in Russland abgespielt hatte. Daneben – und vorwiegend – studierte ich aber medizinische Fachbücher. Zudem begann ich zwei Monographien ins Russische zu übersetzen. Doch dazu benötigte ich Papier. Ich entnahm es den Leichensäcken, es war sehr fest und von grauer Farbe. Da täglich etwa 20 Gefangene starben, konnte ich mich reichlich bedienen. Zudem verfertigte ich aus dem losen Papier zunächst kleine, dann größere Heftchen. Hier schrieb ich auch meine Krankengeschichten und Operationsbeschreibungen auf. Während der Arbeit fiel mir ein Lyrikband mit in der UdSSR verbotenen Gedichten in die Hände. Da ich sie nicht alle auswendig lernen konnte, schrieb ich sie ab. All diese Tätigkeiten wurden von einem einschneidenden Ereignis unterbrochen, welches das gesamte Lager – Deutsche wie Russen – in helle Aufregung versetzte. Eines Abends wurde auf einer Bahre der verletzte Chef der Lagerpolizei, Saška, ins Lazarett gebracht. Nicht weniger als zehn Messerstiche wurden festgestellt. Es gab eigentlich nur zwei Möglichkeiten: eine Schlägerei oder ein Attentat.

Rothaar wurde unser Polizeichef genannt, Saška war nur die spöttische Verkleinerungsform von Alexander. Er war hochgewachsen, fett, wog 100 kg und war zugleich unglaublich stark. Ideale Voraussetzungen also für seinen Beruf. Er allein trug im Lager eine sowjetische Militäruniform, bewegte sich langsam und würdevoll durch das Camp. Spöttisch nannten wir ihn daher »Völkervater« – vor 1941 ein Ehrentitel für Stalin. Die Deutschen bezeichneten ihn wegen des roten Bartes als »Barbarossa«. So hieß im Mittelalter ein deutscher König und Kaiser. Saška besaß im Lager die absolute Macht und wurde daher sehr gefürchtet. Die Deutschen aber schätzten ihn und er rechtfertigte durch sein Tun das in ihn gesetzte Vertrauen. Vor seiner Gefangennahme war Saška Obmann in einer Kompanie gewesen. Er stammte aus Weißrussland und wer von ihm etwas wollte, musste erst beweisen, dass auch er Weißrusse war. Dazu war das fehlerfreie Intonieren der Levonicha, der Nationalhymne erforderlich. Im Ganzen war Saška der Prototyp eines Lakaien. Als seine Verwundung bei den Deutschen publik wurde, erschienen sofort der diensttuende Offizier sowie Könkels und Liebl im Lazarett. Auch Damann wurde in Marsch gesetzt und überwachte Chefarzt Alexeijev bei der Anamnese. Eine sofortige Operation war angezeigt, durchgeführt wurde sie von Alexeijev persönlich unter Assistenz des leitenden Chirurgen V.I. Rasumovskij. Damann und der diensttuende Offizier nahmen ebenfalls teil – eine nie zuvor erwiesene Ehre. Es wurde allerdings befürchtet, Alexeijev und Rasumovskij würden eventuell den Polizeichef auf dem OP-Tisch ermorden. Der Hass auf Saška war auch den Deutschen wohlbekannt gewesen. Doch es lief alles gut ab, der unter örtlicher Betäubung durchgeführte Eingriff dauerte nur knapp zwei Stunden. Insgeheim hofften wir, dass Saška doch noch krepieren würde, doch diesen Gefallen tat er uns nicht. Etwa einen Monat dauerte der Heilungsprozess. Zwei Wochen verbrachte er im Lazarett, in einem eigenen Krankenzimmer, das Tag und Nacht von zwei seiner Männer bewacht wurde. Letztendlich nutzte uns die ganze Sache sogar, denn Saška begriff, dass unsere Ärzte es waren, denen er sein Leben verdankte.

Ich hingegen wandte mich wieder ganz den HNO-Kranken zu. Dabei bemerkte ich, dass sich bei ausgehungerten Menschen die entzündlichen HNO-Krankheiten areaktiv mit schwer erkennbaren Symptomen entwickelten. Ähnliche Erkenntnisse hatten sowjetische Ärzte während der Belagerung von Leningrad gewonnen. Bei einem noch jungen Mann entdeckte ich eine sogenannte »kalte Eiterbeule« an der Kehlenhinterwand. Sogleich schnitt ich sie auf, der Heilungsprozess jedoch trat nicht ein. Bei der nachfolgenden Untersuchung wurde festgestellt, dass der Mann in Wahrheit an Halswirbeltuberkulose litt, die Eiterbeule war nur eine Begleiterscheinung gewesen. Sogleich wurde er in die Baracke für Tuberkulosekranke verlegt. Nach wenigen Tagen starb er.

In unserer freien Zeit erfreute uns der Chirurg A.K. Šveikin gerne mit Geschichten aus seiner Zeit vor Kriegsbeginn. Er war ein passionierter Jäger gewesen und schilderte uns in blumigen Worten seine Jagderfolge. Kurze Zeit später bemerkte er Hasenspuren zwischen den Baracken. Sie endeten stets bei Gemüsebeeten, auf denen nun im Winter noch ein wenig Kraut wuchs. Das Tier musste lautlos gefangen werden, da es sich um Wilderei handelte. Šveikin verfiel auf die Idee, Schlingen zu benutzen. Nach drei oder vier vergeblichen Versuchen bedachten wir unseren großen Jäger bereits mit heimlichem Spott, doch dann hatte er Erfolg. Der Hase wurde komplett verspeist, das Fell im Ofen verbrannt um alle Spuren zu vernichten.

Mitten im Lager 326/VI K befand sich auch ein kleines Ghetto mit Juden. Es war ein sorgfältig bewachtes Lager im Lager. Es gab sogar einen eigenen Arzt dort, den Dermatologen Blühstein aus Kiev. Es war ihm gestattet unser Lagerlazarett zu besuchen, um Verbandsstoff und Arzneien zu erhalten. Gelegentlich brachte er auch Kranke mit. Ich gewann den Eindruck, dass unsere Ärzte bemüht waren, jeden Kontakt mit Blühstein zu vermeiden, um keine Aufmerksamkeit zu erregen. Die Deutschen vermuteten nämlich, dass Mitgefühl nur unter Angehörigen der gleichen Nationalität möglich war und sie waren fest davon überzeugt, dass es in unserem Lager noch versteckte Juden gab. Und so war es ja auch, nur wenige Gefangenen besaßen – wie ich – noch einen Personalausweis, der unzweifelhaft ihre russische Herkunft bewies. Als ich Blühstein das erste Mal sah, ging ich sofort auf ihn zu und begrüßte ihn. Er sah schlecht aus, die Verpflegung im Ghetto war noch erheblich übler als in unserem Lager. Ich vermied die Frage, wie es ihm seit seiner Gefangennahme 1941 gelungen war, zu überleben. Eine solche Frage schien mir unstatthaft.

Viele der Kranken, die sich an mich wandten, litten an Mandelentzündungen.

Wie man die Mandeln entfernte, wusste ich nicht, hatte es auch nie zuvor gesehen. Daher schnitt ich nur den äußeren Rand mittels des Brüningstonsillotom ab, den Rest vernichtete ich mit der glühenden Spitze eines Packelenapparates. Narkose gab es keine, stattdessen die übliche örtliche Betäubung mit Novokain. Zweimal kamen auch Franzosen wegen solcher Operationen zu mir. Einem wurde ein Abszess aufgeschnitten, dem anderen die Mandeln reseziert und der Rest eingeäschert. Bei der Rückkehr aus der Ambulanz setzte eine starke Blutung ein, nur mit Rühe erreichte der Mann seine Baracke. Doch dann endete die Blutung, die Heilung setzte ein und mich erreichte der Dank der Franzosen.

Eines Tages lud mich einer unserer Chirurgen ein, ihm bei einer Hämorrhoidaloperation zu assistieren. Ich tat dies gerne, entdeckte die Leichtigkeit des Eingriffes und operierte in Zukunft selbst. Dies geschah zu der Zeit, als Alberti noch seine Verletzung auskurierte. Ein zweiter Italiener landete nun in meiner Station. Er hieß Mistreta und litt an einer chronisch eitrigen Mittelohrentzündung. Eigentlich wäre eine Radikaloperation angezeigt gewesen, doch glaubte ich nicht diese durchführen zu können. Daher beschränkte ich mich auf eine Antrotomie, deren Erfolg aber nur einen Monat währte. Auch eine Folgeoperation brachte nichts. Daher wandte ich mich an unseren Neurochirurgen Sdriljuk mit der Bitte, mir zu helfen. Ich gab ihm ein Handbuch zu lesen und er willigte ein. Der Schmerz für den Patienten war unerträglich, eine Allgemeinnarkose erforderlich. Sdriljuk erbat sich eine Hexallösung und spritzte direkt in die Halsschlagader, musste aber einmal nachspritzen. Über die Sicherheit seines Tuns konnte ich nur staunen. Die Operation gelang, der Erfolg schien da zu sein. Doch als der Patient aus der Narkose erwacht war, stellte sich heraus, dass seine Gesichtsmuskeln halbseitig gelähmt waren und er sein linkes Auge nicht schließen konnte. Das Ohr heilte, die Gesichtsstarre blieb konstant. Doch der Patient war zufrieden, hatte er doch gedacht sterben zu müssen. Ich versicherte ihm zudem, dass eine plastische Operation nach Kriegsende ihn vollständig kurieren werde. Mein Ansehen im Italienerlager stieg weiter und man schickte mir alsbald einen weiteren Patienten, der an einem vereiterten Unterarmphlegmon litt. Die Operation fand unter Vollnarkose statt, der Chirurg Esmont führte sie durch. Der schlafende Kranke bemerkte nichts und unverdient wurde ich von ihm als sein Retter angesehen. Er hieß übrigens Guilio Kosene. Er kam aus Sizilien und sprach den landesüblichen Dialekt, was mir jedoch nicht auffiel. So lernte ich unfreiwillig eher sizilianisch denn italienisch sprechen. Dies stellte sich erst nach drei Monaten heraus, als ich den italienischen Arzt wieder traf und mit ihm italienisch parlieren wollte. Was für eine abscheuliche Sprache ich gelernt habe, wollte er wissen. Ich musste lachen, verwies ihn aber an seinen Landsmann, der mich gelehrt habe so zu sprechen.

Kosenes Jacke war im übrigen völlig zerfallen und ich verschaffte ihm daher eine fast neuwertige sowjetische Militärbluse, die er jedoch sofort gegen Brot umsetzte. Ich verkniff mir jede Bemerkung, erwähnte den Vorfall nur gegenüber Alberti. Er grinste verächtlich.

»Was erwartest Du schon von einem *Sizilianer?*« Er hielt sich wohl für meinen Freund, denn er benutzte seit einiger Zeit das »Du«.

In Stukenbrock besuchte ich gelegentlich den Schwarzmarkt. Denn als Arzt erhielt ich zu meiner Ration Tabak, für einen Nichtraucher wie mich eine wertvolle »Valuta«. Auf jedem Päckchen stand in deutscher Sprache aufgedruckt »Nur für russische Kriegsgefangene«. Der Tabak bestand aus Stängeln, nicht Blättern, der Tabakpflanzen. Doch ich tauschte meine Portionen schrittweise gegen gute Schuhe, eine warme Mütze und noch einiges mehr ein.

Einmal erschien in meiner Sprechstunde ein ehemaliger Pilot wegen chronischer Mittelohrentzündung. Es gelang mir trotz andauernder intensiver Behandlung nicht, die Entzündung zu beseitigen. Er aber wollte das Lazarett nicht verlassen und wies auf gewisse kugelförmige Verdickungen im Zellgewebe seines Oberarms hin. Ich wusste nicht, um was sich handelte, führte einen möglichst langen Schnitt durch und entfernte sie ihm. Ich vernähte die Wunde nicht und so blieb er zwei Monate im Lazarett. Aber später unternahm ich nie wieder ohne Grund eine Operation.

Es muss Frühjahr 1944 gewesen sein, als mir auf unklarem Wege zwei Zeitschriften in die Hände fielen. Die eine war für die georgische Legion bestimmt, die andere hätte niemals in einem Gefangenenlager landen dürfen. Es handelte sich um die Broschüre »Der Untermensch« und erwies sich als Instrument der Rassenpropaganda. Den ganzen Umschlag nahm die Abbildung eines sowjetischen Kriegsgefangenen ein. Er war unrasiert und schmutzig.

Auf einem anderen Photo kniete ein Mann an dem Rand einer Pfütze um daraus Wasser zu trinken, welch bekanntes Bild. Auf einer anderen Aufnahme war ein Oberpolitleiter dargestellt, ein abgemagerter, blasser Mann mit eingefallenen Augen und verwirrtem Gesichtsausdruck. Darunter stand: »Ein gefangen genommener jüdischer Kommissar geht seinem Schicksal entgegen«.

Ebenfalls zu dieser Zeit gelangte ein angerissenes Zeitungsblatt in meine Hände. Dort wurde geschildert, wie Joseph Goebbels eine Anstalt für Kriegsblinde besuchte. Nach der Besichtigung hielt er eine obligate Rede, in dem alle Opfer, die für das Vaterland erbracht wurden, aufgezählt wurden. Der Redner dankte den Soldaten und versprach ihnen allgemeine Achtung und Fürsorge für die Zukunft. Es war Sommer 1944 und die Soldaten (und der Redner) wussten wohl um den nahen Ausgang des Krieges … Daneben lauschte ich mit Vergnügen der deutschen Propaganda über den unbezwingbaren Atlantikwall. Die Propaganda sollte offenbar sowohl die Moral der Bevölkerung heben, als auch den Gegner verwirren. Denn wir ahnten sehr wohl, dass dieser »Wall« noch gar nicht fertig war.

Abb. 14: Titelblatt der Broschüre »Der Untermensch«

Interessant waren für mich auch die Schilderungen eines älteren Feldschers, den wir alle »Opa« nannten. Er war bereits 1915 in deutsche Kriegsgefangenschaft geraten und nun das zweite Mal in Deutschland. Seine Schilderungen über die erste Gefangenschaft interessierte nicht nur uns, sondern auch die Deutschen. Noch immer konnte er sich auf Deutsch verständigen, er hatte einige Bruchstücke der Sprache damals erlernt.

Was ich im Lager grundsätzlich mied, waren die Aufführungen des Laienkunsttheaters. Nur zweimal war ich dort. Die Frauenrollen wurden von Männern gespielt und das Publikum – seit Jahren ohne Kontakt zu Frauen – erging sich in Zwischenrufen und begeisterten Ausdrücken. Nebenan verhungerten die Leute und daher verspürte ich wenig Interesse ins Theater zu gehen, an die Stücke kann ich mich nicht mehr erinnern.

Lieber beobachtete ich die Umgebung. Eines Tages bemerkte ich, dass unsere riesige Latrine – offenbar regelmäßig – von einem Bauern mittels eines Fasses geleert wurde. Mit dabei war stets sein Sohn. Und die Lagerleitung kassierte sogar noch Geld für diesen Dienst, da der Bauer den Inhalt der Latrine als Dünger gebrauchte. So etwas war mir bis dato gänzlich unbekannt.

Im Sommer 1944 erfolgte dann die Landung der Alliierten in der Normandie und binnen kurzer Zeit wurden die Deutschen bis an den Westwall zurückgeworfen. Mitten in dieser Phase von Niederlagen ereignete sich das Attentat im Führerhauptquartier. In der Zeitung der ROA wurde das bekannte Bild abgebildet, auf dem Hitler Mussolini die zertrümmerte Baracke zeigt. Dazu die Unterschrift »Hitler zeigt seinem Freund Mussolini, wie ihn die Vorsehung gerettet hat«. Die Vorsehung hielt dann nur noch ein knappes Jahr an.

Jeden Tag erfolgten nun Bombenangriffe auf die Eisenbahnknotenpunkte, selbst kleine Bahnhöfe in unserer Nähe wurden getroffen. An der Ostfront entfaltete die Rote Armee ihre erfolgreiche Sommeroffensive, eroberte das Baltikum zurück und drängte Rumänien aus dem Krieg. In dieser Phase wurden die Deutschen geradezu zuvorkommend in ihrem Verhalten gegenüber den Kriegsgefangenen. Doch es kamen auch neue Gefangenen hinzu, darunter ein Soldat, eher ein Kind, der neu aufgestellten polnischen Armee. Diese war 1943/44 in der Sowjetunion zusammengestellt worden und galt als Gegenstück zu der auf westlichen Kriegsschauplätzen agierenden Armee des General Anders, die sich aus Kadern der 1939 geschlagenen polnischen Armee zusammensetzte. Mein junger Patient kam aus Weißrussland, sprach die polnische Sprache selbst nur schlecht und war mit 16 Jahren eingezogen worden. Er litt an einer chronischen Mittelohrentzündung, wurde aber von mir geheilt und durchgefüttert. Am Ende des Sommers 1944 kam ein weiterer Schub sowjetischer Gefangener in unser Lager. Darunter befand sich auch ein 17-jähriger Junge namens Kolja (Verkleinerung von Nikolaj). Er stammte aus einem Dorf im mittleren Russland und war durch MP-Geschosse im Gesicht verletzt worden. Sein Kopf war völlig eingebunden, nur ein entzündetes Auge war zu erkennen. Die Nasenknochen waren zertrümmert, beide Augen gequetscht. Durch die Verletzung entstand eine kurzzeitige Erblindung, wodurch der Junge in deutsche Gefangenschaft geriet. Er konnte zwar wieder sehen, die Nasenwurzelreste aber waren vereitert. Die Entstellung des Gesichts war schrecklich. Ich entfernte zunächst die

Knochensplitter und nach zwei Wochen war diese Verletzung geheilt. Der Junge sollte nun eigentlich ins Lager entlassen werden. Ich aber beschloss eine kosmetische Operation zu wagen. Dies bedurfte längerer Vorbereitungen. Zunächst musste ein Hautschlauchlappen an der Brust gebildet werden, der anschließend ins Gesicht verpflanzt werden sollte. Die plastische Wiederherstellung der Nasenwurzel übernahm S.I. Sdriljuk. Wir ließen uns Zeit, es waren mehrere kosmetische Eingriffe nötig und Kolja blieb mit Sondererlaubnis lange – ja bis zur Befreiung – im Lazarett. Er gefiel mir sehr und ich verbrachte viel Zeit mit ihm. In der Dämmerung unternahmen wir zahlreiche Spaziergänge, manchmal kam er auch in unsere Baracke. In der Nacht aber musste er dann wieder gehen, einmal stürzte er auf dem Rückweg in ein Wasserloch, das nur ungenügend gesichert war. Glücklicherweise blieb er unverletzt.

Im Sommer 1944 schließlich kam in unser Lager ein neuer deutscher Unterarzt. Er war zur Armee eingezogen worden, obwohl er sich mehrmals das Schultergelenk verrenkt hatte. Im Lager diente er sein klinisches Praktikum ab, verrenkte sich aber erneut die Schulter und kein deutscher Arzt konnte ihm wirklich helfen. So wurde er – unter stillschweigendem Einverständnis seiner Kollegen und der Lagerleitung – in unser Lazarett verlegt. Das Einrenken führte – ausgerechnet – der erfahrende Arzt und ehemalige Traumatologe A.K. Šveikin durch, der ja einer der versteckten Juden war. Der Eingriff fand unter Rauschnarkose statt, war zudem nicht ungefährlich. Wenn der Patient verstorben wäre, so wären nicht nur wir, sondern auch die Deutschen bestraft worden. Aber es ging alles gut.

Etwas später wurde ein schwer verletzter junger Partisan in meine Abteilung verlegt. Er litt an chronischer Stirnknochen- und Stirnhöhleneiterung. Er erzählte uns, dass die Deutschen ihn vor zwei Jahren (also 1942) in Russland aufgegriffen und zur Erschießung bestimmt hätten. Das Exekutionskommando schoss ihm aber nur einmal in die Schulter, worauf er noch einen miserabel gezielten Schuss in den Kopf erhielt. Er war nur an der Stirn getroffen worden, was seinen Henkern jedoch entgangen war. Als sie schließlich doch bemerkten, dass er noch immer lebte, war er in ein Gefangenenlager verbracht worden. Der Eiter sonderte sich über eine Knochenfistel ununterbrochen ab, eine Revision mit Stirnhöhlenöffnung schien angezeigt zu sein. Doch die Narkose und Operation misslang, denn die Narkosemaske verdeckte die Stirnhöhle. Mangels Avertin konnte ich nicht auf die Mastdarmnarkose zurückgreifen. Schließlich schloss ich die Wunde wieder und beschränkte mich darauf, den Eiterabfluss über die Stirnfistel zu verfolgen. Lebensgefahr bestand nicht.

Mitten in der sich abzeichnenden totalen deutschen Niederlage begann die antisowjetische Organisation im Lager wieder eine rege Propaganda zu entfalten. Wer wollte sich denn jetzt noch mit den Deutschen verbünden? In Prag wurde ein »Komitee des Kampfes zur Befreiung der Völker Russlands« – vom Bolschewismus wohlgemerkt – gegründet. Daran partizipierten russische Emigranten und die Anhänger der ROA. Anstelle der Zeitung Zarja wurde nun eine andere Zeitschrift mit dem Namen »Fürs Vaterland« produziert. Die Hauptaufgabe dieses neuen Blattes war die Propagierung der Arbeit des Prager Komitees. Dieses veröffentlichte auch ein Manifest, in dem der sowjetischen Regierung Verbrechen unterstellt wurden, die später erst während der Perestroika wieder diskutiert werden sollten. Am Ende des Manifests hieß es: »Das sowjetische Regime ist volksfeindlich und hat allen Völkern Russlands unerhörtes Unglück bereitet.« Kernaussage war: Kooperation mit den Deutschen sei besser als die bolschewistische Diktatur. Die Deutschen zeigten sich bereit, dieser neuen russischen Regierung Autonomie zuzusichern. Gleiches sollte für die Ukraine, den Kaukasus und andere Republiken gelten. Es kam zu heftigen Diskussionen über dieses Manifest. Viele Gefangene betrachteten die Ausführungen in dem Manifest als Verleumdung und Lüge. Ich las das Manifest genau, dachte darüber nach und kam zu dem Schluss, dass die Behauptungen über die Verbrechen des Bolschewismus der Wahrheit entsprachen. Manches hatte ich auch schon vorher gewusst oder vielmehr geahnt. Trotzdem schien mir das Bündnis mit den Nazis keinesfalls das kleinere Übel zu sein, die geplante Zerschlagung Russlands in eine Vielzahl halbautonomer Territorien hielt ich für Verrat. Doch mein Vertrauen in Stalin und seine Ideologie war schwer erschüttert – und ich war nicht der einzige Abtrünnige.

Im September 1944 ereignete sich noch eine Aktion der deutschen »Abwehr« gegen unser Lazarett. Chefarzt Alexeijev und mehrere andere Ärzte wurden verhaftet, bestenfalls jedoch konnte man ihnen mangelnde Kooperationsbereitschaft mit den deutschen Behörden vorwerfen. Mir wurden sämtliche Aufzeichnungen und Bücher entzogen, doch wusste ich, dass sie nur medizinische Aspekte enthielten. Ich fühlte mich infolgedessen sicher. Die Durchsuchungsaktion war aus heiterem Himmel über uns hereingebrochen, acht Männer in Zivil erschienen in den Baracken und begannen alles auf den Kopf zu stellen. Am nächsten Tag wurden Alexeijev und einige andere Ärzte verhaftet, eine Woche lang waren sie streng isoliert. Sie saßen in einem kleinen Häuschen inmitten des Lagers, das von einem eigenen Stacheldrahtzaun umgeben war. Nur 15 Minuten täglich durften sie spazieren gehen und nur aus der Ferne konnten wir sie beobachten. Nach einer Woche wurden sie abtransportiert und in ein anderes Lager verbracht. Die Deutschen gedachten damit mögliche Widerstandsnetze zu zerreißen.

Mir geschah nichts und eine Woche später erhielt ich meine Papiere zurück. Oben drauf ein Stempel: Stalag 326 VI/K – geprüft. Wenig später kam ein Gefangener vorbei und behauptete, im Lager sei eine ophtalmologische Flugschrift aufgetaucht. Ich überprüfte dies umgehend und identifizierte die Blätter als meine verlorengegangenen Konzepte aus Smela. Das kam sehr gelegen, da unser Augenarzt zusammen mit Alexeijev in ein anderes Lager transportiert worden war. So nahm ich seine Aufgaben wahr und führte u.a. auch zwei Augapfelentfernungen durch.

Jedoch benötigte das Lazarett wieder einen Chefarzt. Da der deutsche Stabsarzt Damann sich nicht entscheiden konnte, überließ er uns die Wahl. Wir entschieden uns für den Berufsoffizier, Militärarzt ersten Ranges G.I. Matvedjev, der sich unserem Ansinnen aber verschloss. Wahrscheinlich wollte er so kurz vor Kriegsende nicht noch Funktionshäftling werden. Doch Damann ließ ihn zu sich rufen und ernannte ihn ohne Diskussion zum Chefarzt. Unser Lagerpolizeichef – Saška – erfuhr erst später von dieser Ernennung, doch veränderten sich die Beziehungen dadurch nicht.

Im Lager und auch im Lazarett suchte jeder durch Nebenbeschäftigungen etwas dazu zu verdienen. Die Schuster arbeiteten schwarz für den illegalen Außenmarkt rund um das Lager, die Maler fertigten Porträts für die Deutschen an. Auch pornographische Darstellungen wurden auf Bestellung geliefert. Besonders gut verdienten die Dentisten, insgesamt drei oder vier Spezialisten arbeiteten fast nur für die Deutschen. Mit den Dentisten erlebte ich so manches. Eines Tages kam ich in die Baracke, als ich an der Außenwand einen schlafenden, aber gefesselten Gefangenen entdeckte. Ich hielt ihn für einen aus der entsprechenden Baracke entkommenen Geisteskranken und befahl zwei Sanitätern den Mann zurückzubringen. Daraufhin nahm ich an meinem Arbeitstisch Platz und vertiefte mich in Schreibarbeiten. Plötzlich wurde ich von hinten umarmt und geküsst. Eine unbekannte Stimme lobte mich als guten und tadellosen Menschen. Zwei psychisch Kranke zur gleichen Zeit? Ich beschloss der Sache auf den Grund zu gehen. Vorsichtig löste ich mich aus der Umarmung und erkannte verwundert einen der Dentisten. Auch der gefesselte Mann erwies sich als Dentist – und beide waren sturzbetrunken gewesen. Dass sich die Dentisten, die in der benachbarten Baracke arbeiteten, von Zeit zu Zeit betranken, war mir durchaus bekannt. Doch nun konnte ich mich selbst davon überzeugen. Und gleich daneben verhungerten Gefangene! Daher sollten die Dentisten anstelle von Schnaps lieber Nahrungsmittel von draußen herein schmuggeln. Von diesem Tag an verhielt ich mich gegenüber den Dentisten abweisend.

Die Zeit verging, der Winter des Jahres 1944/45 begann. Die Truppen der Alliierten näherten sich von allen Seiten den Grenzen des Deutschen Reiches. Immer neue Gefangenentransporte erreichten unser Lager. Aus Jugoslawien kam ein Transport völlig erschöpfter angeblicher Partisanen. Das war aber ein Zufall, gemeinhin wurden Partisanen sofort erschossen. Doch im Lager 326 VI/K hatten sie eine kleine Chance zu überleben.

Unser Lager befand sich auf dem platten Land, Fachärzte gab es in der Nähe keine. Allmählich wurde außerhalb des Lagers bekannt, dass hier ein halbwegs brauchbarer HNO-Arzt arbeitete. So hatte ich zweimal Gelegenheit deutsche Zivilisten zu untersuchen, die in unserer Lagerambulanz erschienen. Ich erinnere mich noch gut an einen 50-jährigen Mann, der mit mir – ohne Zeugen – eine freimütige Unterhaltung führte. Wir sprachen über das nahende Kriegsende. Der Mann hatte bereits 25 Jahre zuvor ein Kriegsende miterlebt. Jetzt stand noch eine größere Katastrophe bevor. »Mein armes Vaterland, hier sieht man wohin der Wahnsinn führt«, schluchzte er. Die Frage, ob er auch in den Zeiten der kolossalen deutschen Siege bis 1941 so gedacht habe, verkniff ich mir gerade noch.

Ende des Jahres 1944 beschlossen die Deutschen, uns für die geleistete Arbeit zu entlohnen. Der Lohn war aber sehr niedrig, zwei oder drei Reichsmark im Monat. Dafür konnten wir Nahrungsmittel kaufen, vornehmlich Karamellbonbons, Mollusken – und Bier. Die Franzosen konnten sich von ihren Verwandten auch Geld schicken lassen. Zwei- oder dreimal habe ich Bier und Mollusken getestet. Sie ähnelten marinierten Pilzen. Ich gab mein Geld vornehmlich für spottbillige medizinische Bücher in russischen Übersetzungen aus, die bereits 20 Jahre alt waren. Zwei von ihnen, die Differentialdiagnostik der inneren Krankheiten von Mattes[18] und die topographische Anatomie aus der Feder von Korning nahm ich später mit nach Hause. Noch heute lese ich gelegentlich darin.

Täglich wurde die Gegend um uns herum bombardiert. Die amerikanischen »Fliegenden Festungen« flogen hoch in geschlossener Formation, unerreichbar für die Flak. Deutsche Jagdflugzeuge wagten ebenfalls keine Attacken. Die Angriffe wurden von zwanzig bis mehreren hundert Bombern durchgeführt, jede Nacht waren grollende Explosionen zu vernehmen. Die gesamte Erde schien minutenlang zu beben, die Luft zu dröhnen.

Die Alliierten wussten, wo Stalag 326 lag und dass es ein großes internationales Gefangenenlager war. Deshalb wurden wir nicht bombardiert, wohl aber die Außenkommandos. Verwundete kamen immer öfter in unser Lazarett. Paderborn, nur 15 Kilometer entfernt, wurde regelmäßig bombardiert, die Bevölkerung floh. Bald entstand eine paradoxe Situation. Die Flüchtlinge sammelten sich entlang unserer Lagerzäune, weil sie wussten, dass sie hier sicher vor Bombenangriffen waren. Wir sahen uns durch den Zaun gegenseitig an, die Deutschen ahnten, dass es nur noch eine Frage der Zeit war, bis unsere Positionen sich vertauschen würden … Man bekam den Eindruck, dass die Flüchtlinge sich jetzt schon vor uns fürchteten.

Im Februar 1945 setzte die Agonie des Dritten Reiches ein. Trotzdem meldeten

---

[18] Martin Mattes: Lehrbuch der Differentialdiagnose innerer Krankheiten, Berlin 1910.

Zeitung und Rundfunk munter weitere Erfolge und den baldigen Einsatz von Geheimwaffen, die sofort die Kriegslage zugunsten der Deutschen wenden würden. Damit war wohl die Atombombe gemeint, doch waren die deutschen Ingenieure noch weit von diesem Ziel entfernt. Ende Februar, Anfang März kämpften die Westalliierten und die Rote Armee bereits auf deutschem Territorium. Im Westen gab es nur noch vereinzelten Widerstand und die Alliierten rückten rasch vor. Zu dieser Zeit trafen wir zum letzten Mal den Arzt Blühstein, der in unser Lazarett gekommen war, um sich zu verabschieden. Er schenkte mir sein Handbuch der Hautkrankheiten. Ich verstand, was das bedeutete. Die Front kam näher, die Ghettoeinwohner, sofern sie noch lebten, wurden als Erste evakuiert. Ich habe Blühstein nie mehr getroffen. Hat er überlebt? Ich glaube nicht ...

Die totale Niederlage des Deutschen Reiches wurde jedem klar. Sogar unsere Lagerpolizei begriff dies langsam. Sie wirkte wie verwandelt, doch ihr Stimmungsumschwung kam zu spät. Die Front rückte näher. Völlig demoralisiert waren die Polizisten, als Ende März ihr Häuptling Saška mit einigen Komplizen über Nacht verschwand. Alle warteten.

Der deutsche Lagerkommandant wusste genau, wo sich die Frontlinie befand. Er wartete nur den günstigen Moment ab. Am ersten April waren die amerikanischen Truppen nur noch einige Dutzend Kilometer entfernt, etwa das Tagespensum einer Panzerdivision. Trotzdem schien es unwahrscheinlich, dass die amerikanischen Verbände rasch herankommen würden. Verschiedene Alternativen wurden diskutiert. Keiner wusste, was die Deutschen im letzten Moment noch unternehmen würden. So bildete sich im Lager Ende März 1945 eine Widerstandsgruppe, die von einem kranken sowjetischen Oberst geleitet wurde. Er befand sich zu dieser Zeit bereits im Lazarett und wurde wegen allgemeiner Erschöpfungszustände von unserem Internisten V.S. Silčenko aufgepäppelt. Die Gruppe plante in einem kritischen Fall die Leitung des Lagers zu übernehmen. Wie sie das verwirklichen wollte, blieb mir schleierhaft. Schließlich besaßen sie keine Waffen. Doch am ersten April begriff der deutsche Lagerkommandant, dass die Zeit zum Handeln gekommen war. Er hielt es für das Beste, die Leitung des Lagers freiwillig an die Gefangenen abzutreten. Die Deutschen sollten sich danach vom Lager entfernen und gegenüber den Amerikanern kapitulieren. Eine gute Idee, die der Kommandant sogleich die Polizisten und die Lazarettleitung wissen ließ. Unbemerkt verschwanden die Deutschen, ohne dass die Gefangenen dies zunächst bemerkten. Die Wachen waren nicht besetzt, aber der russische Lagerpolizist stand immer noch am Tor, ihn hatte man nicht abgelöst. Alles blieb ruhig, das Lazarett arbeitete weiter. Die einzige Veränderung bestand darin, dass keine Kranken mehr von außerhalb des Lagers in die Ambulanz gebracht wurden.

Die Nacht verlief ruhig. Am Morgen des 2. April 1945 herrschte Nebel, die

Sichtweite betrug nur etwa 60 Meter. Das Frühstück wurde rechtzeitig von der Küche gebracht, gegen zehn Uhr brach die Sonne durch. Es war still. Aber von dem Zufahrtsweg her ertönte ein ununterbrochenes Rasseln und Lärm. Erst später wurde uns klar, dass dies die Geräusche mahlender Panzerketten waren. Gegen elf Uhr kamen zwei hellbraune Panzer ohne schwarze Kreuze an den Seiten auf das Lager zu. Sie fuhren durch das offene Tor und hielten am Appellplatz. Die Panzersoldaten schalteten die Motoren aus. Der Tag der Befreiung war gekommen. Erst in diesem Augenblick wurde uns klar, dass wir gerettet waren. Die Sonne schien und der Nebel verschwand vollständig. Ein neuer Lebensabschnitt begann.

III. Die Heimkehr

Nach der Befreiung

Die Panzer standen still, vorsichtig spähten die Besatzungen durch die Sehschlitze. Allmählich näherten sich ihnen die Gefangenen von allen Seiten. Als sich die Soldaten überzeugt hatten, dass sie nur von Gefangenen umringt waren, öffneten sie die Luken und erhoben sich aus den Drehtürmen. Jetzt bestand kein Zweifel mehr, dass die Alliierten gekommen waren. Eine große Zahl Gefangener umringte die Panzer, keiner sprach englisch und so schwiegen alle. Plötzlich brandete Beifall auf. Es war ein seltsamer, doch auch bewegender Anblick. Die Soldaten gehörten, wie ich später erfuhr, zur Panzerarmee des US-Generals Bradley.

Abb. 15: Amerikanische Soldaten befreien ein sowjetisches Kriegsgefangenenlager

Als alle Gefangenen begriffen, dass die Deutschen weg waren, geschah etwas Unvorstellbares: Das Chaos brach aus. Die verhungernden Menschen stürzten zur Küche und öffneten mit Gewalt die Versorgungsdepots. Ich beobachtete hier eine geradezu groteske Szene. Ein Gefangener hatte einen Mehlsack erbeutet und rannte zu seiner Baracke. Ein anderer sprang hinter ihm her und ritzte mit einem Messer ein Loch in den Sack. Das herausfallende Mehl suchte er mit den Händen zu greifen und sich in den Mund zu stopfen. Beide verschwanden laufend hinter einer Baracke.

Nach etwa 20 Minuten fuhren die Panzer wieder aus dem Lager heraus, die Gefangenen blieben sich selbst überlassen zurück. Überall ertönten Hurrarufe, nur im Lazarett blieb es still. Die sterbenden, völlig geschwächten Kranken lagen apathisch auf ihren Matratzen.

Nach einigen Stunden kamen die Gefangenen auf die Idee, sich an den Lagerpolizisten zu rächen. Auf einmal waren sie völlig aus dem Bild des Lagers verschwunden. Sie hatten sich in ihrer Baracke verbarrikadiert. Unter Wutschreien wurde diese belagert, die Tür aufgebrochen und die verbliebenen Polizisten massakriert. Entstellte und blutüberströmte Leichen lagen vor der entsprechenden Baracke. So nahmen die Gefangenen die Rechtspflege selbst in die Hand. Doch blieben viele ehemalige Lagerpolizisten unbestraft, man denke nur an die planmäßig geräumten Lager in Charkov, Poltava, Kiev, Minsk und anderswo. Vor kurzem bekam ich ein dem Lager 326 VI/K gewidmetes Buch in die Finger. Dort befand sich ein Photo mit einigen Gefangenen, mitten unter ihnen ein mir wohl bekanntes Gesicht. S.M. Kušc kam etwa zur selben Zeit wie ich ins Lager und nahm eine ihm angebotene Stelle als Lagerpolizist an. Er war es, der in grellroter Hose das Blocktor in Slavuta bewacht hatte. Theoretisch hätte er für seine Tätigkeit dort sofort erschlagen werden müssen oder ein sowjetisches Gericht hätte ihn für 25 Jahre nach Sibirien geschickt. Doch da er nicht in Slavuta, sondern bei Paderborn den Tag der Befreiung erlebte, mischte er sich unter die Gefangenen und wandert vielleicht bis heute vergnügt in Moskaus Straßen umher.

Am Tag nach der Befreiung arbeitete im Lager ein eigener Verwaltungsstab, den Vertreter der Offiziere gebildet hatten. In den Blöcken wurde eine militärische Ordnung eingeführt: Züge, Kompanien, Bataillone. Alle Hungernden kamen ins Lazarett, die Gesünderen hingegen begaben sich freiwillig ins Lager zurück. Küche, Proviantspeicher und Tor wurden bewacht, das Personal in der Küche und im Lazarett arbeitete weiter wie gewohnt.

Mittags gab es eine so dicke Balanda, dass man sie für Grütze halten konnte. Und jeder durfte so viel davon essen, wie er wollte. Es war wundervoll, der Traum jedes Gefangenen nach dem Sattessen wurde erfüllt. Aber die Leute hatten zu lange zu wenig zu essen bekommen und aßen nun zu viel. Mehrere starben deshalb in den folgenden 24 Stunden, Hunderte erkrankten an Durchfall, weitere starben in den nächsten Tagen. Das Lazarett nahm sie alle auf und arbeitete weiter. Es gab nun genug zu essen, jeder im Lager erhielt so viel er wollte. Es sei »wie im Kommunismus« scherzten die Leute. Doch das Sterben ging weiter, viele Gefangenen waren schon so ausgehungert, dass es uns nicht gelang, sie wieder aufzupäppeln. Der Magen-Darmtrakt hatte schon die Fähigkeit zur Verdauung verloren, ein Zuviel an Nahrungszufuhr beschleunigte gar den Tod. Das Beerdigungskommando hatte weiter viel zu tun.

Zwei oder drei Tage nach der Befreiung erschienen Repräsentanten amerikanischer Stäbe im Lager. Umgehend meldete die Lagerverwaltung ihnen die Zahl der Gefangenen. Vom nächsten Tag an wurden wir aus amerikanischen Armeebeständen verpflegt, auch die Kranken. Ich vermutete, dass den Amerikanern absichtlich eine zu große Zahl an Gefangenen gemeldet worden war, denn wir konnten gar nicht alles verbrauchen, was sie uns anlieferten. Balanda wollte nun niemand mehr und sie wurde auch nicht mehr gekocht.

Das vormalige Stalag 326 VI/K erhielt eine neue Bezeichnung: »Sammelpunkt sowjetischer Kriegsgefangener«. Immer neue Züge von Gefangenen trafen ein, auch aus Frankreich, mehrere waren in schlechtem Zustand. Einer von ihnen litt an einer schweren Warzenfortsatzentzündung mit Eiteransammlung innerhalb des Schädels, direkt neben der Hirnhaut. Ich operierte ihn sofort erfolgreich; es war die letzte von mir ausgeführte Operation im Lager.

Etwa eine Woche nach der Befreiung betrat ich eines Morgens das Lazarett und traf dort auf einen jungen, gut ernährten Burschen mit verbundenem Kopf. Ich hielt ihn für einen Neuankömmling, da derartig Verwundete in den letzten Wochen nicht im Lazarett erschienen waren. Ich wollte soeben mit der Anamnese beginnen, als ein anderer Gefangener in den Raum stürzte und dem Verbundenen mitten ins Gesicht schlug. Dieser leistete keinen Widerstand. Es stellte sich nun heraus, dass es sich um einen ehemaligen Polizisten handelte, der sich angesichts der Lynchjustiz der ersten Tage als Verwundeter ausgegeben hatte. Ich setzte mich zugunsten seiner Person ein, doch wurde ich überstimmt, immer mehr ehemalige Häftlinge stürzten in den Raum, schleppten den ehemaligen Polizisten heraus und schlugen ihn draußen bewusstlos. Anschließend wollte der Mob ihn in die Latrine werfen und so ersäufen. Doch dann überlegten sie es sich anders und der Mann kam mit dem Leben davon. Etwas später wurden noch weitere Polizisten entdeckt. Sie wurden in Isolationshaft gesteckt und während der Repatriierung den sowjetischen Behörden in der Sowjetischen Besatzungszone (SBZ) übergeben. Fast täglich kamen Amerikaner in unser Sammellager. Wir ersuchten sie um Waffen, einige wollten in die US-Army eintreten, doch lehnten die Amerikaner unsere Wünsche ab. Keiner unserer Freiwilligen sprach im Übrigen englisch. Waffenausbildung hätte längere Zeit in Anspruch genommen und der Krieg stand vor dem Abschluss. Einer der amerikanischen Vertreter sprach recht gut russisch. Es stellte sich heraus, dass er nicht nur polnischer Herkunft, sondern auch der Enkel des bekannten polnischen Schriftstellers des 19. Jahrhunderts, Heinrich Sinkevič war. Die amerikanischen Soldaten waren freundlich, gefielen allen und waren gesellig.

Nach fünf Tagen erschien erstmals ein sowjetischer Offizier im Lager, ein Hauptmann. Ihm folgte drei Tage später ein Major aus dem Stabe Marschall Žukovs. Sie beriefen Kundgebungen ein und forderten die Anwesenden auf, sich rasch repatriieren zu lassen. Zwei oder drei Monate sollte dieser Vorgang dauern. Zur Begrüßung des Majors waren wir in Truppenformation angetreten. Wir trugen zwar noch alle Lagerbekleidung, doch hatten wir die Tressen unserer früheren Uniformen aufgenäht. Wir glichen einem Heer, das zu kämpfen bereit war. Doch der Major dämpfte unsere Erwartungen auf baldigen Kampfeinsatz und meinte, die Deutschen würden ohne unsere Beteiligung vernichtet werden.

Der Frühling verlief warm und trocken. Nach der Befreiung begann ich die Umgebung rund um das Lager zu sondieren. Manchmal begleitete mich Kolja, dessen Hand noch immer eingegipst war. Verließ ich das Lager nach links, kam ich rasch an eine Straße, nach rechts langte ich am Bahnhof Hövelhof – von uns Gofelgof ausgesprochen – an. Am häufigsten ging ich aber zu unserem Friedhof, den ich bislang noch gar nicht gesehen hatte. Viele Kranke und Verwundete, die ich selbst betreut hatte, darunter auch Mischa, ruhten hier. Der Friedhof bestand eigentlich nur aus einem unbebauten Platz am Waldrand. Ich setzte mich unter einen der Bäume und sinnierte über die Vergänglichkeit des irdischen Lebens und die Sinnlosigkeit des Krieges. Einmal traf ich auf einer Brücke einen sehr großen Schwarzen in amerikanischer Uniform. Nie zuvor hatte ich in meinem Leben einen »Neger« gesehen. Wir grüßten einander ohne zu sprechen, der Mann sprach nur englisch. Nach dieser Begegnung begann ich mich dem Erlernen der englischen Sprache zu widmen, hauptsächlich um erklären zu können, wer ich sei. Ansonsten trug ich ja immer noch diese Lager-uniform mit der Aufschrift SU und »Arzt« auf den Litzen. Doch damit war es bald vorbei. Nach zwei Wochen erhielten wir amerikanische Soldatenuniformen älterer Jahrgänge. Meine Bluse war schon recht alt und musste am Kragen geflickt werden. Die Schuhe hatten eine dicke Sohle. Die Verpflegung wurde richtig gut, es gab sogar tropische Früchte, Fruchtsaft, Kakao, Kondensmilch mit Zucker, Schokolade und anderes. Zwei Dinge aber fehlten: Brot und Kartoffeln. Statt Brot gab es Galetten (Pfannkuchen), anstelle der Kartoffeln Mais. Doch gerade Brot und Kartoffeln hatten wir am meisten vermisst.

In unserem Lazarett stapelte sich die Verpflegung, ich vermochte nur die Hälfte meiner Rationen überhaupt zu verdrücken. Gerade zu dieser Zeit erfuhren wir, dass unweit des Bahnhofes deutsche Flüchtlinge kampierten. Ich verließ das Lager und machte mich auf die Suche nach diesen Deutschen. Alsbald entdeckte ich sie. Völlig verschüchtert begegneten sie mir. Vorher waren andere Kriegsgefangene plündernd durch ihr Quartier gezogen. Doch ich gewann ihr Vertrauen, umso mehr, als ich deutsch sprach und zudem mein Kragen von der Bezeichnung »Arzt« geziert wurde. Zwei kleine Häuser wurden von mehreren Familien bewohnt, Frauen mittleren und höheren Alters, mehrere Kinder. Nur ein Mann war da, ein 60-jähriger Bauer, dem das eine Haus ursprünglich gehört hatte. Ich besuchte diese Familien mehrmals und sprach mit ihnen. Mich interessierte vornehmlich ihre weltanschauliche Einstellung. Doch so richtig wollte niemand reden, die Frauen wiederholten stereotyp die Goebbelsche Propaganda. Es war Goebbels tatsächlich gelungen innerhalb einer sehr kurzen Zeit ein ganzes Volk zu »erziehen«! Insgesamt überließ ich den Familien um die 20 kg Lebensmittel, so etwas hatten sie von einem Russen nicht erwartet. Und das sah man ihnen auch an.

Die Amerikaner beschlossen, das Lazarett in ein wirkliches Krankenhaus zu verwandeln. Innerhalb von 1½ Monaten sollte der Umbau abgeschlossen sein. Bis dahin arbeiteten wir weiter wie bisher.

Am 12. April 1945 tauchte im Lazarett plötzlich Anton Liebl wieder auf. Er trug jetzt Zivilkleidung. Es stellte sich heraus, dass er das Lager nie verlassen hatte. Mit Hilfe des Arztes N.M. Guščin war er zusammen mit anderen deutschen Antifaschisten in der Tuberkulosebaracke versteckt worden, damit er nicht – wie die Lagerpolizisten – gelyncht würde. Es bestand jetzt dazu eigentlich keine Gefahr mehr, aber Liebl ging nie allein durch das Lager. Er wohnte außerhalb, besaß aber keine Lebensmittel. Wir versorgten ihn daher umgehend mit Nahrung. Ich weiß nicht, ob es ihm gelungen ist, in sein geliebtes Prag zurückzukehren. Dort herrschten nun die Kommunisten, es befanden sich sowjetische Truppen im Lande. Liebl galt als Deutscher, hatte auch in der Wehrmacht gedient. Unser Stab schrieb ihm umgehend eine Bestätigung aus, dass er im Lager 326 VI/K den Gefangenen geholfen hatte. Ich besaß seine Adresse in Prag, schrieb ihm aber nie. In der UdSSR war so ein Kontakt gefährlich. Jetzt sind andere Zeiten gekommen, doch mein Freund, der tschechische Volksdeutsche Anton Liebl ist schon gestorben …

Innerhalb der Arbeitskommandos bildete sich zu dieser Zeit eine Gruppe unter der Leitung von Major Goperskij. Dieser Ingenieur war ungefähr 12 Jahre älter als ich und hatte die Idee, ein Denkmal für die verstorbenen Gefangenen zu errichten. Auch ein Maler und ein Architekt konnten für den Plan gewonnen werden. Nach 1½ Monaten war das Denkmal fast fertig.

Ende April kam auch der in ein Straflager in Hammer verbrachte ehemalige Chefarzt I.G. Alexeijev wieder zurück. Er blieb aber nicht lange, sondern organisierte in der ganzen Region die Repatriierung.

Abb. 16: Das fast vollendete Denkmal wurde im Frühsommer 1945 unter Beisein alliierter Soldaten eingeweiht.

Während der ersten Maitage begann die Verlegung des Lazaretts in ein wirkliches Krankenhaus. Hierzu wurde das entsprechende Gebäude in Salzkotten, etwa 20 Kilometer von Paderborn entfernt, requiriert. Ein Teil der Ärzte, darunter S.I. Sdriljuk, N.M. Guščin und A.K. Šveijkin, den nun jeder A.E. Belizkij nannte, begab sich ebenfalls nach Salzkotten. Andere, darunter Ivan Fedorovič Malzev[19] (*05.02.1915), ich und noch andere, blieben als Leiter des Lagerlazarettes zurück. Die Sterblichkeit nahm ab, dennoch hatten wir weiter 150 Kranke zu betreuen. Die Augen- und HNO-Kranken waren auf beide Häuser verteilt worden, so dass ich immer zwischen Salzkotten und dem Lager hin und her pendeln musste. Um dies besser durchführen zu können, erhielt ich ein Fahrrad. Auch Malzev erhielt zur besseren Fortbewegung ein solches Stück. Mein Fahrrad war schon etwas älter, lief aber sehr gut. Vor dem Krieg war Rad fahren mein liebster Zeitvertreib gewesen, täglich unternahm ich nun Ausflüge und erkundete die Umgebung.

---

[19] Camo-Datenbank: 250895, Erkennungsmarke 337/22605 337. Gefangen genommen bei Baranov. Er wurde 1943 geimpft, war wegen Knochenentzündung im Unterschenkel behandelt worden.

Auf den Straßen herrschte fast kein Verkehr, sah man einmal von den Rasern der amerikanischen Armee ab. Regeln kannten oder beachteten die Amerikaner nie, alsbald gab es eine Reihe tragischer Unfälle. Schon damals allerdings waren deutsche Landstraßen in besserem Zustand als heute die Autobahnen rund um Moskau. Einmal sah ich auch die deutsche Ost-Westautobahn. Auch hier war kein übermäßiger Verkehr.

Von unserem Lager bis Salzkotten waren es ungefähr 40 Kilometer. Zweimal die Woche fuhr ich dorthin um die Kranken zu untersuchen. Einmal machte ich einen Abstecher nach Paderborn um die Stadt anzuschauen. Ein großer Teil war zerbombt. Mitten in der Stadt befand sich das amerikanische Stadtkommando, vor dem amerikanische, britische, französische und sowjetische Flaggen wehten. Anschließend fuhr ich weiter nach Salzkotten und übernachtete dort.

Hitlers Selbstmord, die Eroberung Berlins und die deutsche Kapitulation führten in unserem Lager zu neuen Beifallsstürmen. Denn nun war die wichtigste Voraussetzung für die Rückkehr in die Heimat, das Kriegsende, erreicht. Jetzt sollte es schnell gehen, bereits zum 13. Mai wurde das Lager aufgelöst. Die Kranken kamen alle nach Salzkotten, das medizinische Personal wurde in einem Sammelpunkt bei Paderborn zusammengezogen. Während des Krieges hatten dort Soldaten gewohnt. Am Tag vor der Abreise besuchte ich zum letzten Mal die Flüchtlingsfamilien und übergab ihnen nochmals Nahrungsmittel. Sie berichteten mir, am Abend zuvor Damann in Zivilkleidung gesehen zu haben. Er war also den Amerikanern entwischt, vielleicht aber auch – wegen seines Arztberufes – wieder freigelassen worden.

Wir wohnten nun im umzäunten Sennelager, verteilt auf einige große, mehrstöckige Gebäude. In jedem Zimmer schliefen 40 Mann, die eisernen Schlafstellen standen dicht an dicht. Dazwischen richteten wir eine Ambulanz ein. Täglich musste ich auch nach Salzkotten fahren. Das Fahrrad stellte ich stets neben meinem Bett ab. Dennoch war es nach zehn Tagen gestohlen. Als Ersatz erhielt ich Malzevs Rad, der seines nicht mehr brauchte. Im Sennelager machte ich erstmals Bekanntschaft mit dem amerikanischen Kaugummi. Zudem besaß das Lager eine komfortable Badestube, in der das Wasser aus Düsen von oben und unten sprühte. Hier im Lager behandelte ich vornehmlich Augenkranke. Grundlegende Untersuchungen gelangen mir ohne Probleme, pathologische Veränderungen vermochte ich aber nicht zu deuten. Nur die Sehnervatrophie konnte ich mühelos erkennen, da es nicht zufällig eine große Anzahl Erkrankter gab. Nach der Befreiung waren zahlreiche Gefangene in der Gegend umhergestreift und hatten schließlich auf einem Rangierbahnhof einen Tankwagen voller Spiritus entdeckt. Diese Meldung verbreitete sich wie ein Lauffeuer und trotz der Warnung eines Eisenbahners, wonach die Flüssigkeit keineswegs zum Verzehr geeignet, sondern vielmehr chemisch aufbereitet sei, tranken Hunderte dieses Gebräu. Alle waren vergiftet, binnen 48 Stunden starben Dutzende, etwa 60 erlitten toxische Sehnerverkrankungen mit folgender Atrophie. Die Hälfte erblindete völlig, die übrigen konnten nur noch schlecht sehen. Ständig musste ich Nachuntersuchungen durchführen. Das waren die Folgen von Eigensinn, Dummheit und Alkoholgier. Die Leute hatten den Krieg und die Gefangenschaft überlebt, um sich dann selbst mittels Spiritus ins Jenseits oder in das Dunkel der Blindheit zu befördern. Viele von ihnen durfte ich in Salzkotten betreuen. Ihre Augen begannen sich mit der Zeit weiß zu färben. Dennoch behaupteten einige von ihnen, dass sie gelegentlich am Morgen gewisse Gegenstände sehen könnten. Doch erwies sich dies als Halluzination, pures Wunschdenken.

Im Sennelager begegnete ich auch einem Arzt, der im KZ Dachau gewesen war. Er hatte dort im Lazarett gearbeitet und deshalb überlebt. Auch einige ukrainische Zivilarbeiter traf ich, darunter eine 20-jährige Frau, die seit drei Jahren in Deutschland auf einem Bauernhof arbeitete. Sie sprach schon recht gut deutsch und besuchte gelegentlich ihre ehemaligen Arbeitgeber, deren Männer alle in Gefangenschaft waren. So hatten die Frauen ihr angeboten, noch ein wenig weiter bei ihnen zu arbeiten. Die Frau war unsicher, ob sie das Angebot annehmen sollte und beriet sich mit uns.

Einige Zeit später verließ ich das Sennelager und zog nach Salzkotten. Das kleine Städtchen war nicht bombardiert worden. Durch die Stadt floss ein kleiner Fluss, der jedoch selbst im Sommer so kalt war, dass ich darin nicht badete. Mitten in der Stadt war ein Frauenkloster, das im Krieg als Lazarett gedient hatte. Die Nonnen besaßen nämlich eine medizinische Ausbildung. Das Hospital befand sich in den nördlichen Vororten an der Straße nach Paderborn. Gegenüber lag das Klostergebäude mit seinem ummauerten Garten. Das Hospital umfasste zwei große Häuser mit einem gemeinsamen Innenhof, die Nonnen wohnten gegenüber. Zu unserer Freude gab es sogar ein Röntgengerät, das wir für die Diagnose der Lungentuberkulose gut gebrauchen konnten. Ich konnte endlich erkennen, was sich in den Nasennebenhöhlen und Stirnhöhlen meiner Patienten befand, ohne gleich den Schädel öffnen zu müssen.

Wir hatten eigene Putzfrauen, die auch gleichzeitig die Küchenarbeit erledigten. Die Krankenzimmer enthielten je nur vier, im höchsten Fall acht Schlafstellen. Von jedem Bett aus konnte man nach der Nachtschwester klingeln. Das elektrische Licht konnte individuell geregelt werden. Die OP-Räume waren perfekt ausgerüstet, für die Kranken gab es eigene Pyjamas. Sie ähnelten allerdings fatal den Kleidungsstücken der KZ-Häftlinge. Trotz der idealen Bedingungen starben nun zwei Monate nach der Befreiung immer noch Leute an den Folgen der Unterernährung. Für sie war es besonders schlimm, denn sie hatten die Befreiung vom Nationalsozialismus noch erlebt und waren erst jetzt – kurz vor der ersehnten Rückkehr in die Heimat – dem Tode nahe. Operationen gab es für mich nur wenige zu erledigen, gelegentlich einmal eine Gaumenmandelresektion oder Polypenentfernung. Einmal musste ich eine Nasenmuschel entfernen.

Während dieser Tage besuchte uns ein älterer Mann, der sich als orthodoxer Priester vorstellte. Er gehörte wahrscheinlich der exilrussischen Emigrantengemeinde an, die nach 1917 Russland verlassen hatte. Er bat um die Erlaubnis, die Kranken und Sterbenden seelsorgerisch betreuen zu dürfen. Diese Bitte wurde abgeschlagen, wobei natürlich die Kranken gar nicht gefragt wurden. Insgesamt starben nur drei oder vier ehemalige Gefangene in Salzkotten, die unter militärischen Ehren auf dem Stadtfriedhof beigesetzt wurden. Stets sahen uns viele Zivilisten zu, Beerdigungen ohne Teilnahme von Geistlichen waren in Deutschland unbekannt gewesen.

In Salzkotten hatte mir ein Bekannter eine Filmkamera geschenkt. Doch die nötigen 6x9er Filme konnte ich nicht besorgen. Also versuchte ich es zunächst mit Röntgenfilmen, doch die beidseitige Emulsionsschicht ließ die Aufnahmen unscharf werden. Erst nach zwei Monaten erhielt ich einen passenden Film und begab mich sofort zu unserem ehemaligen Lager um alles zu photographieren. Da es keine Züge gab, ich aber innerhalb eines Tages zurück sein musste, waren 80 Kilometer mit dem Fahrrad zu bewältigen. Das Lager wurde mittlerweile für deutsche Gefangene genutzt und ich konnte nur das leere Lazarett besichtigen. Ansonsten photographierte ich noch das Lager, Baracken, einen Wachturm, um schließlich den Friedhof aufzusuchen. Die deutschen Gefangenen, alle wohlgenährt, beachteten mich nicht. Das Friedhofsdenkmal war vollendet und wurde ebenfalls photographiert. Dann fuhr ich zurück nach Salzkotten.

Dort hielt ich mich nun vorwiegend in den mir zur Verfügung gestellten Räumen neben dem OP auf, dem Verbands- und Warteraum für HNO-Kranke. Daneben befanden sich die Röntgenräume. Vier Nonnen arbeiteten mir über drei Monate hinweg zu. Zwei von ihnen, Sabine und Lambertina, waren etwa 45 Jahre alt, Hildegard und Aristilde in meinem Alter. Mit Letzterer hatte ich – wegen ihrer Röntgenausbildung – den meisten Kontakt. Sie trug vor dem Eintritt ins Kloster den Namen Katherina und wurde Käthe genannt. Da es nur wenige Operationen gab, hatten wir viel Freizeit, die S.I. Sdriljuk und ich für Gespräche mit den Nonnen nutzten. Das freute auch sie, schließlich durften sie auf der Straßen Männer nicht einmal ansehen, hier aber frei mit ihnen sprechen. Stundenlang hielten sie sich hier auf. Am liebsten besprach ich mit ihnen religiöse Probleme. Ich verheimlichte ihnen, dass ich Atheist war und gab mich als orthodoxer Christ aus. Da ich die Bibel recht gut kannte und sogar das Vaterunser auf Deutsch deklamieren konnte, wurde mir geglaubt. Die vier Nonnen waren überzeugte Katholikinnen und in ihrem Gottesglauben unerschütterlich. Daran änderte auch meine Kritik nichts. So merkte ich an, dass es empörend sei, dass auf Kirchen in Deutschland kein Kreuz, sondern ein Wetterhahn sitze. Zudem versuchte ich ihnen zu erklären, wie man sich korrekt – nämlich orthodox – bekreuzigte. Ferner dürfe man in Kirchen niemals sitzen, sondern nur stehen. Schließlich wagte ich noch Fragen zu stellen, z.B. warum der »gnädige Gott« Kriege zulasse und weshalb Kinder leiden müssten. Zweimal besuchte ich auch den Gottesdienst, verstand aber (Latein!) kein Wort. Auch einige Kranke taten es mir nach. Eigentlich aber war es Orthodoxen verboten, katholische Kirchen zu betreten. Insgesamt waren die Nonnen völlig überrascht. Gemäß der Goebbelschen Propaganda hatten sie eigentlich die Invasion kampfeslustiger, gottloser Kommunisten erwartet und stattdessen eine Schar folgsamer Kranker erhalten. Alsbald begegneten wir uns gegenseitig mit Vertrauen und Dankbarkeit.

Im ganzen Kloster gab es nur einen einzigen Mann, der etwa 45 Jahre alt und von Geburt an blind war. Er arbeitete als Masseur. Später kam noch ein jüngerer Mann in meinem Alter hinzu. Er hatte als Leutnant in der Wehrmacht gekämpft, war jedoch schwer verwundet worden. Ein Bein war amputiert und er ging auf Krücken. Diese erregten sofort mein Interesse. Sie waren gänzlich anders – und praktischer – konstruiert als ihre russischen Pendants. Die Krücken reichten nicht ganz bis zur Unterarmhöhle, sondern erfassten den Unterarm mit einem Ring. Der Leutnant agierte als Übersetzer, wenn wir mit Amerikanern oder Engländern zu tun hatten.

Im Sommer 1945 wurde das besiegte Deutschland in vier Besatzungszonen aufgeteilt und das Gebiet, welches Stukenbrock, Paderborn und Salzkotten umfasste, kam unter englische Verwaltung. Die Amerikaner zogen ab, die Engländer ein. Das hatte negative Folgen, die Amerikaner waren stets hilfsbereit und freundlich, die Engländer verhielten sich fast feindselig. Wir erhielten einen Unteroffizier als Aufpasser, der bei jeder ihm passend erscheinenden Gelegenheit in unsere Arbeit eingriff, was sich die Amerikaner nie erlaubt hatten. Zudem wollte er uns verbieten, dass gesundete Kranke oder Ärzte das Haus verließen. Insbesondere empörte dies N.M. Guščin, der stets bei seiner deutschen Geliebten zu übernachten pflegte. Wir entschlossen uns, diese Anordnung zu ignorieren. Hauptproblem der Engländer war ihre »Armut«. Im Gegensatz zu den Amerikanern konnten sie uns nicht so vorzüglich ernähren, die Qualität des Essens nahm rapide ab. Niemand musste hungern, aber es war auch nicht mehr möglich, jemanden nebenbei durchzufüttern oder Tauschhandel zu betreiben. Ich behielt mein Fahrrad und nutzte es zu Ausflügen. Dabei besuchte ich auch zwei kleine Dörfer in der Nähe, Ferne und Thüle. Dort befand sich ein kleiner, sehr gepflegter Friedhof. Auf diesem stand ein Denkmal für alle Gefallenen des Ersten Weltkrieges mit einer Liste von 1½ Dutzend gefallenen Ortsbewohnern. Niemals zuvor hatte ich ein ähnliches Denkmal in Russland gesehen.

Gelegentlich brachte der blinde Masseur seine jüngste Tochter mit, sie war 3½ Jahre alt. Aufmerksam beobachtete sie mich, sobald ich mit meinem Fahrrad aufkreuzte. Ich erriet ihren Wunsch, den sie nicht zu äußern wagte. Schließlich bot ich ihr an, mit ihr einen Ausflug zu unternehmen. Gerne nahm sie das Angebot an und wir fuhren aufs Land. Schließlich wollte sie wieder nach Hause und ich lieferte sie dort ab. Die Mutter erschrak fürchterlich, ihr war bereits mitgeteilt worden, dass ihre Tochter mit einem Russen spazieren fuhr. Wieder zeigte sich, dass die Deutschen uns ununterbrochen beobachteten.

Im Juli 1945 wurde Kolja der letzte Verband abgenommen, sein Gesicht sah zufriedenstellend aus. Die plastische Nasenkorrektur war erfolgreich gewesen. Wir begaben uns zu einem Photographen in der Stadt, dessen Geschäft aber verschlossen war. Als der Besitzer schließlich auftauchte, wollte er uns zunächst nicht photographieren. Da wir aber hartnäckig blieben, tat er es schließlich doch, retuschierte aber Koljas Aufnahme. Das erfreute diesen sehr, nicht aber mich, da nun alle meine Bemühungen unsichtbar blieben.

In ganz Salzkotten gab es fast keine Ärzte. Nahezu alle vor dem Krieg tätigen Mediziner waren spurlos verschwunden. Nur zwei umherfahrende Mediziner kamen gelegentlich vorbei. Es handelte sich um einen Augenarzt und einen HNO-Spezialisten. Ersterer war ein sehr verschlossener Typ, kam auch fast nie ins Hospital. Ganz anders der HNO-Spezialist, der auch bereitwillig meine Kranken untersuchte und einen wegen Nasenhöhlenatresie erfolgreich operierte. Bald freundeten wir uns an. Der Arzt hieß Hugo Eickhoff, war etwa 45 Jahre alt und hatte als Assistent an der weltberühmten HNO-Klinik in Frankfurt am Main unter Walther Uffenorde gearbeitet. Als er erfuhr, dass ich erst zwei Jahre praktizierte und fast alle Fertigkeiten in der Gefangenschaft erworben hatte, lobte er meine Arbeit sehr. Er wurde mein erster wirklicher Fachlehrer. Stets erschien er in tadelloser Militäruniform, aber ohne Schulterstücke. Daneben gab es in Salzkotten nur noch zwei Zivilärzte, einen Allgemeinmediziner und einen Chirurgen. Vor dem Krieg hatten sie ihre schwereren Fälle stets im Klosterspital behandeln lassen. Der Chirurg mit Namen Schwering operierte sie dort persönlich. Er war etwa 60 Jahre alt und hatte am Ersten Weltkrieg teilgenommen. Beide Mediziner kamen in periodischen Abständen zu uns. Einmal musste Schwering einen Kranken mit Schilddrüsenvergrößerung und akuter Atemnot operieren. Gemeinsam mit A.E. Belizkij führte er den Eingriff durch und überzeugte sich dabei von der herausragenden Qualität unserer Arbeit. Seit dieser Zeit achtete er uns.

Mit der Übernahme der Verwaltung durch die Engländer hatte sich nicht nur das Essen verschlechtert, auch die Versorgung mit medizinischem Allgemeinmaterial geriet ins Stocken. Schließlich mussten wir einen Antrag auf mancherlei Dinge stellen, erhielten jedoch diese nicht, sondern stattdessen einen größeren Betrag an Okkupationsgeld. Allein Belizkij verwaltete 1000 Mark.

Wir wohnten alle im zweiten Stock, unweit des OP-Raumes, in ehemaligen Krankenzimmern. Während alle – auch der Chefarzt – mindestens in Doppel- oder Vierbettzimmern schliefen, besaß ich ein eigenes kleines Zimmer. Möglicherweise erregte ich dadurch den Neid der Kollegen, doch war es kein Zufall, dass ich dieses Einzelzimmer erhielt. Während des langen Aufenthalts im Lager 326 VI/K hatte A.E. Belizkij die Gelegenheit gehabt, alle Ärzte genauestens kennen zu lernen. Dabei war er zu dem Schluss gekommen, dass ich der einzige wirklich Zuverlässige war. So beschloss er, mir die Verwaltung der Spirituosen anzuvertrauen. In meinem Zimmer stand ein ungeheuer großer Wandschrank, der nun bis zum Rand mit Weinflaschen gefüllt wurde. Ich rechtfertigte sein Vertrauen, niemals vergriff ich mich an den Weinen und nie erzählte ich, was sich in meinem Schrank befand. Nur ein einziges Mal wurde auch offiziell Wein ausgeschenkt, zur Feier der Bekanntgabe unseres Heimfahrtsdatums. Es wurde sogar eine gigantische Torte gebacken, an die ich mich aber nicht erinnern kann, da die vorangegangenen Toaste meine Geschmacksnerven bereits völlig betäubt hatten. Zudem war ich müde und floh ins Bett.

Bei den wenigen Operationen assistierte mir Kolja, dem jedoch ansonsten fürchterlich langweilig war. So unternahm er gemeinsam mit unserem Fahrer Spritztouren, doch war dieser Wagenlenker einmal betrunken. Es ereignete sich ein Unfall und Kolja wurde gerade an der Stelle verletzt, wo der Hautlappen an der Nase angewachsen war. Die Nase verschob sich, eine Nachbehandlung war erforderlich. Sdriljuk und ich rasteten fast aus und beschimpften Kolja, der seine Schuld nicht zugeben wollte. Es blieb nicht der einzige Unfall. Eines Tages saßen Sdriljuk und ich mit dem Chefarzt im Wagen und fuhren nach Paderborn. Als wir gerade eine Kurve durchfuhren, ereignete sich der Unfall. Auf unserer Seite kam ein Pferdefuhrwerk entgegen, die Wagendeichsel durchschlug die Heckscheibe und verkeilte sich in der Karosserie. Verletzt wurde niemand, ich hatte großes Glück, da ich ungefähr dort gesessen hatte. Das Fuhrwerk war völlig überladen gewesen, vorne saß der Bauer, hinten seine Frau. Durch den Ruck des Aufpralls fiel der Mann nach vorne und blieb quer über der Deichsel hängen, wo er in der Luft herumzappelte. Trotz des Schreckens mussten wir ob dieses Anblicks herzlich lachen. Alsbald jedoch beschimpften wir uns unter Anteilnahme der Anwohner gegenseitig. Es gelang mir jedoch zu beweisen, dass nicht wir, sondern der Bauer die Schuld trug, zudem war sein Fuhrwerk unbeschädigt geblieben, unser Auto aber ziemlich lädiert.

In Paderborn fand ich eines Tages ein sehr merkwürdiges Buch. Es war mit vielen bunten Bildern versehen, auf bestem Papier gedruckt und trug den Titel »Die Geschichte des Paderborner Grenadierregiments«. Es wurde die Geschichte einer Einheit aus dem Ersten Weltkrieg geschildert. Die territorial gegliederten deutschen Einheiten wurden stets mit Leuten aus der gleichen Gegend aufgefüllt, die Soldaten kannten einander. Sämtliche Kämpfe wurden beschrieben, die heldenhaften Offiziere und Soldaten vorgestellt. In der Sowjetunion gab es nichts dergleichen, dort wurde der Erste Weltkrieg gar nicht erwähnt. Es hatte sich ja um einen »imperialistischen Krieg« gehandelt.

Während unserer Arbeit in Salzkotten erhielten wir von den Amerikanern erstmals Penicillin. Alle Ärzte waren begeistert und glaubten, das Problem der antibakteriellen Behandlung sei ein für alle Mal gelöst. Damals ahnten wir nicht, wie schnell Mikroben Widerstandsfähigkeiten entwickeln konnten. Auch Hugo Eickhoff hatte bislang nur mit Sulfonamiden, nicht aber mit Penicillin gearbeitet. Wir verglichen die Wirksamkeit beider Präparate, kamen aber alsbald auch auf Politik zu sprechen. Eickhoff gab offen zu, weder den Nationalsozialismus noch den Kommunismus zu mögen, letzteren lehnte er wegen seines Totalitätsanspruchs ab. Er bezeichnete sich selbst als »Kosmopolit« und hielt den Kosmopolitismus für das Programm der Zukunft. Heute glaube ich, dass er Recht hatte.

Während meiner Arbeit erfuhr ich, dass Schwester Aristilde einen 12-jährigen Neffen hatte, der zuvor bei der Hitlerjugend gewesen war. Nun aber sah er, dass seine Tante sowjetische Kriegsgefangene pflegte, die zudem gänzlich anders waren, als ihm dies von der Propaganda bisher vermittelt worden war. Er verstand die Welt nicht mehr. Aristilde bat uns um Hilfe, da dem Neffen Schuhe fehlten. Doch unsere Schuhe waren dem Jungen natürlich zu groß. Vor einigen Wochen noch hätten wir unseren Überbestand an amerikanischen Camel-Zigaretten auf dem Schwarzmarkt gegen Schuhe umgesetzt, doch nun war die Situation schwieriger. Ich wusste aber, wo Belizkij seine Okkupationsmark aufbewahrte und stahl einfach 20 Mark. Aristilde hatte keine Ahnung, woher ich plötzlich das Geld hatte, doch sagte ich es ihr nicht. Sie hätte sich nur Vorwürfe gemacht, da sie mich indirekt angestiftet hatte, das Gebot »Du sollst nicht stehlen« zu übertreten. In dieser Zeit erkrankte auch ich kurz. Ein Karbunkel hatte sich hinten am Hals gebildet und es wurde mir vom Chefarzt herausoperiert. Die Betäubung bestand aus Chloräthylstral, das direkt in das Karbunkel gespritzt wurde und örtliche Betaubung garantieren sollte. Bald war ich wieder gesund, so dass ich mich neuen Kranken aus unseren Reihen widmen konnte. Denn im Juli 1945 war endlich ein altes Anliegen der Gefangenen in Erfüllung gegangen und es wurden Waffen zum Selbstschutz ausgegeben. Ehemalige Lazarettinsassen bewachten nun das Gebäude, schossen aber eines nachts versehentlich aufeinander. Einer wurde am Bein getroffen und operiert, gesundete aber binnen eines Monats.

Der Abfahrtstag rückte näher. Ich benötigte einen Reisekoffer und erhielt die Adresse eines entsprechenden Handwerkers. Ich ging hin, äußerte meinen Wunsch – und wurde auf Russisch angesprochen. Es stellte sich heraus, dass der Mann im Ersten Weltkrieg gefangen genommen worden war und auf einem Bauernhof gearbeitet hatte. Der Mann hatte nur positive Erinnerungen an seinen Aufenthalt in Sibirien. Tags darauf erhielt ich einen aus Furnierholz und Kunstleder gefertigten Reisekoffer, den ich noch heute nutze. Leider konnte ich das Fahrrad nicht mitnehmen, weswegen mir Hugo Eickhoff einen Tauschhandel offerierte. Er bekam mein Fahrrad, ich seine Filmkamera mit mehreren Ersatzfilmen. Leider stellte sich später heraus, dass diese Filme (4,5 cm) in der Sowjetunion nicht produziert wurden. Am 6. oder 7. September 1945 bestieg Hugo Eickhoff das Fahrrad und fuhr nach Hause, 250 Kilometer entfernt. Er gab mir seine Adresse, ich aber verheimlichte ihm die meine. Es war damals nicht ungefährlich mit dem kapitalistischen Ausland zu korrespondieren. Daher vernichtete ich später seine Adresse. In was für einem Land lebten wir eigentlich damals ...

15 Jahre später stieß ich durch Zufall auf den Namen Hugo Eickhoff, als ich das Zentralblatt für HNO-Heilkunde durchblätterte. Von diesem Tag an verfolgte ich interessiert seine wissenschaftlichen Aufsätze. Er verfasste auch eine wichtige Monographie über tuberkulöse Schwindflechte[20]. Aber seit 25 Jahren habe ich seinen Namen nicht mehr in Zeitschriften gefunden.

Am 11. September 1945 reisten wir aus Salzkotten ab. Englische Lastwagen brachten uns zur Eisenbahn. Außer dem Gepäck nahm ich noch Instrumente zur Behandlung von Augen- und HNO-Krankheiten mit. Die Instrumente stammten noch alle aus dem Stalag 326, das Hospital in Salzkotten wollte ich nämlich nicht berauben. Wir verabschiedeten uns von den Nonnen in aller Herzlichkeit. Einige der Kranken weinten, denn nie zuvor waren sie so fürsorglich gepflegt worden. Sdriljuk und ich verabschiedeten uns von unseren vier Schwestern. Aristilde wollte meine Hand gar nicht loslassen und hatte die Augen voller Tränen. Ich verstand, es war die höchste Form der Annäherung, die ihr in Gegenwart vieler Zeugen möglich war. Da küsste ich ihr die Hand, in der UdSSR eine höchst verpönte Geste. Schade, dass wir nicht allein waren, sonst hätte ich sie wirklich geküsst.

»Beten Sie um meine sündige Seele« war das letzte, was ich zu ihr sagte. Meinen Atheismus verschwieg ich taktvollerweise und meine Bitte wurde akzeptiert. 45 Jahre sind seitdem vergangen und wenn Aristilde noch leben sollte, so

---

[20] Es ließ sich jedoch nur eine einzige Monographie aus der Feder Eickhoffs, der nach 1945 zum Leiter der HNO-Abteilung am städtischen Krankenhaus in Aachen ernannt wurde, finden.
Hugo Eickhoff: Der Schleimhautlupus. Genese, Behandlung und Statistik, Leipzig 1951.

bin ich überzeugt, dass sie immer noch betet. Gerne würde ich heute Salzkotten wiedersehen.

Am Bahnhof erwartete uns ein früherer Wehrmachtssanitätszug. Für das Personal gab es einen eigenen Sonderwagen mit Abteilen für zwei Personen. Zum erstenmal reiste ich in so einem Zug, 1½ Tage waren wir unterwegs. An zahlreichen Haltestellen konnten wir photographieren. Wir überquerten die Elbe und durchfuhren das zerstörte Berlin. Ich machte auch hier mehrere Aufnahmen. Während unserer Fahrt gab es einige denkwürdige Begebenheiten. Einmal stand nicht weit von uns entfernt ein Güterzug voller – deutscher – Gefangener. Bewachung gab es fast keine und sie bettelten uns um Tabak oder Nahrung an, erhielten auch einiges. Als wir dann an einem Bahnhof in der sowjetischen Zone hielten, sahen wir einen »Dochodjaga«, einen verhungerten, kranken Mann. Er trug einen alten abgewetzten Militärmantel, der von einem Strick zusammengehalten wurde, und eine schief sitzende Feldmütze. Als Kochgeschirr besaß er nur eine Konservenbüchse. Über seiner Schulter hing ein leerer Zeugsack und zwei Stofftaschen. Das Schuhwerk war zerfleddert, der Mann unrasiert. Es handelte sich um einen deutschen Soldaten, der gerade aus sowjetischer Kriegsgefangenschaft entlassen worden war. Uns kamen ungute Erinnerungen an die eigene Gefangenschaft. Sogleich umringten ihn mehrere von uns, was ihn erschreckte. Alle starrten den Mann schweigend an. Nach einigen Minuten sammelte sich neben dem sitzenden »Dochodjaga« ein kleiner Haufen Brot, Konserven und Äpfel an. Ich photographierte den Mann. Ich hatte als Arzt Gelegenheit viele solcher Menschen zu sehen, aber sie nie photographiert. Dass es gerade ein Deutscher war, den ich vor die Linse bekam, spielte keine Rolle, die »Dochodjagas« aller Nationen glichen sich. Bis heute bewahre ich das Photo auf. Es gibt da den Begriff »der unbekannte Soldat«, eine ähnliche Wortverbindung sollte »der unbekannte Dochodjaga« lauten. Denn Millionen Soldaten aller Völker gingen in Tausenden von Lagern auf die gleiche Weise zugrunde.

Am Abend des 12. Septembers 1945 kamen wir in Frankfurt/Oder an. Es war nun die Ostgrenze Deutschlands erreicht, östlich davon erstreckte sich bereits Polen.

Die Repatriierung

Der Zug hielt unweit des Bahnhofes. Neben dem Gleis befanden sich mehrere große Zelte, wo die Gesunden übernachten sollten. Die Kranken wurden sogleich in ein Lazarett transportiert. Etwas später kamen andere Lastwagen, wir wurden registriert und brauchten auch nicht in Zelten zu schlafen. Wir kamen in eine Art Kaserne, unterlagen auch militärischem Drill mit Anwesenheitskontrolle. Am nächsten Tag hielt ein rangniedriger Kommissar eine Rede, die etwas unstrukturiert war. Wir entnahmen ihr, dass Gefangenschaft stets eine gewisse Mitschuld impliziere und daher jeder Gefangene einzeln überprüft werde. Als Beispiel nannte der Mann sich selbst. Er sei kurz in Gefangenschaft geraten, dann aber geflüchtet.

Noch ein Kommissar, der sich nicht erschossen hat, dachte ich.

Nach dieser Rede wurden wir in Arbeitskommandos eingeteilt. Ich und noch zwei andere Ärzte jedoch erhielten den Auftrag, den noch unfertigen Stacheldraht an den Kasernenmauern zu vollenden. Sodann sollte noch ein weiterer Drahtverhau errichtet werden. Wir blieben jedoch nicht lange bei diesem Kommando, sondern wurden alsbald auf die örtlichen Krankenhäuser verteilt. Während der Arbeit entdeckten wir plötzlich einen älteren Generalleutnant in unserer Nähe, der sich in Begleitung mehrerer Offiziere befand. Nach etwa zehn Minuten verschwand er, doch hatten ihn andere Rückkehrer als den vormaligen Marschall Kulik identifiziert. Dieser war im Sommer 1941 eingekesselt worden, hatte den Kontakt zu seinen Truppen verloren und versucht, in Zivilkleidung nach Osten zu flüchten. Deshalb war er bestraft und zum Generalleutnant degradiert worden.

Nach der Befreiung aus dem Lager Stukenbrock war in unserer Gegend eine eigene Zeitung für Kriegsgefangene produziert worden, »Das Vaterland ruft«. Hierin wurde für eine freiwillige und rasche Repatriierung getrommelt. Dort hieß es wortwörtlich, dass alle ehemaligen Kriegsgefangenen »von neuem vollberechtigte Sowjetbürger sind«. In Wirklichkeit war es ganz anders. Schon am nächsten Tag wurde uns befohlen, die Schulterstücke abzutrennen, wir seien keine »Sowjetmenschen«, sondern einfache Repatriierte. Leute ohne Vaterland, die erst eine Staatsbürgerschaft erwerben müssten. Rechte wurden uns keine zugestanden. Dies betraf insbesondere vormalige Mitglieder der Kommunistischen Partei. Ihnen wurde ihr Ausschluss mitgeteilt, Begründung: Sie hatten ihre Mitgliedsbeiträge nicht entrichtet. Sie waren ja in Gefangenschaft gewesen. Sowjetische Partisanen hingegen, die ebenfalls mit ihren Beitragszahlungen in Verzug geraten waren, blieben Parteimitglieder. Diese Behandlungsweise unterschied sich frappierend von der in den angeblich so rückständigen und barbarischen »kapitalistischen Ländern«. Ihre Leute kamen in Uniform nach Hause, die Gefangenschaft wurde ihnen auf die Militärdienstzeit angerechnet. Und die Gefangenschaft war für Polen, Engländer, Franzosen und andere viel weniger schlimm gewesen als für uns. Sie hungerten nicht und besaßen bestimmte, uns von vornherein entzogene Rechte. Besonders beleidigend war die Lage für Menschen wie Šurka und Kolja, die noch unmündig gewesen waren, als sie zur Armee eingezogen wurden und in Gefangenschaft geraten waren.

In Frankfurt/Oder gab es acht Lazarette für zu repatriierende Soldaten. Alle sollten erst in Deutschland gesunden und anschließend in die UdSSR weiterreisen. Fünf Lazarette waren allein für Tuberkulose-Kranke bestimmt. Ein Lazarett war für Haut- und Geschlechtskrankheiten, wo nebeneinander Rotarmisten und ehemalige Gefangene behandelt wurden. Doch die dominierende Krankheit war Tbc. Ein wirksames Mittel gab es noch nicht, Streptomycin war zwar schon entdeckt, aber nur in den USA und Kanada in Gebrauch. Unsere Leute, die Krieg und Gefangenschaft überlebt hatten, gingen also noch vor der Rückkehr zugrunde. Verwandte durften sie auch nicht besuchen. Im eigenen Land konnte jeder Kranke auf eigenen Wunsch das Krankenhaus verlassen, hier war es unmöglich. Ich musste in einem Krankenhaus für Tbc-Kranke arbeiten. Rasch fand ich heraus, dass ich der einzige HNO-Arzt in der Stadt war und es zahlreiche potentielle Patienten gab, diese aber für mich unerreichbar in verschiedenen Lazaretten lagen. Schließlich erhielt ich doch einen Passierschein und konnte alle Krankenhäuser inspizieren. Die übrigen Ärzte durften die Lazarette auch nachts nicht verlassen. Das Hospital, wo ich arbeitete, war vorher ein reguläres Lazarett der Roten Armee gewesen und eigentlich sollten die Armeeärzte uns helfen. In Wahrheit machten wir die ganze Arbeit, da unsere Kollegen sich als völlig ungenügend ausgebildete Landärzte erwiesen und der einzige Facharzt, Berufsoffizier Soldatov, den ganzen Tag mit Verwaltungskram beschäftigt war. Nicht einmal ein Röntgengerät besaßen wir, von Pneumothorax oder gar chirurgischen Eingriffen war nie die Rede. Die hohe Sterblichkeitsrate verwunderte niemand. Aufgrund der zahlreichen Fälle von Tbc der oberen Luftwege erlernte ich rasch die Spiegeluntersuchung des Kehlkopfes. Aber die Interpretation der Bilder war mein Problem. Um mehr zu lernen, arbeitete ich jeden Tag gleich in zwei Lazaretten. Dabei durchquerte ich stets die Stadt. Frankfurt/Oder war nicht nur bombardiert worden, sondern auch Ort heftiger Straßenkämpfe gewesen. Streng bewacht wurde die Brücke, die nach Polen hinüberführte. Es gab nur wenige Bewohner, die wiederum einen anderen Eindruck machten als die, welche ich in Westfalen kennen gelernt hatte. Sie waren abgemagert, wirkten verschüchtert und verhärmt. Die Straßenbahn fuhr und wurde von Frauen bedient. Fahrkarten lösten nur die Deutschen. Zu repatriierende Soldaten fehlten im Straßenbild, sie verfügten über kein Geld und durften ihre Kasernen sowieso nicht verlassen. Ein großes Problem stellte die Nahrungsmittelversorgung dar, theoretisch gab es Kriegsrationen und für die Tbc-Kranken sogar bessere Verpflegung. Nach mehrmaligen Beratungen kamen wir zu dem Schluss: Wir wurden bestohlen. Doch unser Wunsch, die Küche und Proviantdepots kontrollieren zu dürfen, wurde abgeschlagen. Damit befassten sich die ordentlichen sowjetischen Militärärzte. Die uns vorenthaltenen Nahrungsmittel wurden vor unseren Augen auf dem Schwarzmarkt gegen Kleidung, Schmuck und Schnaps verhökert. Die Folgen waren unübersehbar, vornehmlich gegen Abend war Frankfurt von betrunkenen Rotarmisten bevölkert. Ihr Benehmen war – freundlich formuliert – nicht vorteilhaft für das Ansehen der Streitkräfte. Doch die Offiziere schritten nicht ein. In erster Linie litten deutsche Frauen unter dem Verhalten der Soldaten. Ich selbst wurde Zeuge, wie ein betrunkener Unteroffizier in aller Öffentlichkeit eine Straßenbahnschaffnerin belästigte. Ich hörte auch, dass sowjetische Soldaten einmal eine junge Frau verfolgten, bis diese schließlich in die Oder sprang – und ertrank.

Während unseres Aufenthaltes in Frankfurt hatten wir erstmals Gelegenheit nach Hause zu schreiben. So erfuhr ich, dass Šurka sich schon seit drei Monaten in der SBZ befand und erste Informationen an meine Familie übermittelt hatte. Ich hörte, dass mein Vetter Leo und zwei Brüder meiner Frau gefallen waren, Dunja selbst war als Ärztin an die Front versetzt worden. Dort erlitt sie eine schwere Kontusion und wurde demobilisiert.

Für die Dauer von 1½ Monaten wohnte ich in einem kleinen Zimmer in einem Steinhaus. Zwischen diesem und dem nächsten Haus befand sich ein kleiner Hof, wo die Schlosserwerkstatt des Hausbesitzers stand. Die früheren Hausbewohner waren verschwunden, nun lebten einige sowjetische Offiziere dort. Sie waren meist nicht zu Hause, ich aber hatte manchmal während des Tages Zeit, die Geschehnisse im Hof zu beobachten. In der Schlosserei arbeitete ein unreinlicher, älterer Mann als Geselle. Obwohl es nur wenig zu tun gab, war er doch stets zugegen. Ich bekam den Eindruck, dass er hungerte. Wegen meiner damaligen Jugend erschienen mir der 50-jährige Hausbesitzer und seine etwa 45-jährige Ehefrau als »alte Leute«. Doch bemühten sich die Deutschen in den ersten Monaten der Besatzung grundsätzlich älter zu wirken. Dafür gab es – insbesondere für die Frauen – wesentliche Gründe. Im Hof lebte noch ein Igel, der Peter genannt wurde und keine Scheu vor Menschen besaß. Jedes Mal, wenn das Tier etwas zu fressen erhielt, kam ich nach unten, um mich mit den Bewohnern zu unterhalten. Zunächst benahmen sie sich sehr reserviert, wurden dann aber freundlicher. Eines Tages erfuhr ich, dass die Ehefrau des Hausbesitzers während der ersten Zeit der Besatzung dreimal vergewaltigt worden war. Solche Fälle und die immer wiederkehrenden Plünderungen bestimmten entscheidend das Verhältnis von deutscher Zivilbevölkerung und sowjetischer Besatzungsbehörde, auch nach Gründung der DDR. Was aber sollte ich dem Ehemann antworten? Ich entschloss mich zu betonen, dass all diese Ereignisse bedauernswert seien, sie aber alle nicht geschehen wären, wenn Deutschland nicht die Sowjetunion überfallen hätte. Diesem Argument konnte der Hauswirt nichts entgegensetzen.

Im Herbst dieses Jahres gab es in Frankfurt zwei Kinos, dreimal ging ich hinein. Es waren Schwarzweiß-Filme vergangener Jahrzehnte. In einem der Filme wirkte scheinbar Eva Braun mit. Außerdem ging ich regelmäßig in die Stadtbibliothek, die glücklicherweise unbeschädigt geblieben war. Rundherum waren Trümmerfrauen mit Aufräumarbeiten beschäftigt. In der Lesehalle gab es nur wenige Besucher, ich studierte vornehmlich Bücher zur Augenheilkunde.

An dieser Stelle möchte ich noch von einem befreundeten Ehepaar erzählen. Es handelt sich um einen Arzt und eine Ärztin, die ich bereits im Sennelager kennen gelernt hatte. In Frankfurt trafen wir nochmals aufeinander. Sie hatten an der Universität Kiev Medizin studiert und 1941 gerade das vierte Jahr absolviert. Sie blieben in der Stadt, als sie im September von den Deutschen eingenommen wurde. 1941/42 gab es in Kiev und der übrigen Ukraine weiterhin so etwas wie »normales Leben«. Die Geschäfte funktionierten, die Kinos waren geöffnet und die Studenten studierten weiterhin. In dieser Zeit konnten sie besonders häufig praktisch am Krankenbett arbeiten. Das Ehepaar absolvierte gemeinsam die Hochschule und erhielt Diplome, allerdings ohne Hammer und Sichel auf den Stempeln. 1943 endete das Studium und das Ehepaar kam gemeinsam mit vielen Arbeitern nach Deutschland. Schon während des Studiums hatte sich der Mann in Gynäkologie, die Frau in Augenheilkunde spezialisiert. Die Betreuung der Ostarbeiter war mühsam, Geld gab es nur wenig, doch reichte es um nicht zu hungern. Als wir uns kennen lernten, war die Frau gerade im vierten Monat schwanger. Der Gatte führte daneben Abtreibungen durch und entfernte Gebärmutterpolypen. Er lud mich zweimal ein, die Operation mit meinem Stirnspiegel zu beleuchten, was tatsächlich die Arbeit erleichterte.

Später erfuhr ich, dass die Diplome des Ehepaars von der Sowjetunion nicht anerkannt wurden. Einige Zeit mussten sie als Feldscher arbeiten, ehe sie das fünfte Studienjahr nachholen durften. Sie fügten sich ihrem Schicksal, doch was brachte eine solche Maßnahme dem Staat? Es sei nur daran erinnert, dass während des Krieges Arztdiplome nach dem vierten Studienjahr vergeben wurden und diese völlig ungenügend ausgebildeten Mediziner wurden nach 1945 nicht angehalten, ihre beschränkten Fähigkeiten zu verbessern.

In meinem Spital starben viele Tbc-Kranke. Wir mussten die Leichen sezieren, doch gab es keine Pathologen. Eine gerichtsmedizinische Expertise war aber vorgeschrieben. Sie wurde von einer etwa 40-jährigen Majorin des medizinischen Dienstes, Kandidatin der medizinischen Wissenschaften, geleitet. Durchgeführt wurden die Operationen aber von mir. Während der 1½ Monate in Frankfurt arbeitete ich vormittags als HNO-Arzt, nachmittags als Pathologe. Ein deutscher Sanitäter assistierte mir. Als Entlohnung erhielt er Essen aus der Lazarettküche. Doch meine Arbeit war ungenügend, ich kannte mich auf dem Gebiet ja nicht aus. Doch hatte ich Gelegenheit, die Zerstörung des Lungengewebes durch Tbc zu beobachten. Auch zu kriminalistischen Untersuchungen wurde ich beigezogen. Die Leichen waren meist schon verwest, was die Arbeit erschwerte. So wurde mir eines Tages befohlen, im Körper eines seit zwei Wochen toten Mannes, der erschossen worden war, die Kugel zu finden. Etwa 15 Minuten schnitt ich quer durch die verwesende und stinkende Leiche, dann griff Frau Majorin ein, konnte die Kugel aber auch nicht finden. Wenn wir eine Röntgenuntersuchung gemacht hätten, wäre das kein Problem gewesen, doch daran dachte niemand von uns. Wie die Sache ausging, habe ich bereits vergessen.

Nebenbei besuchte ich auch noch das Hospital für Haut- und Geschlechtskrankheiten, um syphilitische Krankheitsherde im Bereich der oberen Luftwege kennen zu lernen. Sie waren Ausdruck des zweiten oder dritten Stadiums der Krankheit. Seit dieser Zeit habe ich derartige Geschwülste nie mehr gesehen.

Die Zeit verstrich, der Herbst nahte und es wurde kühler. Die Bibliothek wurde nicht beheizt, Personal und Leser saßen in Mänteln an den Tischen. Ich studierte einen Farbatlas der Augenkrankheiten und bemühte mich, die Augengrundveränderungen im Gedächtnis zu behalten. Auf dem Rückweg von der Bibliothek geriet ich in eine Razzia. Sie wurde von der Kommandantur systematisch durchgeführt. Wer keinen Ausweis oder Passierschein besaß, wurde festgenommen, egal ob Deutscher oder Rotarmist. Ich hatte zwar nichts zu befürchten, fand es aber dennoch unangenehm, so lange in der Kälte stehen zu müssen.

Ende des Jahres schließlich wurden viele Gefangene repatriiert. Auch Kolja fuhr mit einem der ersten Züge voller Hoffnung zurück, wurde aber übel enttäuscht, da er erst nach einem Jahr endlich entlassen wurde. Ich begleitete ihn bis zum Zug. Er stand in einem Zivilmantel auf dem Bahnhof und strahlte mich an. Er war in den letzten 16 Monaten gewachsen und glich nun einem jungen Mann und nicht mehr einem Knaben, wie am Anfang unserer Begegnung. Erst Ende 1945 kam auch der Reiseaufruf für uns Mediziner. Ich schrieb meiner Mutter einen entsprechenden Brief und Anfang 1946 fuhren wir ab. Die letzten zwei Wochen vor der Abfahrt wohnten wir wieder in der Kaserne. Jeden

Morgen wurden Arbeitskommandos gebildet und ich meldete mich zum Kohle schaufeln an der Eisenbahn. Die Arbeit fand in der frischen Luft statt und ich nahm an, dass mir dies gut tun würde. Mein Allgemeinzustand war gut, nur während der Arbeit musste ich ein wenig husten. Doch wegen des Tauwetters wurde dies als Anzeichen einer kleinen Erkältung infolge Durchnässung der Kleidung gedeutet.

Jeden Tag sollte in der Kaserne ein Mann zurückbleiben und den Stubendienst übernehmen. Dies war in etwa 90 Minuten erledigt, den Rest des Tages saß man herum. Die Arbeit an sich bestand auch in der Reinigung der Latrinen. So wollte es keiner machen und es wurde zunächst über Los entschieden. Doch dann meldete sich ein Mann freiwillig. Es handelte sich um einen Ingenieur, der sich den ganzen Tag mit optischen Zielgeräten befasste. Er besaß auch ein defektes deutsches Zielgerät. In der Gefangenschaft hatte er sich als einfacher Soldat ausgegeben, wollte nun aber jede Minute nutzen, um wieder zu arbeiten. An Neuankömmlingen gab es in unserem Zimmer auch zwei Kriminelle, die ihre Tätigkeit gar nicht verheimlichten, sondern auch damit prahlten, wie sie deutsche Zivilisten überfielen. Unter anderem schilderten sie, wie sie einen Landwirt, der sich ihnen widersetzte, ermordet hatten.

Während der Zeit in Frankfurt erwarb ich einen fast neuen polnischen Zivilmantel, eine Mütze und – gegen Tabak – eine einfache Taschenuhr. Sie war billig, nicht neu und ohne »Steine«, ging aber dennoch noch fünf Jahre tadellos.

Schließlich bestiegen wir in Frankfurt einen Güterzug. Wir lagen auf Stroh, Pritschen gab es keine. Die meisten von uns waren Mediziner, einige wenige ehemalige Ostarbeiter. Es gab auch Kriegsgefangene, die mit ihren Frauen zurückkreisten, ein solches Paar befand sich in unserem Zug. Wir fuhren schnell, eine Wache gab es nicht. Wir durchfuhren das zerstörte Polen, auf den Bahnhöfen wollten uns Bäuerinnen Milch und Eier verkaufen, doch besaßen wir nichts zum Tauschen. Warschau war völlig zerstört. Der Zug fuhr weiter bis Brest-Litovsk. Hier mussten wir umsteigen, da die Schwellen in russischer Spurweite begannen. Außerdem wurden wir von den Zivilarbeitern getrennt, deren weiteres Schicksal wir nicht kannten. Der neue Zug war etwa 300 Meter entfernt, wir suchten uns einen Wagen aus und schafften unser Gepäck hinein. Um nicht immer auf dem Boden sitzen zu mussen, gedachten wir mittels herumliegender Bretter Sitze einzubauen. Ich hob so ein Brett vom Boden auf und schleppte es zum Waggon. Plötzlich begann ein Hustenanfall, begleitet von Auswurf. Ich ruhte mich nun kurz neben dem Waggon aus. Nach einigen Minuten empfand ich ein eigenartiges Gefühl in der Brust, so als ob darin etwas brodeln würde. Sogleich musste ich wieder husten. Der Auswurf erwies sich als flüssig und hob sich dunkel von der Schneeoberfläche ab. Das verwunderte mich und ich stellte fest, dass die Flüssigkeit rot war. Erst jetzt kam mir der Gedanke, dass ich Blut spuckte, ein untrügliches Zeichen für akute Lungentuberkulose. Vermutlich hatte ich mich während der Arbeit in den Krankenhäusern in Frankfurt/Oder infiziert.

Die Flecktyphuserkrankung in Charkov hatte ich gelassen aufgenommen, nun aber begann ich depressiv zu werden. Die Ärzte räumten mir sofort den besten Platz ein, kümmerten sich um mich. Das Blutspucken hörte auf. Ich dachte über meine Tätigkeit in Frankfurt nach, natürlich hatte ich nie einen Mundschutz benutzt. Von allen Spezialisten war der HNO-Arzt am meisten bedroht, saß er dem Patienten doch direkt gegenüber. Die Spritzer flogen mir stets direkt ins Gesicht. Auch die Leichensezierung fand ohne Gummihandschuhe statt. Jetzt war die Zeit gekommen, wo sich dies alles rächen sollte. Viele Ärzte reisten im Zug mit, konnten mir aber nicht helfen. Eigentlich hätte man meinen Fall sofort amtlich melden müssen, doch dann wäre ich allein in Frankfurt zurückgeblieben, wo eine Heilung sowieso ausgeschlossen war. Ich beschloss weiter zu fahren und noch in der Nacht durchquerten wir Weißrussland. Es war Nacht, Mitte Januar und auch im Waggon war es nicht über fünf Grad warm. Ich konnte nicht schlafen und plötzlich setzte unter dem Brustbein das Brodeln wieder ein und ein neuer Hustenanfall begann. Es gab keinen Spucknapf, ich musste in das Stroh spucken. Ich glaube, die ständigen Erschütterungen auf der Bahnfahrt führten mit zu dem Anfall. In dieser Nacht litt ich erstmals an Todesangst. Es war ein furchtbares Gefühl, das sich in Worten gar nicht ausdrücken lässt. Es war noch schlimmer als der Schmerz. Während des Krieges, bei Bombenangriffen, hatte ich immer vor Augen gehabt, dass ich in den nächsten Minuten sterben könnte, doch empfand ich keine Todesangst. Etwas Ähnliches empfindet man allenfalls im Schlaf während des »Nachtgrauens«, wie man im Russischen zu sagen pflegt. Ich glaube, Johann Wolfgang v. Goethe schildert in seinem Poem »Der Erlkönig« diese Todesangst sehr genau. Mein größter Wunsch ist es bis heute, niemals mehr dieses Gefühl erleben zu müssen.

Am nächsten Tag wurde ich von dem Internisten Kasakov, mit dem ich in Salzkotten zusammengearbeitet hatte, besucht. Er brachte mir 10%ige Kalziumchloridlösung mit, untersuchte und beruhigte mich. Nach zwei Stunden erfuhr ich, dass Kasakov mir unter Kollegen eine Lebensdauer von zwei Monaten prognostiziert hatte. Dies weckte bei mir ungeheure Freude, ich hatte ja gefürchtet sogleich sterben zu müssen. Zwei Monate aber erschienen mir eine lange Zeit. Die Todesangst schwand, aber weiter fühlte ich mich schwach, der Appetit fehlte völlig. Am nächsten Tag erreichten wir eine Zwischenstation, Opuchliki im Distrikt Veliki Ljuki. Hier musste man ein spezielles Überprüfungslager der sowjetischen Spionageabwehr passieren. Es war etwa acht Kilometer entfernt. Ich wurde im Lastauto transportiert. Wir fuhren durch dichten Wald, der Boden war gefroren. Vor dem Eingang eines mit Stacheldraht umzäunten Lagers hielten wir an. Es fand keine richtige Durchsuchung, eher eine Art Zollrevision statt. Ich fürchtete um meine medizinischen Geräte, doch wurde nichts weggenommen.

Im Lager gab es außer der Kommandantur keine Häuser, sondern Erdhütten. Sie hatten zwei Eingänge, waren länglich und an beiden Längsseiten mit Pritschen vollgestellt. Man hätte ein ganzes Regiment unterbringen können. Ich schleppte mich in die zugewiesene Erdhütte, die sich als Aufenthaltsort aller Tbc-Kranker erwies. Ein bullernder Ofen sorgte für Wärme, dennoch schien die Erdhütte feucht zu sein. Es gab keine Matratzen, so dass ich – um dem Wundliegen vorzubeugen – meine Decke als Unterlage und den Mantel als Decke benutzte. Es waren nur wenige andere Tbc-Kranke in der Hütte. Einer von ihnen war ein junger Weißrusse, der an hohem Fieber litt und von seiner eigentlichen Krankheit nichts wusste. Ich legte mich neben ihn, um ihm im Bedarfsfall helfen zu können. Da er ständig davon sprach, bald nach Hause zurückkehren zu wollen, um seinen ihm noch unbekannten Sohn in die Arme schließen zu können, ließ ich ihn in seinem Glauben. Das Essen war im Übrigen identisch mit dem in Frankfurt/Oder, nur dass hier nichts geklaut wurde.

Wie auch in Stukenbrock gab es in diesem Lager ein »Lager im Lager«, zwei besonders umzäunte Erdhütten. Man sagte mir, dass sich dort Angehörige der ROA befanden. Während der Fahrt hatte ich noch einen Major kennen gelernt, den ich nun hinter dem Stacheldraht wiedersah. Einige Tage später erfuhr ich, dass er sich erhängt hatte.

Es vergingen Tage und schließlich Wochen. Ich trank die Chlorkalziumlösung, mein Allgemeinzustand besserte sich und schließlich sank auch die Fiebertemperatur. Das Blutspeien wiederholte sich nicht mehr. Nacheinander wurden wir alle zum Verhör vorgeladen. Zunächst wurden die persönlichen Angaben überprüft, war der Mann tatsächlich der, für den er sich ausgab? Bei den Offizieren war das kein Problem, man stellte einfach eine Anfrage an das Zentralarchiv der Roten Armee. Anschließend folgten zwei grundsätzliche Fragen. Zum ersten: Wie und unter welchen Umständen ist der Mann in Gefangenschaft geraten? Zum zweiten: Was hat er dort gemacht, wie hat er sich in Gefangenschaft verhalten? Die größte Schwierigkeit war der Nachweis der persönlichen Unschuld. Jeder musste beweisen, dass er nicht mit den Deutschen kooperiert oder sich gar der ROA angeschlossen hatte. Die Unschuldsvermutung zugunsten des Angeklagten war dem sowjetischen Strafrecht unbekannt. Im Gegenteil, potentiell war jeder Angeklagte schuldig. Wir besaßen natürlich keine Dokumente, also musste man schriftliche Zeugenaussagen vorlegen. Ich begriff, welches Glück ich besaß, dass wir alle in einem Transport zurückgekommen waren. Mitte Februar 1946 wurde auch ich zum Verhör vorgeladen. Ich saß auf einem Schemel in der Mitte eines Raumes, mir gegenüber nahm an einem Tisch ein Untersuchungsrichter in Hauptmannsrang Platz. Er wirkte müde, sein Benehmen mir gegenüber aber war korrekt. Ich erwartete nun eine ausführliche Befragung. Aber der Hauptmann wollte nur das Datum meiner Gefangennahme wissen, das Schicksal meines Truppenteiles war ihm bereits bekannt. Anschließend musste ich meinen Aufenthalt in der Gefangenschaft schildern. Meine Ausführungen wurden von zwei anderen Ärzten schriftlich bezeugt, im Ganzen dauerte das Verfahren nur 20 Minuten. Jetzt musste ich die Antwort aus dem Zentralarchiv der Roten Armee abwarten. Gemeinhin dauerte solch ein Vorgang länger als einen Monat. Aber schon nach drei Tagen wurde ich wieder vorgeladen und mir der Vorschlag unterbreitet mich wegen der Tbc sogleich zu demobilisieren. Meine Kameraden aber warnten mich, eine vollständige Rehabilitierung konnte nur durch den ordentlichen Abschluss des Verfahrens gewährleistet werden. Und erst die Rehabilitation regelte die Rentenansprüche und die Verleihung des alten Dienstgrades. Ich verzichtete infolgedessen auf die sofortige Demobilisierung und wartete einen Monat auf den Bescheid. Inzwischen konnte ich noch anderen Ärzten Aussagebescheinigungen geben. Wer diese nicht beibringen konnte, galt noch jahrzehntelang als potentieller Verdächtiger. Die Offiziere erhielten in solchen Fällen ihre alten Ränge nicht wieder zurück.

Das Tauwetter begann, vieles im Lager änderte sich. Die Überprüfung der einfachen Soldaten wurde rascher durchgezogen als bei den Offizieren und viele fuhren nach Hause. Nicht wenige andere jedoch, die Insassen des »Lager im Lager« wurden nach Sibirien abtransportiert.

Mitte März wurde ich in die Kanzlei der Lagerkommandantur gerufen. Im Empfangszimmer hielten sich viele Personen auf, darunter eine Frau in Militäruniform. Es war meine Frau Dunja. Ihr Eintreffen erfolgte gleichzeitig mit dem Erhalt der nötigen Bestätigungen aus dem Zentralarchiv der Roten Armee. Wir konnten also sofort gemeinsam nach Hause fahren. Äußerlich sah Dunja gut aus, man sah ihr nicht an, dass sie Invalidin zweiten Grades und arbeitsunfähig war. Sie erhielt gewisse Vergünstigungen, dazu zählte ein eigenes, 10 qm großes Zimmer in Moskau. Es befand sich im ersten Stock einer Gemeinschaftswohnung. Gas, heißes Wasser oder Zentralheizung gab es nicht. Dunja war von meinem Aussehen ein wenig überrascht. Seit Frankfurt hatte ich keine Badestube mehr von innen gesehen und das war drei Monate her. Es gab keine Friseure im Lager und das Haar war enorm gewachsen. Der Schmutz drang in die Haut ein, was insbesondere an der Stirn zu erkennen war. Ein Teil des Gesichts und des Halses waren heller als das übrige Antlitz. Nur den ersten Monat über war mir dies unbequem vorgekommen, danach erschien mir dies normal.

Das Ende meines Entlassungstages bestand aus Abfahrtsvorbereitungen. Am nächsten Tag fuhren wir nach Hause. Zunächst aber schleppten wir auf einem improvisierten Schlitten mein Gepäck einen Kilometer zu einer Straße, wo uns ein Lastwagen mitnahm und zur Bahnstation brachte. Ohne Zwischenfälle gelangten wir nach Nevel. Dort warteten wir bis zum Abend auf den angekündigten Personenzug nach Moskau. Im Waggon befanden sich nur wenige Reisende. Am frühen Morgen des nächsten Tages kamen wir am Rigaer Bahnhof in Moskau an. Es war irgendwann in der zweiten Hälfte des Monats März. Wir begaben uns in Dunjas Zimmer und entkleideten uns. Da nahm ich meine persönliche Metallnummer, die ich im Lager 326 VI/K erhalten hatte, ab.

Nachwort

Die Übersetzung ins Deutsche habe ich im August 1992 vollendet, just vor 50 Jahren war ich in deutsche Kriegsgefangenschaft geraten. Ein halbes Jahrhundert ist seitdem vergangen. Alle oben erwähnten Ärzte, mit denen ich in dem »letzten Lager« Bekanntschaft gemacht hatte, sind mittlerweile verstorben. Ich war der Jüngste von ihnen gewesen.

Als Erste starb meine Frau Dunja an traumatischer Epilepsie. Es geschah zehn Monate nach meiner Rückkehr. Ich selbst erlitt in den folgenden 20 Jahren drei Rückfälle an Tuberkulose, genas aber danach endgültig.

Im Jahre 1989 besuchte eine repräsentative sowjetische Delegation mit Michail Sergejevič Gorbačev an der Spitze die Bundesrepublik Deutschland. Neben anderen Besichtigungen war auch eine Erinnerung an die im Krieg gefallenen bzw. gestorbenen Menschen der Sowjetunion geplant. Für die Kranzniederlegung wurde der Friedhof des vormaligen Lagers 326 VI/K ausgewählt. 1945 war dies Brache gewesen, heute rauschen dort hohe Bäume. Die Deutschen haben den Friedhof ihrer vormaligen Feinde in guter Ordnung gehalten und sich stets um den Erhalt gekümmert. Dies wurde auch im Fernsehen gezeigt. Besten Dank dafür!

Abb. 17: Der Friedhof (Zustand Sommer 2002)

Abb. 18: Erinnerungstafel am Bahnhof Hövelhof

LEBENSLAUF

Fjedor Ivanovič Čumakov[21], Russe.
Ich wurde am 9. September 1919 als Sohn eines Agronomen im Bezirk der Stadt Ranenburg, Mittelrussland, geboren. Im Juni 1936 legte ich in Moskau das Abitur an der Mittelschule ab und begann im September 1936 das Studium der Medizin im zweiten Moskauer medizinischen Institut. Nach sechs Semestern (1939) wurde ich in die Liste der militärmedizinischen Fakultät aufgenommen und sollte im September 1941 die ärztliche Prüfung ablegen. Wegen des Kriegsbeginns erhielt ich, gemäß der Verordnung der Hauptsanitätsverwaltung der Roten Armee, den Dienstgrad »Militärarzt Dritten Ranges«.

Von Juli 1941 bis August 1942 nahm ich als Arzt an den Kampfhandlungen der West- und Südwestfront teil. Im August 1942 geriet ich in deutsche Kriegsgefangenschaft und verblieb bis Kriegsende in Lagern in der Ukraine, Polen und Deutschland.

Nach dem Krieg wurde ich aufgrund meiner Tuberkulose-Erkrankung »Invalide des Großen Vaterländischen Krieges«. Diesen »Titel« trug ich bis 1953.

1948–1961 arbeitete ich in Moskau im Forschungsinstitut für Tuberkulose der RSFSR, seit 1961 war ich Mitarbeiter der HNO-Klinik im zuständigen wissenschaftlichen Institut des Moskauer Gebietes.

1953 heiratete ich zum zweiten Mal und habe heute zwei erwachsene Söhne.

1958 erlangte ich den Rang eines Kandidaten, 1974 den eines Doktors der Medizin. Die Zahl meiner wissenschaftlichen Publikationen umfasst mehr als 150 Aufsätze, Bücher und Abhandlungen.

Dr. med. Fjedor Ivanovič Čumakov verstarb am 5. April 2003 in Moskau.

---

[21] Camo-Datenbank: 2241321, Erkennungsmarke VI/K, 157730.

Abbildungsnachweis

Abb. 1: Sowjetische Kolonne nach einem deutschen Tieffliegerangriff, Juli 1941. Entnommen aus Janusz Piekalkiewicz: Der Zweite Weltkrieg, Herrsching 1986, S. 500.
Abb. 2: »Läusekontrolle« bei der sowjetischen Armee. Entnommen aus Reinhard Rürup: Der Krieg gegen die Sowjetunion 1941–1945. Eine Dokumentation, Berlin 1991, S. 162.
Abb. 3: Zerstörte Holzhäuser in Murmansk, 1942. Entnommen aus Reinhard Rürup, S. 68.
Abb. 4: Eines der ersten, über der Sowjetunion abgeworfenen Flugblätter, Vorderseite. Entnommen aus Ortwin Buchbender: Das tönende Erz. Deutsche Propaganda gegen die rote Armee im Zweiten Weltkrieg, Stuttgart 1978, S. 62.
Abb. 5: Einsatz des Rettungsschlittens bei der finnischen Armee unter Verwendung von Rentieren. Entnommen aus Hjalmar Siilasvuo: Suomussalmi. Kampf und Sieg in nordfinnischer Wildmark, Potsdam 1943, Photobeilage.
Abb. 6: Der deutsche Aufmarschplan für den Angriff auf Stalingrad (Operation Blau). Entnommen aus Janusz Piekalkiewicz, S. 589.
Abb. 7: Deutsches Flugblatt in russischer Sprache, das einen Zusammenhang zwischen »Jude« und »Kommissar« konstruiert. Entnommen aus Hamburger Institut für Sozialforschung (Hg.): Verbrechen der Wehrmacht, Hamburg 2002, S. 83.
Abb. 8: Kolonne sowjetischer Kriegsgefangener (1942). Entnommen aus Reinhard Rürup, S. 112.
Abb. 9: Kaukasische Hilfstruppen der Wehrmacht. Entnommen aus Reinhard Rürup, S. 143.
Abb. 10: Kriegsgefangene am Bahnhof Hövelhof (1942). Entnommen aus Karl Hüser/Reinhard Otto: Das Stammlager 326 (VI K) Senne 1941–1945, Bielefeld 1992, S. 118.
Abb. 11: Lebensmittelausgabe im Lager. Entnommen aus Johanna Höner: Das Lager 326, Porta Westphalica 1988, S. 99.
Abb. 12: Tbc-Station des Lagers Stukenbrock. Entnommen aus Volker Pieper/Michael Siedenhans: Die Vergessenen von Stukenbrock, Bielefeld 1988, S. 52.
Abb. 13: Die Führungsspitze der ROA-Luftwaffe bei einer Einsatzplanung, März 1945. Entnommen aus Jörg Hoffmann: Die Geschichte der Wlassow-Armee, Freiburg 1984, S. XII.
Abb. 14: Titelblatt der Broschüre »Der Untermensch« (herausgegeben vom SS-Hauptamt, Berlin 1942).
Abb. 15: Amerikanische Soldaten befreien ein sowjetisches Kriegsgefangenenlager. Entnommen aus Reinhard Rürup, S. 204.

Abb. 16: Das fast vollendete Denkmal wurde im Frühsommer 1945 unter Beisein alliierter Soldaten eingeweiht. Entnommen aus Johanna Höner, S. 127.
Abb. 17: Der Friedhof (Zustand Sommer 2002). Privatbesitz des Autors.
Abb. 18: Erinnerungstafel am Bahnhof Hövelhof. Privatbesitz des Autors.
Abb. 19: Čumakovs Lagerakte im Stalag 326. Entnommen aus CAMO-Datenbank, Gedenkstätte Stukenbrock, Lagerakte Tschumakow.

LITERATURHINWEISE

HINSICHTLICH DER BEHANDLUNG DER SOWJETISCHEN KRIEGSGEFANGENEN SIEHE Z.B.:

Hamburger Institut für Sozialforschung (Hg.): Verbrechen der Wehrmacht. Dimensionen des Vernichtungskrieges 1941–1944, Hamburg 2002

Christian Streit: Keine Kameraden. Die Wehrmacht und die sowjetischen Kriegsgefangenen 1941–1945, Bonn 1997

ÜBER KRIEGSGEFANGENSCHAFT AN SICH:

Rüdiger Overmans (Hg.): In der Hand des Feindes. Kriegsgefangenschaft von der Antike bis zu Zweiten Weltkrieg, Köln 1999

Stiftung Haus der Geschichte der Bundesrepublik Deutschland: Sowjetische Kriegsgefangene in Deutschland – Deutsche Kriegsgefangene in der Sowjetunion. Ausstellungskatalog Bonn 1. 6.–8. 10.1995, Düsseldorf 1995

ÜBER DIE ROA:

Joachim Hoffmann: Die Geschichte der Wlassow-Armee, Freiburg 1984

DAS LAGER STUKENBROCK:

Johanna Höner: Das Lager 326. Augenzeugenberichte, Fotos, Dokumente, Porta Westphalica 1988 (Herausgegeben vom Arbeitskreis Blumen für Stukenbrock)

Karl Hüser/Reinhard Otto: Das Stammlager 326 (VI K) Senne 1941–1945. Sowjetische Kriegsgefangene als Opfer des nationalsozialistischen Weltanschauungskrieges, Bielefeld 1992

Reinhard Otto: Das Stalag 326 (VI K) Senne – ein Kriegsgefangenenlager in Westfalen, Münster 2002

Volker Pieper/Michael Seidenhans: Die Vergessenen von Stukenbrock. Die Geschichte des Lagers in Stukenbrock Senne von 1941 bis zur Gegenwart, Bielefeld 1988

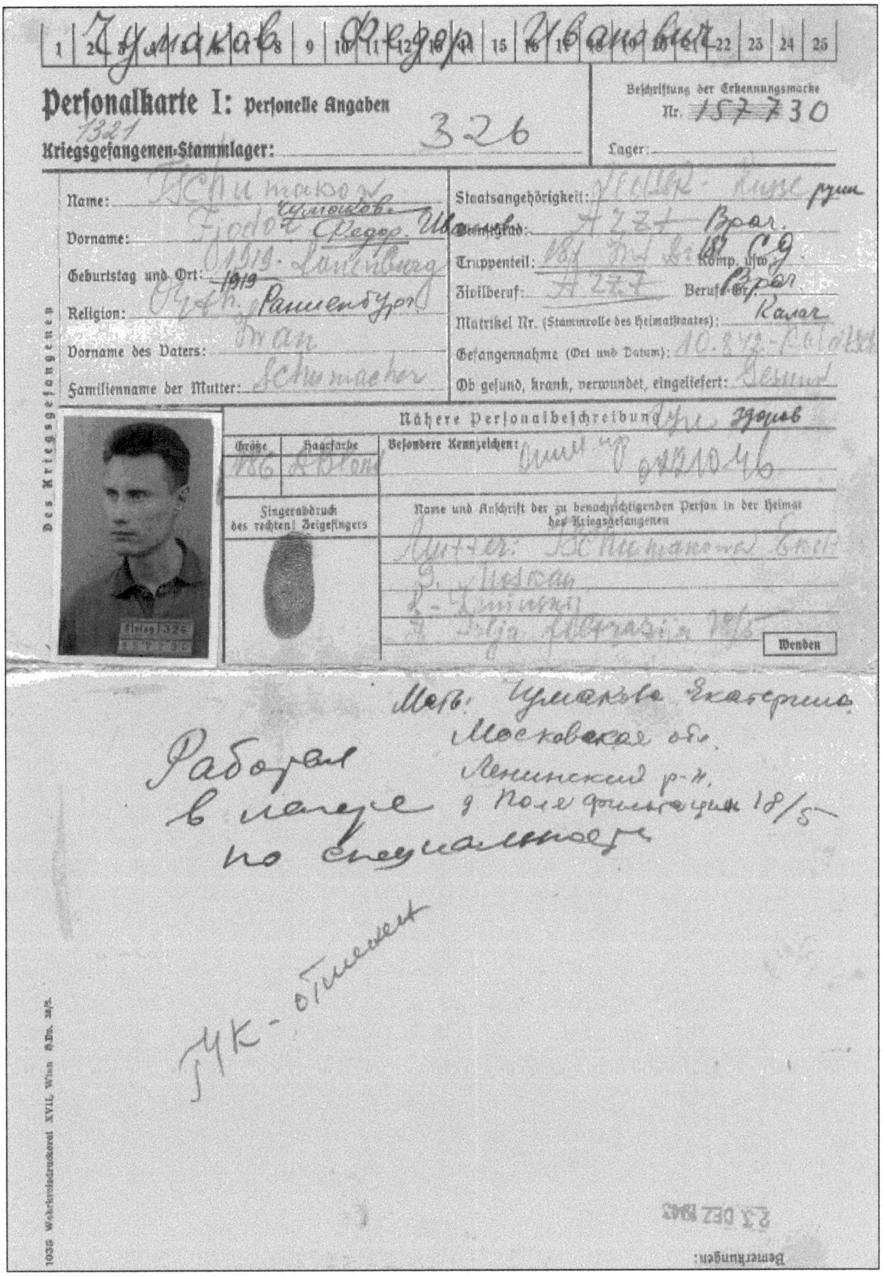

Abb. 19: Čumakovs Lagerakte im Stalag 326